中国企业会计准则改革与发展

ZhongGuo QiYe KuaiJiZhunZe GaiGe Yu FaZhan

刘玉廷 著

人民出版社

责任编辑:辛春来
封面设计:王　舒
版式设计:李欣欣

图书在版编目(CIP)数据

中国企业会计准则改革与发展/刘玉廷 著. -北京:人民出版社,2010.11
ISBN 978－7－01－009283－6

Ⅰ.①中…　Ⅱ.①刘…　Ⅲ.①企业-会计制度-研究-中国　Ⅳ.①F279.23

中国版本图书馆 CIP 数据核字(2010)第 183736 号

中国企业会计准则改革与发展
ZHONGGUO QIYE KUAIJI ZHUNZE GAIGE YU FAZHAN

刘玉廷　著

人民出版社 出版发行
(100706　北京朝阳门内大街 166 号)

北京市文林印务有限公司印刷　新华书店经销

2010 年 11 月第 1 版　2010 年 11 月北京第 1 次印刷
开本:700 毫米×1000 毫米 1/16　印张:23　插页:4
字数:350 千字　印数:0,001-8,000 册

ISBN 978－7－01－009283－6　　定价:48.00 元

邮购地址 100706　北京朝阳门内大街 166 号
人民东方图书销售中心　电话 (010)65250042　65289539

　　中日韩三国会计准则制定机构会议是中日韩三国于 2002 年年初,为顺应会计国际趋同的新形势建立的一个促进区域会计交流与合作的机制,本人于 2002 年 10 月 14 日在第二次中日韩三国会计准则制定机构会议上发言。

　　2002 年 10 月 16 日,中国成功举办会计准则国际演讲会,为中国企业准则的国际趋同积极准备。本人与时任财政部长助理的冯淑萍(左四)、戴维·泰迪主席(左五)共同探讨会计准则国际化问题。

中国会计审计准则体系发布会
Release Ceremony for Chinese Accounting Standards System
for Business Enterprises and Chinese Auditing Standards System
主办单位：中华人民共和国财政部
Organized by Ministry of Finance, P.R.China
二〇〇六年二月十五日
15 February 2006

2006年2月15日，财政部在京举行会计审计准则体系发布会，发布了39项企业会计准则和48项注册会计师审计准则，标志着适应我国市场经济发展要求、与国际惯例趋同的企业会计准则体系和注册会计师审计准则体系正式建立。两大准则体系的建立，表明我国会计审计准则与国际通用的会计审计语言实现了对接，对提高对外开放水平、深入实施"走出去"战略、密切中外经贸交流与合作具有重要意义。作者组织协调了本次发布会。

从左至右：王军、楼继伟、金人庆、刘仲藜、迟海滨、刘长琨

2006年8月，王军副部长、国际会计准则理事会理事张为国（时任中国证监会首席会计师）与作者在首期企业会计准则培训班上授课。

2007 年 7 月,作者出席会计审计准则体系贯彻实施总结大会。

2008 年,国际财务报告准则亚洲年会在北京召开,作者在大会上介绍了中国会计准则建设、实施、国际趋同与等效的经验和做法。在此次会议期间,为应对金融危机,作者向日本、韩国、澳大利亚、印度、新加坡等国家提出成立亚洲——大洋洲会计准则制定组(AOSSG)的系列构想,并达成一致意见。

　　第三届亚洲——大洋洲地区国际财务报告准则政策论坛于 2009 年 4 月在北京举行,作者主持了本次会议并介绍了中国经验。

　　根据 2008 年亚洲年会各国达成的共识及后续工作,决定在第三届亚太地区国际财务报告准则政策论坛期间,成立亚洲——大洋洲会计准则制定机构组(AOSSG),并召开筹备会议。2009 年 4 月,作者在(AOSSG)筹备会议上发言。

　　2009年5月13日，美国财务会计准则委员会(FASB)主席罗伯特·赫茨在美国国内对公允价值会计频繁施压的情况下访问北京。作者和赫茨主席就公允价值、金融工具等重大会计准则项目的改革方向交换意见，探求解决方案，并签署了中美会计合作备忘录，开启了中美会计合作新的篇章。

　　2009年10月，作者与世界银行中蒙局局长刘晓芸在世界银行中国会计审计评估报告发布会上。世界银行对中国会计审计准则的评估项目，是世界银行与国际货币基金组织联合实施的"关于遵守标准和守则的报告"(ROSC)项目的组成部分。评估结果表明，中国会计准则的建议、趋同、实施与等效可作为其他国家效仿的范例。

　　2009 年 11 月 4—5 日，在中国财政部的倡议和主导下，亚洲—大洋洲会计准则制定机构组（AOSSG）在马来西亚吉隆坡召开第一次会议，来自亚洲—大洋洲 20 多个国家和地区的会计准则制定机构的代表参加了此次会议。以作者（前排左五）为团长的中国代表团在会上全面参与会议各项议程的讨论。莅临会议的 IASB 主席戴维·泰迪爵士（前排右九）评价说："AOSSG 的成立，标志着亚大、美国、欧盟会计三足鼎立格局的基本形成！"

　　本次会议期间，马来西亚第二财长拿督阿末·胡斯尼就金融危机和会计准则问题专门与作者进行了交谈。

　　2010 年 2 月 8 日,作者应邀参加了欧盟国际会计审计发展大会,向大会介绍了中国会计准则建设、趋同、实施和等效的实践经验,受到了与会各国代表的充分肯定和赞赏。会议一致认为,中国会计准则趋同及其成功实施对其他国家有借鉴作用。

　　2010 年 3 月 12 日,作为欧盟会计准则制定机构的欧洲财务报告咨询组(EFRAG)现任主席斯蒂格·恩弗尔森(Stig Enevoldsen)先生(左三),候任主席弗朗索瓦丝·弗洛雷斯(Francoise Flores)女士(右二)专程来北京拜访作者,就当前国际财务报告准则改革中的重大准则项目相互协商意见。

　　2010 年 6 月 30 日至 7 月 1 日,中国财政部—国际会计准则理事会高层会议在北京举行。为期两天的会议由作者主持,来自财政部、国际会计准则理事会、香港会计师公会的 50 多名代表参加了会议。此次会议响应二十国集团(G20)建立全球统一的高质量会计准则的倡议,国际财务报告就准则重大项目的改革问题逐项进行深入讨论。

　　从左至右:王伟东、韦恩·奥普顿、戴维·泰迪主席、作者、张为国、刘光忠、李玉环

　　2010 年 7 月 2 日,作者和监督检查局副局长郜进兴与欧盟内部市场与服务总司资本自由流动、公司法、企业治理司司长皮埃尔·德尔索在北京举行会谈。中欧双方就欧盟第三国会计准则等效认可进程、审计公共监管等效最新进展等问题进行了沟通,签署了加强中欧会计审计合作联合声明。

前　言

我国会计改革走过了 30 多年历程,取得了显著成效,对促进经济社会发展发挥了重要作用。会计准则建设尤为突出,已得到国内外认可。这与财政部历任领导的重视和全国广大会计工作人员的支持密不可分,特别是财政部会计司全体同志的辛勤工作、努力奉献和忘我付出。本人有幸 30 多年来一直在财政部会计司工作,亲历了会计改革的全过程。回顾中国企业会计准则建设、实施和国际趋同及等效历程中的各个重大事件,一幕幕如在眼前。为帮助读者系统了解我国会计准则建设与发展的背景、历程和作用等相关问题,我和几位学生*将本人 2002 年至今发表的有关会计准则的数十篇文章进行了分类整理并编辑成册,对我国企业会计准则的改革与发展进行了全景式的回顾与展望。

本书共分五个部分:第一部分,企业会计准则前期准备篇;第二部分,企业会计准则建设趋同篇;第三部分,企业会计准则有效实施篇;第四部分,企业会计准则等效认可篇;第五部分,企业会计准则未来发展篇。全书系统地论述了我国企业会计准则改革与发展的必然性。

本书对中国会计准则理论研究和实务工作具有重要参考价值,希望抛砖引玉,引起广大读者的思考,并参与其中。由于时间仓促,书中难免存在不足之处,敬请读者指正。

刘玉廷

2010 年 7 月于北京

* 冷冰博士及我的四位博士后:王建新博士、徐华新博士、黄洁莉博士、郑伟博士。

1

目　录

企业会计准则未来发展篇　　　　269

中国企业会计准则改革与发展概览

经济越发展,会计越重要。这一论断在后金融危机时代再次得到验证。自本次国际金融危机爆发以来,会计准则受到国际社会前所未有的关注,各国政治家们在各种场合谈论"公允价值"、"金融工具会计"、"准则趋同"等会计术语,二十国集团(G20)峰会提出了建立全球统一的高质量会计准则的目标。国际会计准则理事会(IASB)根据G20峰会的要求,大幅度修订相关国际财务报告准则。会计是一种通用的商业语言。应对国际金融危机、响应G20倡议,有必要从战略高度审视我国企业会计准则建设走过的风雨历程,深刻认识建设高质量会计准则的现实意义和深远影响,结合新兴和转型经济国家的实际情况,积极参与国际财务报告准则的制定,为进一步完善中国企业会计准则体系并促进经济社会健康发展作出更大贡献。

一、中国企业会计准则建设及其国际趋同的简要回顾

中国企业会计准则的建设始终与我国经济社会改革与发展进程相互适应和相互促进。回顾改革开放30多年,企业会计准则的建设与发展大致可以划分为四个主要阶段。

(一)第一阶段:20世纪80年代,会计改革扬帆起航,会计准则开始理论探讨

从1978年党的十一届三中全会到20世纪90年代初,是我国改革开放的起步和试验阶段。这一历史时期,会计准则的概念从无到有,相关研究由浅入深,为准则制定和后续研究奠定了基础。由于当时我国实行的是计划经济或有计划的商品经济,国营企业投资主体一元化,会计实务中采用适应计划管理要求的会计制度。具体表现为:资金来源=资金占用的会计等式,固定资金、流动资金和专用基金三段平衡,固定资产折旧形成基金实行统收

统支等等。在当时情况下,会计准则无从谈起,更谈不上在实践中制定和应用。但在这一时期,贯彻中央改革开放方针,引进外资学习国外的先进技术和管理经验,在会计方面通过中外合资企业会计制度的制定和实施,引入了资产=负债+资本(或所有者权益)的会计等式、资产负债表、损益表和财务状况变动表等全新的报告体系,为制定适应我国市场经济要求的会计准则提供了实践基础。注册会计师审计也从这时恢复,开始由独立的第三方(会计师事务所)对中外合资企业的财务报告进行审计。与此同时,中国会计学会组织学术界对会计准则的相关理论进行探讨,包括国外经验的介绍,为我国会计准则的建设提供了必要的理论准备。

(二)第二阶段:20世纪90年代,会计改革破浪前行,会计准则在实践中稳步推进

20世纪90年代初,中央明确了我国的经济体制改革的目标是建立社会主义市场经济,企业改革的目标是建立现代企业制度,等等。与此相适应,中国财政部制定和发布了《企业会计准则》、《企业财务通则》以及十几个分行业会计制度和财务制度(简称“两则两制”)。“两则两制”的最大贡献在于突破了建国后40多年形成的计划经济会计模式,标志着我国的会计制度改革由计划经济向市场经济转换,从而实现了我国会计与国际会计惯例的初步协调,也是我国会计准则建设的开端。其中,《企业会计准则》在当时条件下相当于会计的基本准则,可以说是建国后第一部会计准则。除“两则两制”外,20世纪90年代末至21世纪初财政部以《企业会计准则》为依据,一方面先后制定发布了《企业会计制度》、《金融企业会计制度》、《小企业会计制度》等,旨在统一十几个分行业会计制度,建立适应我国国情又与国际惯例协调的会计制度体系;另一方面陆续制定和发布了部分具体会计准则,对在我国会计实务中引入和应用具体会计准则进行了有益的实践,为全面建设会计准则体系进行了多方面准备。这一时期内,我国的会计规范体系表现为准则与制度并行。

(三)第三阶段:21世纪初至今,会计改革全面提速,会计准则建设实施、趋同等效取得重大成就

进入21世纪以来,会计改革与发展的方向更加明确,会计准则全面建设的时机已经成熟。2001年,中国正式加入WTO。我国经济将逐步融入经

济全球化大潮,市场经济和国际化进入了新的历史阶段。国际贸易和资本流动势不可挡,中国企业面临全新的机遇和挑战,对会计改革和会计准则提出了更高的要求。2003年开始,财政部根据当时国际国内形势,总结会计改革经验,研究探索建设会计准则体系问题。2003年全面改组会计准则委员会,聘请了160名会计准则咨询专家,并于2003年12月在云南大理召开了由委员和咨询专家参加的全体会议,确定了2004年为会计准则年,目标是全面建设中国会计准则体系。

2004年全面开展了会计准则与国际准则逐项比较系列课题研究。从2005年年初开始,财政部在总结多年来会计改革经验的基础上,借鉴国际财务报告准则,全面启动了中国企业会计准则体系建设,并大力推进会计准则的国际趋同。经过艰苦努力,建成了由1项基本准则、38项具体准则和有关应用指南组成的会计准则体系,并实现了与国际财务报告准则趋同。中国会计准则于2006年2月15日发布,2007年1月1日起先在所有上市公司实施,鼓励非上市大中型企业施行。

中国企业会计准则发布实施以来,从上市公司到所有金融企业、大中型企业及大部分地方企业都得到了平稳有序的实施。在制定和实施过程中,中国企业会计准则与国际财务报告准则的趋同与等效认可工作同步进行,先后与香港和欧盟实现了等效。中国会计准则建设和实施的成功经验得到世界银行等国际组织的充分肯定,成为可供其他国家仿效的范例。

(四)第四阶段:发布持续趋同路线图,全面深入参与国际财务报告准则制定,进一步完善中国会计准则体系

为应对国际金融危机,响应G20和FSB的倡议,建立全球统一的高质量会计准则,财政部顺时应势,在中国企业会计准则已与国际财务报告准则趋同的基础上,进一步做出了推动与国际准则持续趋同的部署,发布了《中国企业会计准则与国际财务报告准则持续趋同路线图》。路线图总结了中国企业会计准则体系的建设和有效实施、国际趋同与等效认可的实践经验,表明了中国积极应对国际金融危机和响应G20倡议要求,在会计准则领域的支持立场,确定了持续趋同而不是"直接采用"以及双向互动的趋同原则等未来发展方向,将我国会计准则趋同工作推向纵深发展阶段。

二、中国企业会计准则建设的基本经验

中国企业会计准则的建设与发展的成功经验来之不易,值得加以总结。至少在以下方面是需要肯定的。

(一)会计准则建设要紧紧把握经济社会发展的客观需求

我国会计准则的建设,始终与改革开放和建立完善社会主义市场经济体制相互联系、相互促进。随着我国计划经济向市场经济转型,经济全球化不断深入,中国经济社会的发展取得了举世瞩目的巨大成就,同时也对会计准则提出了更高的要求。完善资本市场、发展市场经济迫切需要一套公认、一致、科学的会计标准来规范企业会计行为,确保生成公开透明、高质量的会计信息。建立高质量的企业会计准则体系,有利于确保会计信息的真实、可比、有用;有利于降低交易成本;有利于促进资金有效流动,推动产业升级,避免无效投资和资源浪费;有利于深化企业改革、金融改革和资本市场的健康发展,也是完善社会主义市场经济体制的必然要求。经济全球化凸显出会计作为国际通用商业语言的重要性。随着我国经济与世界经济相互联系、相互依存和相互影响程度的日益加深,迫切需要中国会计准则的建设事业从深化经贸合作、维护国家利益和谋求长远发展的大局出发,总结国内经验,借鉴国际惯例,不断完善会计准则,促进与国际财务报告准则的趋同,全面提升我国会计人员素质和会计发展水平,提高我国会计的国际话语权,从而维护我国新兴市场经济的国家利益。

(二)会计准则建设要立足国情、国际趋同

如前所述,会计信息作为社会公共信息资源和国际通用商业语言,对本国经济与世界经济的融合发展起着不可或缺的作用。在这种背景下,国际财务报告准则的国际趋同业已成为一种必然趋势。但在会计准则国际趋同过程中,我们不能照搬照抄,忽视国情。坚持中国国情是我国遵循的基本原则。目标是把国际的东西中国化,复杂的东西简单化,专业的问题大众化,立足于解决我国企业的发展问题。各国在经济环境、法律制度、文化理念以及监管水平、会计信息使用者和会计人员素质等方面存在着不同程度的差异,会计准则的国际趋同必须立足于我国会计审计的发展状况和环境特点。在此基础上,对于那些与中国的经济环境和法律规定不冲突且又能与中国

经济的实际情况相结合的规定,应当积极吸收采纳;对于那些通常只在发达市场经济环境和条件下才能有效运用的规定,可以"适度引入";对于国际财务报告准则中不太符合中国经济实际情况和监管环境的规定,不能盲目照搬,应当促进国际准则的调整,提升其通用性。

(三)会计准则建设要有助于促进企业的可持续发展

企业是市场经济的主体,资本市场是市场配置资源的重要手段。企业有生机,市场才会有活力。资本市场发达,市场经济才有效率。因此,会计准则建设要有利于企业的可持续发展和多层次资本市场的不断完善。高质量的会计信息对于投资者和利益相关方做出有效决策、保护公众利益和提高资源配置效率发挥着关键作用。本次国际金融危机显示,会计信息质量的高低,直接影响投资者对资本市场的信心和社会公众的切身利益。而会计信息的质量,直接取决于用以规范会计行为和会计信息生成的会计准则。因此我们在制定会计准则的过程中,必须遵守的一条原则是会计准则的建设必须有助于市场主体的完善和发展,也就是说,应当紧紧围绕促进企业可持续发展,并将其作为会计准则建设的基本出发点,进而能增强投资者和其他利益相关方的信心,实现良性循环,促进多层次资本市场和市场经济的发展。

三、中国会计准则体系建设的应循程序和方法

会计准则建设是一项具有很强的专业技术性和广泛社会影响的系统工程,确保会计准则的高质量,需要遵循必要的应循程序和科学方法。

(一)课题研究,理论先行,夯实会计准则的理论基础

会计准则是对会计实务的提纯,也是会计理论的延伸。对会计准则相关理论问题研究的深度和广度决定着会计准则的质量和效用。为了确保会计准则的科学性、专业性、先进性以及现实针对性和实用性,会计准则建设首先从准则课题研究起步。各项会计准则立项后,应当在研究报告中把与该准则有关的内容论述透彻,相关问题介绍清楚,同时理清主要思路,围绕相关项目,对国际财务报告准则和美国公认会计原则等准则体系以及中国当前实务与存在的问题等进行透彻的研究。在此基础上再着手起草准则。撰写研究报告作为准则制定的必经程序,是每项准则起草的起点。事实证

明,磨刀不误砍柴工,通过起草研究报告,对于把握准则重点和方向、提高准则制定效率、保证准则质量起到了重要的基础作用。中国会计准则的建设自 2002 年以来就开始了一系列课题研究,从而构成了中国准则建设应循程序的重要部分。

（二）广开言路,全面参与,确保会计准则制定的透明度和参与性

在会计准则起草过程中,敞开言路、鼓励争鸣、兼容并蓄、集思广益,是保证准则质量、堵塞可能漏洞的重要手段。我们在准则制定中,充分贯彻了科学民主决策的精神,围绕整个准则制定过程建立了一套完整的参与机制,始终保持公开透明,尽量扩大参与程度,确保准则的利益广泛性。财政部会计准则委员会从 2003 年重大改组完成后,其全新的工作机制为我国会计准则建设奠定了重要的基础。此外,通过与相关部门、单位、专家等的广泛沟通,不仅实现了会计政策与企业、金融、财政、税收、证券等政策的协调统一,也充分体现了各方面利益的统筹兼顾。

（三）广泛调研,实地测试,做好实施前的模拟工作

实践是检验真理的唯一标准,也是产生正确认识的源泉。我国会计准则的发布和实施是以大量实地测试为基础的。在整个会计准则的起草、修改过程中,我们十分重视实地调查研究工作。基本做法是实地测试,选择部分有代表性的上市公司、大中型企业和会计师事务所,就有关各方对会计准则的需求以及会计准则应用等可能存在的问题进行实地测试,就每项准则规范和操作的重点、难点进行试运行。通过这些准备工作,既掌握了会计准则应用中可能出现的问题,同时也了解了会计准则应用后可能产生的影响。利用这些工作形成的成果,切实做到心中有数,提高了准则内容的针对性和准则应用的可操作性。

（四）狠抓宣传,全面培训,打牢人才基础

中国企业会计准则发布后,对中国绝大多数财会人员、注册会计师和监管部门都是全新的,为了帮助广大会计及相关人员尽快理解和掌握新准则,从 2006 年 7 月开始,财政部连续组织了一系列准则的培训工作,对企业会计准则体系进行了深入详尽的讲解。为更好地服务于会计人员,财政部会计司根据我国会计人员素质的实际情况,分层次、分对象开展培训工作,既组织了公司财会岗位操作层面人员的培训,又组织了公司管理层面人员的

培训,同时还组织了政府监管部门和注册会计师行业相关人员的专门培训;既组织一般财会人员的培训,又特别注重培养一大批胜任公司内部培训的师资;既在新准则实施前开展大规模培训,又在新准则实施后针对出现的新情况、新问题进行深层次的研讨和培训。通过各种方式在全社会范围内宣传培训会计准则,为中国会计准则的有效实施奠定了扎实基础。

(五)跟踪实施,缜密分析,加强会计准则执行情况的监督检查

自2007年1月1日企业会计准则在上市公司开始施行以来,财政部对企业会计准则在全国的施行情况进行了持续跟踪和分析。每年上市公司披露年报后,财政部会计司都对上市公司在年报中执行企业会计准则的情况进行深度分析,据此提出改进措施和宏观政策建议,并形成分析报告。目前已连续出版了2007、2008和2009三年的上市公司执行企业会计准则分析报告。这一资料每年都向国际会计准则理事会、世界银行和欧盟委员会等相关国际部门提供,在我国会计准则国际趋同和等效中发挥了重要作用。此外,财政部还针对全国各地的不同情况,帮助各省各行业会计管理部门制定本省本行业执行企业会计准则的实施方案。目前,全国各省区市、各行业和各类企业(包括上市公司、非上市大中型企业)都执行了企业会计准则。在这一过程中,财政部与其他相关监管部门密切配合,通过会计信息质量检查等措施,严密监控企业和会计师事务所对企业会计准则的执行情况,及时纠正各种问题。这套严密的分析和监督检查系统在企业会计准则执行中发挥了重要的作用。

(六)扎实学习,不断进取,打造高水平的会计准则制定专业团队

中国会计准则制定机构形成了50多人的技术队伍,从事企业会计准则的起草工作,这批技术团队拥有较为深厚的专业功底,具备在国际会计准则理事会、美国财务会计准则委员会、国际公共部门会计准则理事会、国际四大会计公司等工作的经历,既了解中国国情,又有国际视野,确保了企业会计准则的高质量。

高质量会计准则体系的建设和实施,与国际准则的持续趋同,是一项需要付出艰苦努力的繁重而长期的工作。为逐步完善我国企业会计准则,全面提升中国企业、会计行业和资本市场的国际竞争力,建立全球统一的高质量会计准则,我们应当继续奋斗,积极进取,共同创造我国会计事业新的辉煌!

企业会计准则前期准备篇

篇首语

会计准则体系的建立与我国市场经济的发展有着密切联系,是经过30多年长期积累与充分准备之后的智慧结晶。20 世纪 80 年代,在市场经济初露端倪、对内搞活、对外开放的形势下,中国财政部提出了建立会计准则的设想。90 年代初,小平同志的南方谈话和党的十四届三中全会明确了建立社会主义市场经济体制,推动了企业会计准则基本准则的出台。1997年,第一项具体会计准则——《关联方关系及其交易的披露》正式出台,我国具体会计准则的制定工作由此拉开序幕。

为了全方位推进会计准则建设,财政部于 2003 年全面改组了中国会计准则委员会,发布了会计准则制定程序,明确了我国会计准则制定工作必须经过立项、起草、公开征求意见和正式发布四个阶段。这对于建立和完善我国会计准则体系产生了积极而深远的影响。中国会计准则的建设是一项艰苦且需要广泛参与的伟大事业。经过改革开放以来渐进式的改革、积累和准备,我国会计准则体系的建立条件已基本具备,会计准则体系的建设与发展整装待发!

本部分构成了本书的"企业会计准则前期准备篇",相关内容主要收集整理了本人 2002 年至 2005 年间在《中国财经报》、《中国证券报》和《财务与会计》等报纸杂志中发表的与会计准则建设准备有关的文章,较为清晰地反映了我国会计准则建设的历史背景和准备过程。

改革谱新篇　智慧结硕果

党的十五大以来的 5 年，会计工作努力实践"三个代表"重要思想，在财政部党组的正确领导和有关方面的大力支持下，与时俱进，不断创新，在完善会计法制、建立会计准则体系、整顿和规范会计秩序、提高会计人员业务素质和职业道德水准等方面取得了重要进展，推动了会计和会计管理工作的不断发展。

一、会计法制不断完善

会计法制是进行会计核算、实施会计监管的"游戏规则"，对社会经济发展起规范和促进作用。同时，社会经济的快速发展和丰富实践对健全会计法制提出了要求，并提供了生动素材。5 年来，会计工作面临的社会经济环境发生了较大变化，进一步完善会计法制，规范会计行为，加大对会计违法行为的打击力度，成为会计发展中的当务之急。

《会计法》是会计工作的最高行为准则，修订、完善《会计法》并制定相应配套措施成为健全会计法制的首要任务。1999 年 10 月 31 日，全国人大常委会第十二次会议修订通过新《会计法》，并于 2000 年 7 月 1 日施行。新《会计法》明确了会计责任主体，完善了记账规则和会计监督制度，加大了对会计违法行为的处罚力度，为整顿和规范会计秩序提供了重要法律保障。新《会计法》颁布后，通过召开全国贯彻实施《会计法》电视电话会议、组织"会计法广播电视讲座"、举办 520 户国有重点企业负责人《会计法》培训班、组织 460 多万人参加的第二届全国会计知识大赛、轮训近千万会计人员和数十万单位负责人，扩大了《会计法》的社会影响，初步实现了项怀诚部长提出的"要使《会计法》的基本精神深入人心"的目标。在广泛宣传、认真培训的同时，制定发布了与《会计法》相配套的法规、规章，包括：《企业财务会计报告条例》(2000)、《会计从业资格管理办法》(2000)、《财政部门实施会计监督办法》(2001)、《内部会计控制规范——基本规范(试行)》和《内部会计控制规范——货币资金(试行)》(2001)等,初步形成了以《会计法》为主的会计法规体系。

二、会计制度日趋健全

我国社会主义市场经济的蓬勃发展,为建立会计准则体系提供了有利条件和良好环境,同时,企业改革的深化和资本市场的逐步完善,也对进一步改革会计制度、提高会计信息质量提出了迫切要求。"建立健全全国统一的会计制度"成为中央领导同志关心、中央会议号召和社会经济生活呼唤的重要议题。为此,财政部研究提出了深化会计制度改革的基本思路,即:适应经济体制改革和提高会计信息质量要求,打破行业、所有制界限,区分工商企业与金融企业、一般企业与小规模企业,建立确认计量合理、信息披露充分、真实反映财务状况、及时预警经营风险、改善内部管理和控制的内容统一的企业会计核算制度体系。在这一基本思路的指导下,2000 年 6 月,《企业财务会计报告条例》(以下简称《条例》)正式发布。《条例》吸收和借鉴了国内外会计界最新的研究成果,对资产、负债、所有者权益等会计要素作出科学界定,为真实反映企业财务状况和经营成果奠定了重要基础。之后,财政部相继发布了《企业会计制度》、《金融企业会计制度》及关联方披露、现金流量表、会计政策变更等一系列具体会计准则。通过改革,我国会计准则建设取得了突破性进展,与国际会计准则基本相协调。国际会计准则理事会主席戴维·泰迪先生认为:"中国会计改革取得了显著成果,相信随着中国改革开放的进一步发展,中国将在会计国际协调中发挥越来越重要的作用。"

三、会计秩序初步整治

会计秩序是社会主义市场经济秩序的重要组成部分。它的治与乱,关系经济增长质量的好与坏,关系资本市场的荣与衰,关系公众利益的得与失。为贯彻落实朱镕基总理"不做假账"的指示和《国务院关于整顿和规范市场经济秩序的决定》精神,2001 年,财政部会计司在全国范围内组织开展了《会计法》执行情况检查。检查工作分为单位自查、重点检查、巡查验收三个阶段。

在自查阶段,全国共有 292 万个单位进行了自查自纠;在重点检查阶段,各级财政部门组织了对 2.3 万多个单位的直接检查。在认真做好对整个检查工作组织、协调指导的同时,直接组织了对锦州港等 5 户上市公司的检查,并依法作出了处罚决定。通过执法检查,进一步宣传了《会计法》,打击了会计造假行为,教育了单位负责人和会计人员,初步整顿了会计秩序。

四、队伍建设不断加强,诚信教育广泛展开

会计人员是市场经济活动的重要从业人员,其业务技能和道德水准直接决定业务质量。为了严把会计人员市场准入关,根据《会计法》的有关规定,财政部制定发布了《会计从业资格管理办法》等,初步确立了对会计从业资格的考核、确认、继续教育、后续管理、监督检查等制度,为会计从业资格管理和监督检查工作的正常化、规范化奠定了基础。截至 2001 年年底,已有 600 多万会计人员通过考试考核取得了资格证书,基本实现了持证上岗。同时,改进会计专业技术资格考试制度,进一步调动会计人员学习业务的积极性,5 年来,共有 658 万人报名参加会计专业技术资格考试,113 万人取得了相应专业技术资格,会计队伍的整体素质进一步提高。为在会计人员中普及职业道德教育,树立"诚实守信、依法理财"的职业素养,组织力量进行了会计人员职业道德建设有关教材的前期研究和准备工作,同时,搜集典型会计案例,以实例对会计人员进行教育和培训。5 年来,还积极探索会计人员管理体制改革,联合监察部于 2000 年发布了《关于试行会计委派制工作的意见》,对试点工作的原则、范围、委派形式、后期管理等问题提出原则要求,同时积极指导和推动各地区、部门试点工作的开展。通过近年来的试点,会计委派形式丰富多彩,作用日益显现,但仍需加强指导,不断完善。

五、国际交流日益频繁,理论研究硕果累累

学习国外先进经验、积极参与会计国际协调,对扩大国外对我国的会计的了解,提高我国会计在国际上的地位具有重要作用。5 年来,财政部会计司多次成功召开了会计准则国际研讨会;接待了 20 多个国家和地区的政府

会计组织、会计职业团体的代表团;参加了 APEC 会计专家组工作会议;组织了赴多个国家进行会计准则考察;2002 年 10 月,举办了会计准则国际演讲会;召开了中、日、韩三方会计准则制定机构会议,首创了东亚国家会计准则制定机构的联系协商机制。同时,中国积极参与国际会计协调的姿态得到了广泛认同,2001 年 6 月,冯淑萍部长助理被选为国际会计准则理事会咨询委员会委员,为我国参与国际会计事务,开展国际会计交流,了解、跟踪、研究国际会计准则的发展动态,及时发表我国意见,开辟了一条有效的渠道;2002 年 4 月,李勇部长助理当选为亚太会计师联合会主席,标志着我国在国际会计界的地位又上了一个新台阶。

会计改革实践离不开科学的理论指导。5 年来,中国会计学会秘书处组织了《中国会计研究文献摘编(1979—1999)》(600 万字)的编辑出版,开展了"中国特色的会计理论与方法体系"专题研讨,组织了对内部控制、环境会计、职业道德等方面的重点课题研究;编辑出版《会计研究》等书刊,宣传了会计改革,普及了会计知识,产生了良好社会效益。

(以上内容主要根据《中国财经报》2002 年的《改革谱新篇　智慧结硕果》一文摘录并整理)

新形势下我国会计改革面临的
主要问题及对策研究

我国企业会计改革一直处在经济体制改革的前沿。曾经参加过财政部会计司组织的会计准则国际研讨会的国外专家回国后,撰文认为,中国这样一个由计划经济向市场经济转型的国家,在目前这样复杂的市场氛围中,幸好有一支队伍在有条不紊地进行会计改革,并且取得了显著成绩。2001年年底,全球最大规模的7家会计师事务所发布的一份名为"2001年会计准则调查"的最新国际会计调查报告显示,中国会计准则与国际会计准则的差异已明显减少。随着我国加入WTO以及经济全球化进程的加快,我国会计改革正面临新的机遇和挑战。我们应当适应新形势、新情况,更新观念,开拓创新,在积极促进会计国际协调的同时,针对我国企业的现状和问题,加快会计改革的步伐,促进社会主义市场经济的健康发展。

一、目前我国会计改革面临的主要问题

(一)《企业会计制度》的实施面过窄,除股份有限公司外,国有企业和其他企业尚未执行

以《企业会计制度》和《企业会计准则》为主体的会计规范体系与国际会计准则相比,在主要方面已趋于一致,但是,《企业会计制度》暂在股份有限公司实施,国有企业尚未执行。截至2001年12月31日,国有企业仍然执行1992年制定的行业财务、会计制度(以下简称"老制度"),老制度不利于企业消化不良资产,已与加入WTO的新形势不相适应。

例如,老制度规定,企业在财产清查过程中盘亏的各项财产物资和毁损,包括固定资产盘亏毁损和流动资产盘亏毁损,在未经批准前作为资产挂账,构成企业资产总额的重要组成部分,列入资产负债表。老制度允许待处

理财产损失挂账是形成企业潜亏的重要因素之一。老制度允许企业计提坏账准备,但只能按照国家统一规定的比例计提;已经发生的坏账损失,必须经财政部门批准才能核销。实际上,一些企业的应收款项中存在着数额较大的未核销的坏账,0.3%—0.5%的计提比例是远远不够的。大量呆、坏账长期挂账,造成相当部分企业资产不实、利润虚增。老制度对于存货、投资、固定资产、无形资产等,没有规定计提资产减值准备的政策。一些企业的原材料、产成品和库存商品等存货中存在着较为严重的超储积压和冷背呆滞;一些对外投资项目不仅投资效益差,而且在投资过热环境下的长期投资的本金也难以收回,造成永久性减值;一些固定资产和无形资产价值减损情况也比较严重。老制度规定,递延资产是指不能全部计入当年损益、应当在以后年度内分期摊销的各项费用,包括开办费、租入固定资产的改良支出等,其中,开办费自投产营业之日起,按照不短于 5 年的期限分期摊销。一些企业利用上述政策人为扩大不良资产,有的甚至将"递延资产"作为调节利润的重要手段。

综上所述,国有企业执行《企业会计制度》面临的主要问题是如何消化和处理多年来历史形成的不良资产。尽管企业不良资产形成原因较为复杂,但老制度的缺陷是不容忽视的。国务院发布的《企业财务会计报告条例》,对资产要素进行了重新定义。《企业会计制度》借鉴国际惯例,针对我国企业的实际情况,作出了一系列有利于消化不良资产的规定,例如,对于待处理财产损失,企业应于年度终了结账前处理完毕;对于各项资产的减值,企业应根据谨慎性原则的要求进行合理预计,计提资产减值准备,包括应收款项坏账准备、存货跌价准备、长期投资减值准备、固定资产减值准备等八项准备;取消"递延资产"科目,规定企业在筹建期间发生的开办费自企业开始生产经营当月起一次计入开始生产经营当月的损益,等等。这些规定都是从会计政策入手,促使企业甩掉包袱、轻装上阵。

(二)股份有限公司已执行《企业会计制度》,但仍需加大实施力度

《企业会计制度》于 2001 年 1 月 1 日起在我国股份有限公司全面实施后,情况良好,有效地遏制和纠正了郑百文、渝钛白、深华源等上市公司利用债务重组虚拟利润等作假行为。然而,也有一些上市公司不执行《企业会计制度》的有关规定,甚至弄虚作假,提供不真实的会计信息,严重损害了

广大股民的利益,也严重扰乱了资本市场的经济秩序。

剖析这些造假案例,不难看出,上市公司造假的原因十分复杂,例如,市场经济制度的不完善,市场管理者及监管者的非理性行为,政府的地方保护主义,剥离与模拟等政策的存在,公司治理结构的不合理、不完善,企业整个管理控制制度失效或虚设,特别是内部控制制度的缺陷,硬性法律法规制度的"软约束",社会审计不规范,等等。同时,我们应当注意到,上市公司造假并不在于会计制度本身,而是在会计制度的执行问题。正如朱镕基总理在一份文件批示中指出:"看来制度似已完备,问题是不监督、不检查、未执行。"由此可见,解决会计信息失真问题,杜绝会计造假,需要从完善体制、健全法制、规范市场等方面进行综合治理。就各级政府财政部门而言,建立和加强会计监督、检查制度,切实解决会计准则执行不严、执行不力的问题,已成为当前工作的重点。

二、采取可行措施,全面推进我国会计改革

(一)积极推动《企业会计制度》和《金融企业会计制度》的全面实施

1. 推动《企业会计制度》的实施

如前所述,国有企业的不良资产是客观存在的,然而老制度在一定程度上掩盖了这一不容忽视的现实问题,目前已到了非解决不可的时候了,需要我们积极采取切实可行的措施,对国有企业进行测算、摸清家底,分别不同企业的情况,逐步推动《企业会计制度》在国有企业实施,如实反映企业的资产、负债和所有者权益。对于资产质量和效益较好的国有企业,完全有必要尽快执行企业会计制度;对于资产质量和效益欠佳的国有企业,也应鼓励其执行企业会计制度,避免虚盈实亏,掩盖矛盾;对于资不抵债、濒临破产的国有企业,应当分别具体情况进行妥善处理,以消除隐患。在此基础上,进一步深化企业改革,实行现代企业制度,完善法人治理结构,转换经营机制,提高企业自我生存和自我发展的能力,应对WTO的挑战。

《外商投资企业会计制度》是财政部1992年发布实施的,随着经济的发展和环境的变化,原制度在诸多方面已不适应新形势的要求。为了统一各类企业的会计制度,适应WTO要求,规范外商投资企业的会计核算,财政部于2001年印发了《外商投资企业执行〈企业会计制度〉有关问题的规

定》,要求外商投资企业从 2002 年 1 月 1 日起全面执行《企业会计制度》,财政部 1992 年 6 月 24 日发布的《中华人民共和国外商投资企业会计制度》[92 财会字第 33 号]及其相关的会计科目和会计报表规定同时废止。

2. 推动《金融企业会计制度》的实施

2001 年 12 月财政部发布的《金融企业会计制度》,适用于中华人民共和国境内依法成立的各类金融企业,包括银行(含信用社)、保险公司、证券公司、信托投资公司、基金管理公司、租赁公司、财务公司等。《金融企业会计制度》借鉴了国际惯例,并结合了我国各类金融企业的实际,仍采用分步实施的政策,从 2002 年 1 月 1 日起暂在上市的金融企业实施,鼓励其他金融企业实施。《金融企业会计制度》的分步实施,对于规范各类金融企业的会计行为,提高金融资产质量,促进金融企业的健康发展必将发挥重要作用。

(二)继续加快会计准则、制度的制定步伐,完善我国会计标准体系

1. 进一步完成具体会计准则的制定工作

研究制定与我国国情相适应并与国际惯例相协调的会计准则体系,始终是我国会计准则体系建设的重要任务之一。在已发布的 16 项具体会计准则的基础上,财政部 2002 年还将发布企业合并、分部报告、外币折算等具体会计准则。根据加入 WTO 的要求,我们将加快具体会计准则的制定步伐,努力建立和完善我国的会计准则体系。

2. 抓紧制定分行业的专业业务核算办法和《小企业会计制度》

专业业务核算办法是我国会计准则体系中的第三个层次。第一层次为会计准则,第二层次为会计制度,还将考虑第四个层次,如某项具体会计处理的解释问答等。《证券投资基金会计核算办法》已于 2001 年 9 月 12 日印发,将于 2002 年 1 月 1 日起实施。证券投资基金是我国证券市场的一个新型金融工具,自 1998 年创立以来,短短三年时间,基金数量和规模不断扩大,已引起全社会的广泛关注。证券投资基金的会计核算有其特殊性,既不同于社会保险基金,也不同于企业会计。为了规范证券投资基金的会计核算,保护基金持有人的权益,促进证券市场的健康发展,财政部会计司在广泛征求中国证监会、各基金管理公司和托管银行、国际会计公司等各方意见的基础上,制定了《证券投资基金会计核算办法》。石油天然气、农业、航空

运输等专业业务核算办法也正在起草过程中。《小企业会计制度》预计将于2002年出台,2003年实施。

（三）加大财政部门依法监管会计工作的力度,确保会计准则的贯彻实施

2001年2月20日,财政部以部长令发布了《财政部门实施会计监督办法》,对各级财政部门依法实施会计监督的内容、程序、处罚措施等作出了明确规定,为各级财政部门正确履行法定职责、确保会计监督检查质量提供了制度保证。2001年年初开始,财政部会计司在全国范围内组织开展了《会计法》执法大检查,将会计准则、制度的执行情况作为检查的重点内容之一。截至2002年2月,单位自查与重点检查均已告一段落,检查工作已转入巡查验收阶段。此次《会计法》执法检查大大增强了企业执行《会计法》及国家统一会计制度的自觉性、自律性,通过对检查过程中发现的严重违法违规行为进行曝光、公开披露和惩处,形成了威慑力,维护了《会计法》及国家统一的会计制度的严肃性,加大了《会计法》的执法力度和会计准则、制度的执行力度。《会计法》执法检查作为财政部门的一项会计监督工作将长期进行下去。

三、正确认识会计准则国际化问题

有观点认为,会计国际化可以直接采用美国会计准则或者国际会计准则。这种观点有失偏颇,不仅脱离中国的实际,也不符合世界各国会计国际化的通行做法。在经济全球化的过程中,对于如何理解和处理会计国际化,不单纯是会计技术层面的问题,我们应当保持清醒的头脑,切忌妄自菲薄,盲目崇拜。中国的会计改革不宜直接采用美国会计准则,也不宜直接采用国际会计准则。

我们可以看看其他国家的做法。截至2002年1月,美国、英国、澳大利亚、新西兰、加拿大、法国、日本等发达国家,印度、巴西、印度尼西亚、马来西亚、斯里兰卡、泰国、阿根廷等发展中国家,以及俄罗斯、保加利亚、波兰、罗马尼亚等转型经济国家,都有本国的会计准则制定机构,并借鉴国际会计准则,制定、实施本国的会计准则。尽管个别国家,如格鲁吉亚、乌兹别克斯坦等,也有宣布直接采用国际会计准则的情况,但实际情况差异很大,不具代

表性。

一个国家执行本国的会计准则,既是为了与其法律体系相适应,同时也是该国主权的一种体现。《中华人民共和国会计法》规定,"国家实行统一的会计制度。国家统一的会计制度由国务院财政部门根据本法制定并公布。"由于国际会计准则或美国的会计准则在我国没有法律效力,如果要求我国企业直接采用国际会计准则或美国的会计准则,将会与我国现行的《会计法》、《公司法》、《商业银行法》、《企业财务会计报告条例》等相冲突。

经济全球化的背景促使越来越多的企业需要通过跨国上市筹集资金,而上市地证券监管机构通常要求企业根据上市地会计准则或者国际会计准则编报财务会计报告。但是,这些企业必须以执行本国的会计准则为前提,最后向上市地证券监管机构和投资者提供会计报表时,可以根据上市地会计准则或者国际会计准则的要求作出报表调整。这是国际通行做法,也是国家主权的一种体现。我国的企业在境外上市,一直都是以执行我国的会计制度(包括《股份制试点企业会计制度》、后来的《股份有限公司会计制度》到现在执行的《企业会计制度》)及相关会计准则为前提的。然后,再根据上市地会计准则或国际会计准则进行报表调整。片面追求我国会计准则的美国化或者国际化,还有可能会出现与我国转型经济环境不相适应的情况。

我们处在经济转型时期,尚未形成成熟的市场经济环境和完善的监管机制,如果我们操之过急,不顾国情、片面追求美国化或国际化,有可能会出现与我国转型经济环境不相适应的情况,导致会计信息混乱或者失控,由此产生的改革成本和风险将是巨大的。例如,公允价值是国际上发达市场经济国家通行的会计计量属性,而我国市场经济处在初级阶段,没有形成活跃的生产资料市场,关联交易较多,诸多经济行为不够规范,如果广泛地使用公允价值,将会给企业利用公允价值造假留下空间,比如"琼民源"的作假案例将土地使用权的评估价作为公允价值入账,虚假评估增值5个多亿元,就是最典型的例证。此外,我国企业直接采用国际会计准则,还存在诸多衔接上的实际困难,这些困难在短期内是很难解决的。比如,国际会计准则为照顾各国的通用性,所作的规定比较原则,操作性差,需要结合本国实际作出具体规定;某些国际会计准则在我国还没有相应的业务;我国企业会计人员的专业水平和职业素质尚不具备采用国际会计准则的条件。

综上所述,在会计国际化的进程中,如何把握借鉴国际惯例和考虑中国国情的辩证关系,这是我们应当面对的一个重大问题,借鉴国际惯例不等于照搬照抄,照搬照抄是没有出路的;考虑中国国情不等于闭关自守和保护落后,闭关自守同样是没有出路的。从国际通行做法看,会计国际化并不硬性要求各国直接采用国际会计准则,而是充分尊重各国政治、经济、法律、文化环境,允许各国根据本国的实际与国际会计准则存在一定差异。会计国际化的宗旨是要求各国企业对外提供的会计报表在重要方面与国际会计准则相协调,正如国际会计准则理事会在其《国际会计准则公告前言》指出的那样,成员国企业"所公布的会计报表在所有重要方面与国际会计准则相一致"。这一宗旨反映了各国会计准则国际化的真正含义,我国的会计改革与这一宗旨是一致的。

总之,我国现行会计准则制度与国际会计准则制度相比,在主要方面已基本协调一致。对于会计国际化问题应有客观、正确的认识,我国不宜直接采用国际会计准则或美国会计准则。我们应当在推动我国统一的会计制度实施,加大会计监管力度等方面积极采取可行措施,全面推进我国的会计改革。

(以上内容主要根据《商业会计》2002 年 1 月的《新形势下我国会计改革面临的主要问题及对策研究》、《财务与会计》2002 年 2 月的《当前我国的企业会计改革需要关注和解决的几个问题》、《重庆财会》2002 年 2 月的《全面推进我国企业会计改革》三篇文章摘录并整理)

深化会计改革 强化会计监管
推动会计事业全面发展

2002 年,会计管理工作者以"三个代表"重要思想为指导,在会计改革、会计监管、会计队伍建设以及会计国际协调等方面取得了重要进展。

一、继续贯彻《会计法》,开展重点检查,整顿会计秩序

根据国务院关于整顿和规范市场经济秩序的精神和财政部的部署,各地区和有关部门在做好 2001 年《会计法》执行情况检查后续工作的同时,有针对性地开展重点检查。据统计,各地区和中央有关部门 2002 年度共对 3.6 万个企事业单位进行了重点检查,处罚了 8829 个违法违纪单位及有关责任人员,吊销了 3269 名会计人员的从业资格证书。通过开展重点检查,进一步整顿了会计秩序,维护了《会计法》的权威。

2002 年的《会计法》重点检查呈现出一些明显特点:一是提高了检查质量;二是加大了处罚力度;三是强化了对违法违纪的单位负责人的处罚。从云南、四川、黑龙江、浙江等许多地区的检查情况看,都有对单位负责人进行处罚的情况。这表明,新《会计法》中规定单位负责人对本单位会计工作和会计资料的真实性、完整性负责是符合实际的。在开展重点检查的同时,各地重视会计法制建设。辽宁、黑龙江、陕西、四川等地人大、政府发布了贯彻《会计法》、加强会计工作的条例、办法和决定,天津、湖南、山东、内蒙古等地的地方性会计法规也正在积极起草之中,为改进和加强会计监管、健全会计法规体系作出了积极努力。

二、适应我国加入 WTO 和市场经济的发展要求，会计改革进一步深化

如何面对经济全球化和加入 WTO 所带来的机遇和挑战，顺应会计国际化潮流，加快我国会计改革步伐，仍然是我们面临的突出问题。2002 年，我们继续稳步推进会计改革，在会计准则、会计制度实施等方面取得了一定进展。根据财政部规定，从 2002 年 1 月 1 日起，我国外商投资企业全面执行《企业会计制度》，废止了原来的外商投资企业会计制度，这对于提高外商投资企业的会计信息质量发挥了重要作用；与此同时，上市的金融企业也从 2002 年 1 月 1 日起实施新的金融企业会计制度。通过实施稳健的会计政策和贷款的五级分类等，增加了金融企业会计信息的透明度，有利于防范金融风险，促进金融企业会计的国际协调。为了确保外商投资企业、上市的金融企业实施《企业会计制度》和《金融企业会计制度》，我们举办了全国财政系统培训班。继财政部培训班之后，各地区也层层办班，努力加大宣传和讲解力度，为两项制度在外商投资企业和金融企业的实施奠定了基础。据统计，2002 年各地区、各部门组织的培训达 390 万人次。

2002 年，财政部印发了对企业会计制度及相关会计准则执行情况进行调研的通知，各地财政部门会计管理机构为此做了大量工作，提交的调研报告对我们进一步修改和完善准则、制度具有重要的参考作用。从各地反馈的情况看，企业会计准则、会计制度的实施总体上是好的，特别是在证券监管等部门的监管下，股份有限公司比较严格地执行，外商投资企业边学习、边执行，一些地区推动国有企业实施企业会计制度也取得了显著成效。准则制度实施范围的不断扩大，对于促进国有企业改革和市场经济健康发展具有重要的现实意义。

三、积极参与会计国际协调，广泛开展国际交流

加强会计国际协调和交流，是经济全球化和我国市场经济发展的必然要求。在过去的一年里，我们成功地举办了中日韩会计准则制定机构会议、会计准则国际演讲会、美国政府及非营利组织会计讲座，参加了 WTO 服务贸易双边谈判，组织了部分地方会计处同志参加国际会计准则培训班，还进

行了一系列考察、访问和其他双边交流等。在参与国际协调的过程中,着力改变过去被动接受、被动适应的不利局面,积极参与国际会计准则制定、修订工作,利用一切机会反映我们的呼声和意见,得到了国际会计界的理解和赞誉。

2002 年,我们成功组织了内地代表参加第十六届世界会计师大会。财政部代表团项怀诚部长为团长,本人为联络员。财政部和各地财政厅局组织内地赴港参会代表 3000 人,为香港成功举办此次大会提供了强有力的支持。部领导对内地代表参加世界会计师大会的组织工作给予了高度评价,项怀诚部长还在全国财政工作会议上专门感谢分代表团团长。通过这次大会,展示了中国会计改革的成就和整体形象,提高了中国会计的国际地位,扩大了对外交流与学习,对于广泛宣传我国财政和市场经济发展状况具有深远影响;同时,也检验了我们会计管理队伍的战斗力和凝聚力。

四、会计人员管理和职业道德建设取得新进展

2002 年,各地财政部门和有关业务主管部门继续加强会计人员从业资格管理,完善管理办法,健全会计从业资格培训、考核、年检等制度,全年核发会计从业资格证书 233 万个。会计专业技术资格考试继续顺利进行,建立了责任制度,严格了考风考纪,注意为考生搞好服务,考务管理得到进一步加强。2002 年度全国共有 123 万人参加考试,有 22 万人通过考试取得了专业技术资格。各地区和有关部门继续组织高级会计师评审工作,有 6243 人取得了高级会计师资格。会计人员继续教育得到进一步加强。会计委派制试点工作积极推进,成效显著。

加强会计人员诚信教育和职业道德建设,一直是财政部门的工作重点之一。2002 年,财政部制作了以"诚信为本、依法理财"为主题的公益广告片,在中央电视台连续播放,起到了良好宣传效果;会计司组织编写了《会计职业道德》培训教材,为加强会计人员职业道德建设打好了基础。各地财政部门积极采取措施,加强诚信建设。

会计改革离不开科学理论的指导。在深化会计改革,强化会计监管的同时,继续有计划、有步骤地推动会计理论研究与学术交流。2002 年,中国会计学会在总结第五届理事会工作的基础上,召开了第六次全国会员代表

大会并成立了新一届学会理事会,为新形势下加强会计理论研究和学术交流提供了组织保证。

在肯定 2002 年会计管理工作取得成绩的同时,我们也应看到存在的问题。会计秩序混乱问题仍未根本好转,会计人员掌握新准则、新制度的程度仍有差距,会计专业技术资格考试的考风考纪仍需进一步强化,会计管理干部的依法行政水平和工作作风需要改进,应当通过加强管理和深化改革,认真加以解决。

2003 年会计管理工作的总体要求是:以党的十六大精神和"三个代表"重要思想为指导,发展要有新思路,改革要有新突破,开放要有新局面,各项工作要有新举措,全面贯彻落实《会计法》、《注册会计师法》,以整顿和规范会计秩序为中心,进一步深化会计改革,加强注册会计师行业行政监管和会计诚信建设,提高会计行业整体水平和会计信息质量,促进会计事业和社会主义市场经济的健康发展。具体来说,2003 年要着重做好以下几个方面工作:

一是继续深入贯彻《会计法》,整顿会计秩序,强化会计监管,夯实会计基础工作。《会计法》是我国会计工作和注册会计师工作的重要法律。各级财政部门会计管理机构要清醒认识到会计管理工作的艰巨性、长期性和复杂性,认真履行《会计法》、《注册会计师法》赋予的监管职责,促进会计秩序的根本好转和会计工作水平的进一步提高。需要强调的是,各级财政部门会计管理机构在加强会计基础工作和会计电算化管理的同时,也要十分重视自身管理工作的规范化、现代化和信息化。财政部会计准则委员会即将开通专门网站,北京、重庆、陕西、宁波、青岛等地建立了会计网站,在加强联系、增进交流、完善管理、强化服务等方面作了有益尝试。

二是深化会计改革,完善会计制度和会计准则体系,探索制度、准则的有效实施机制,切实提高会计信息质量。适应我国加入 WTO 和市场经济发展要求,进一步深化会计改革,积极促进会计的国际协调,仍然是我们2003 年的工作重点之一。

要继续探索会计准则和会计制度的实施机制,扩大实施范围,确保新准则、新制度在国有企业的贯彻实施。应当看到,在我国加入 WTO 和参与会计国际协调的大背景下,加快我国企业会计准则、企业会计制度和金融企业会计制度在更大范围内贯彻执行已是重中之重。财政部已要求国有企业从2003年起,利用3年左右的时间全部执行企业会计制度。3年时间看似不短,但要做的工作却相当繁重,任务十分艰巨。2003年,要进一步加大推动国有企业执行企业会计制度的力度,鼓励那些资产质量好、经济效益佳、有承受能力的国有企业以及新设立的国有企业,先行执行企业会计制度。同时,各地区还要对外商投资企业执行新准则、新制度的情况给予足够的关注,确保全面实施。请大家继续探索会计制度、会计准则实施机制,扩大实施范围,总结好的经验和成功做法,使准则制度落到实处,取得实效。

要适应加入WTO和资本市场发展要求,加快企业会计制度和会计准则建设的步伐。2003年,财政部对会计准则委员会进行了调整和充实,增聘了会计准则委员会委员和一大批咨询专家,为会计准则建设提供了强有力的支持。在对2002年已发布的部分会计准则和会计制度征求意见的基础上,2003年将加快发布财务报告的列报、外币折算、资产减值、企业合并、分部报告、政府补助和政府援助等会计准则以及小企业会计制度、金融企业会计制度——商业银行会计科目和会计报表、金融企业会计制度——保险公司会计科目和会计报表以及民航企业、农业企业等专业核算办法;同时,研究起草银行基本业务、合并会计报表、金融工具披露与列报等会计准则,为初建我国的会计准则体系目标而努力。

要研究政府及非营利组织会计改革,规范政府及民间非营利组织会计核算。政府及非营利组织会计是我国会计准则体系的重要组成部分,真实、全面、完整的政府会计信息是编制部门预算的重要依据,这就要求努力探索政府会计改革,研究政府会计框架体系;同时,制定、发布民间非营利组织会计制度,为将来建立政府及非营利组织会计准则制度体系奠定基础。

三是以诚信教育和职业道德建设为重点,切实加强会计人员管理。市场经济是法制经济、信用经济。诚信是市场经济的基石,是会计人员和注册会计师的安身之本、立业之基,关系到市场经济秩序的正常运行。2003年,我们要切实重视和加强会计职业道德建设,将其作为会计管理工作的重要内容。目前,会计司起草、项部长主编的会计人员继续教育教材——《会计职业道德》一书已经出版,为各地开展会计职业道德教育提供了蓝本。各地财政部门要采取多种形式,重视会计职业道德的宣传和培训工作,如对会计信用等级评价、建立会计信用档案、开展会计诚信论坛等进行广泛宣传，努力营造会计诚信教育的良好社会氛围。

2003年度会计专业技术资格考试将于5月份进行，目前各地都已做好了有关准备工作。各地财政部门要加强考务管理，完善责任制度和内部控制制度。各地应本着对考生负责的态度，认真组织，严格把关，确保阅卷质量。只有认真做好考试各环节的工作，才能确保会计资格考试万无一失。要继续探索高级会计师评价制度。经与人事部研究，决定在浙江、湖北组织高级会计师考评结合试点。希望试点地区加强组织协调，做好试点工作，认真总结试点经验，为全面推开做好准备。继续总结会计委派制试点经验，积极配合国库集中支付制度与财政支出管理体制改革，探索会计集中核算与国库集中支付的有机结合，为建立公共财政框架发挥会计的基础作用。

在新的一年里，我们仍要重视会计理论研究，充分发挥会计学会的作用，为深化会计改革和强化会计监管提供理论支持。2003年的会计管理工作任务繁重。实践证明，做好会计管理工作，必须转变工作职能；必须坚持依法行政，提高政策水平和工作能力；必须改进工作作风，研究与有关部门的沟通和协调机制，争取各有关方面的广泛理解和支持；必须深入基层广泛开展调查研究，关注会计管理工作中的新情况新问题；必须树立服务意识，增强责任感和使命感；必须继续加强会计管理干部思想政治教育和业务学习，严格廉洁自律。让我们在党的十六大精神和"三个代表"重要思想的指导下，在以胡锦涛同志为总书记的党中央领导下，同心同德，奋发图强，扎实工作，共同开创我国会计事业的新局面。

（以上内容主要根据《商业会计》2003年4月的《深化会计改革　强化会计监管　推动会计事业全面发展》一文摘录并整理）

改组会计准则委员会　建立高效工作机制

　　财政部于 2003 年完成了会计准则委员会的重大改组,并建立了全新的工作机制。这是贯彻温家宝总理在国务院第一次全体会议上提出的重大问题要"实行科学民主决策"、金人庆部长关于要"进一步完善会计准则,使其更适应社会主义市场经济要求"的重要举措。我们相信,会计准则建设的步伐将大大加快,以实现 2005 年之前完成初建我国会计准则体系的目标。

一、会计准则委员会的委员构成及其组织结构

　　改组后的会计准则委员会,财政部楼继伟副部长担任主席,冯淑萍部长助理担任秘书长。委员共 20 名,由财政部聘任,聘期两年。委员来自以下部门和单位:审计署、国家税务总局、中国银行业监督管理委员会、中国保险监督管理委员会、中国证券监督管理委员会、国务院国有资产监督管理委员会、中国石油天然气集团公司、财政部、中国注册会计师协会、上海证券交易所、厦门大学、中国人民大学、上海财经大学、安永大华会计师事务所、深圳天健信德会计师事务所等。本届会计准则委员会委员层次较高,既有会计理论界、实务界和会计中介机构的知名专家,又有政府有关部门、会计职业团体和证券界的领导,代表性较强。

　　(一)会计准则委员会的组织结构

　　会计准则委员会下设会计理论专业委员会、企业会计专业委员会、政府及非营利组织会计专业委员会、会计准则委员会办公室以及由 160 名会计专业人员组成的会计准则咨询专家组。

　　会计理论专业委员会负责对财务会计概念框架等与会计准则相关的会计基础理论问题提供咨询意见。

　　企业会计专业委员会负责对企业会计准则的研究、制定与实施提供咨

询意见。

政府及非营利组织会计专业委员会负责对政府及非营利组织会计准则的研究、制定与实施提供咨询意见。

会计准则委员会办公室设在财政部会计司,作为委员会的办事机构,承担委员会的日常工作。

会计准则委员会聘请了 160 名咨询专家,协助会计准则委员会开展工作。会计准则咨询专家亦来自会计理论界、会计中介机构、政府有关部门、会计职业团体、证券和企业界的优秀会计专业人员,具有广泛的代表性。

(二)会计准则委员会的工作机制

2003 年 5 月 13 日,财政部印发了《财政部会计准则委员会工作大纲》,规定了委员的权利和义务,明确了会计准则委员会的工作机制和要求,即会计准则委员会每年至少召开一次全体会议,由主席主持,讨论委员会工作及会计准则制定和实施中的重大事项;专业委员会会议根据需要不定期召开,由专业委员会主任主持,讨论本专业委员会开展会计准则咨询工作中的重要事项。全体会议和专业委员会会议结束后,应对会议讨论的议题、讨论情况和结果,形成会议纪要,通过委员会办公室正式公布,同时提交会计准则制定机构。

会计准则委员会组成若干研究组,包括会计理论组、国际协调组、企业会计组、政府会计及非营利组织会计组、金融会计组等。研究组设主持人(或组长)一名,成员若干名,原则上从委员会聘请的会计准则咨询专家中选定。研究组提出工作方案,由委员会办公室报请秘书长同意后实施。

研究组在会计准则委员会及其办公室的领导下开展日常咨询工作,主要包括提交会计准则课题项目研究报告。2003 年财政部已经正式下达的会计准则重点科研课题 22 项,每个项目都组建了研究组;对会计准则制定机构提交的会计准则讨论稿、征求意见稿和草案提供咨询意见。根据 2004 年会计司工作要点,完善会计准则体系将是重中之重,称为“会计准则年”,届时将有大批会计准则的讨论稿、征求意见稿和草案出台,会计准则委员会委员和咨询专家需要经常召开会议,提出修改意见;深入开展调查研究,对会计准则实施中的问题提出建议;翻译研究国际会计准则和发达国家的会计准则,以供借鉴;完成会计准则委员会及其办公室交办的其他工作。为便于会计准则委员会委员和咨询专家对会计准则制定的全过程提供咨询,委员会办公室为全体委员和咨询专家在财政部会计准则委员会网站上设置了委员专区和咨询专家专区,以加强会计准则委员会与会计准则制定机构之间经常性的联系、沟通和协调。

二、会计准则委员会与会计准则制定机构的关系

财政部会计准则委员会是我国会计准则制定的咨询机构,主要就会计准则的整体方案、体例结构、立项、起草以及发布实施等相关内容,为会计准则制定机构提供咨询,并对会计准则发布后的实施情况反馈有关信息。

在我国,会计准则属于行政规章制度,财政部作为中国会计准则的制定机构,承担着会计准则的立项、起草、发布实施和修订等任务,具体工作由会计司负责。会计准则委员会与会计准则制定机构相互配合、各司其职,两者之间是有机结合的。会计准则委员会主席和秘书长均由部领导担任,会计准则委员会办公室设在会计司,本人担任准则委员会办公室主任。在会计准则制定过程中,会计准则制定机构要在准则的立项、起草、征求意见、发布实施等各环节征求会计准则委员会的意见,并对会计准则委员会咨询意见的采纳情况,向会计准则委员会作出说明。这种安排使会计准则委员会与会计准则制定机构的联系更加紧密,防止"两张皮",实际上是以会计准则制定机构为主,充分发挥会计准则委员会的咨询作用,实现会计准则制定工作的科学民主决策。

在国际上,会计准则制定机构主要有两种模式,一种是民间组织模式,如美国的财务会计准则委员会(FASB)和政府会计准则委员会(GASB),以及目前的日本会计准则委员会等;另一种是政府模式,如俄罗斯等。两种模式各有利弊,在民间组织模式下,工作效率低下,比如美国的 FASB 制定一项准则往往需要几年时间,长期争论不休,议而不决。不仅如此,民间组织还不具有监督检查的权威性和督促准则实施的有效措施,比如日本原来由大藏省制定会计准则,前几年成立了民间性质的日本会计准则委员会,由其制定并发布会计准则,执行情况很差。在政府模式下,俄罗斯等国家由财政部制定会计准则的主要弊端是过于偏颇,往往过于从政府的角度考虑问题,不能兼顾各方面的利益。

我国会计准则的制定模式介于上述两者之间,是在财政部为主的前提下,同时成立会计准则委员会。在此之前,有关方面也曾提出异议,建议我国能否照搬国外的民间组织模式。在我们改组会计准则委员会并建立了有效的工作机制后,经过实际运行,各方面的意见统一了,普遍认为目前的模式符合中国国情,既调动了社会各方面力量参与准则制定过程,又提高了会计准则制定的质量和效率,还能够做到督促实施,体现了中国特色。国际会计准则理事会和一些发达国家的会计准则制定机构,也对我国的会计准则制定模式给予了肯定。

三、进一步完善我国会计准则体系的工作思路

会计准则委员会的改组及其工作机制的建立,为进一步完善我国会计准则体系奠定了重要的基础。2004 年,我国会计准则体系建设的工作将全面启动。

(一)完善企业会计准则体系

从 1992 年 11 月 30 日发布《企业会计准则》开始,截至 2004 年 2 月,我国已陆续发布、实施了 16 项会计准则,包括:关联方关系及其交易的披露、资产负债表日后事项、收入、建造合同、或有事项、无形资产、借款费用、租赁、现金流量表、债务重组、投资、会计政策、会计估计变更和会计差错更正、非货币性交易、中期财务报告、存货和固定资产等,需要对上述已发布的项目进行梳理和完善。根据我国经济发展的实际情况,借鉴国际会计惯例,尚需发布近 20 项会计准则,如:分部报告、外币折算、财务报告的列报、每股收益、政府补助和政府援助、企业合并、合并会计报表、资产减值、银行基本业务、农业、保险合约、所得税会计、金融工具等等。这是一项较为庞大的系统工程,财政部会计司将加倍努力、扎实工作,同时借助会计准则委员会下设的企业会计专业委员会及其咨询专家的力量,为会计准则制定机构提供基础性研究,尽快完善我国的企业会计准则体系。

(二)研究政府及非营利组织会计准则相关问题

一些发达国家,如美国、英国、澳大利亚、新西兰等,都已经建立了各具特点的政府会计准则体系。我们应当研究国际会计师联合会制定的国际公共部门会计准则以及有关国家的政府会计准则,探讨可供借鉴之处。在此

过程中,会计准则委员会下设的政府及非营利组织专业委员会及其咨询专家将提供技术支持。财政部会计司起草的《民间非营利组织会计制度》已经完成征求意见稿,并多次组织了调研和召开座谈会,已进入修改完善阶段。

(三)着手研究建立中国的会计概念框架

会计理论专业委员会主要负责财务会计概念框架的研究,在北京、上海、厦门三地成立了包括会计目标、会计基本假设、会计信息质量特征、会计要素及其确认与计量、会计准则制定导向等若干项目组,用一年的时间开展基础性研究,在此基础上形成《财务会计概念框架》的研究报告,从而为研究起草我国的财务会计概念框架奠定基础。

(四)在完善会计准则体系的同时,必须重视会计准则的实施

会计准则建设的关键在于实施,否则,再好的准则体系也是没有意义的。从某种意义上说,准则的实施比准则的制定更有难度。我们要通过强化会计监管、推进会计人员继续教育、提高职业道德等有效措施和多种形式,使各方面真正了解、熟悉、掌握会计准则的原则、内容和方法,并严格按照会计准则进行会计处理,只有这样,才能提高会计报表质量,实现规范会计工作和市场秩序的目标。

财政部领导历来非常重视建设和完善会计准则等相关工作。金人庆部长曾指出:"我国搞市场经济、适应加入 WTO 的要求,必须运用国际通用的商业语言,搞好会计准则很关键。以前外国人看不懂我们的会计报表,现在有了会计准则,情况大大改观了。1992 年搞准则这件事影响很大,在当时来讲很超前,主要是应对国有企业改革,适应市场经济和将来加入 WTO。这件事很不容易,是财政部主动革自己的命。实行社会主义市场经济体制以后,财政部不能像过去那样管企业,企业的财务会计标准就是会计准则,纳税的标准是税法。过去会计准则建设重点放在企业,这是与当时的情况相适应的,随着改革的深入,实行企业化管理的事业单位越来越多,对事业单位的会计准则应当重视起来。行政单位的会计准则也应当归口,便于协调,会计准则应当是统一的。"

金人庆部长还指出:"会计司的工作领域涉及整个经济活动,是财政的基础,是经济活动的基础,是国际合作的基础,你们的工作责任重大。1992

年的会计准则只是一个框架,现在有了许多具体准则,使框架丰满起来,初步实现了与国际惯例接轨。会计司的首要任务是定标准,这是你们的'主业',标准有了,经济活动、会计行为就有了'法',国际通用语言也就有了。我国的会计准则既要借鉴国外的经验,因为人家搞得早,我们应当向人家学习,但更应从我国实际情况出发,制定的会计标准要实事求是,太严了没办法执行,太宽了容易造成混乱,会计标准的严与宽要适度。"

　　中央关于完善社会主义市场经济体制的决定精神和即将实施的《行政许可法》,对新时期如何做好会计管理工作具有重要的指导意义,我们要在部党组的正确领导下,贯彻科学民主决策精神,尽快完善我国的会计准则体系建设并组织实施,同时做好其他方面的会计管理工作,勇于开拓,不断进取,努力提高新时期的会计管理工作水平。

　　(以上内容主要根据《中国证券报》2004 年 2 月 24 日的《进一步完善我国会计准则体系》一文摘录并整理)

巩固已有成果　继续推进准则建设

一、2004 年我国会计改革的回顾

2004 年,我国的会计改革在邓小平理论和"三个代表"重要思想的指导下,认真贯彻党的十六大和十六届二中、四中全会精神,按照依法行政的要求和财政部的部署,在深化会计改革,强化会计监管,加强会计队伍建设,推进会计国际协调与会计服务市场开放等方面,都取得了新的进展。

(一)继续深化改革,完善工作机制,会计制度建设和会计准则研究取得新成果

制定会计准则并组织贯彻实施,是会计改革的基本任务。在过去的一年中,我们根据中央关于完善社会主义市场经济体制的决定精神,立足我国实际,借鉴国际通行做法,继续深化会计核算制度改革,推动企业、民间非营利组织、村集体经济组织会计准则体系的完善和内控制度体系的建立,为规范和提高会计信息质量,推动会计工作更好地为财政经济工作服务奠定了良好基础。

1. 发布了《小企业会计制度》及相关专业核算办法,分别于 2005 年 1 月 1 日和发布之日起实施。2004 年,在继续推动《企业会计制度》、《金融企业会计制度》贯彻执行的同时,发布实施了《小企业会计制度》和铁路运输、信托业务、农业企业等专业核算办法及相关规定,对衍生金融工具会计等进行了深入调查。《小企业会计制度》及相关专业核算办法的发布实施,标志着以《企业会计制度》、《金融企业会计制度》和《小企业会计制度》为主体的企业会计核算制度体系初步建立,为深化企业改革,提高会计信息质量提供了操作指南。

2. 发布了《民间非营利组织会计制度》。近年来,作为市场经济重要组

成部分的各类民间非营利组织迅速发展,规范民间非营利组织的会计核算和强化会计监管成为会计管理的紧迫任务。我们通过广泛调研,借鉴国外研究成果,制定了《民间非营利组织会计制度》,自 2005 年 1 月 1 日起在全国各类社会团体、基金会、寺庙、教堂等民间非营利组织实施。该制度的发布实施,对规范会计核算,促进民间非营利组织的健康发展将产生重要影响。

3. 发布了《村集体经济组织会计制度》,自 2005 年 1 月 1 日起在全国农村集体经济组织实施。农村集体财务管理和会计工作,关系到农民的切身利益,关系到农村改革、发展和稳定的大局。制定发布这一制度,有利于进一步规范村集体经济组织会计核算,强化村务公开、民主理财等政策措施。

4. 推动内部会计控制制度建设。内部控制制度,是保护各单位资产安全完整,防范经营风险和财务风险的一项重要举措。在发布实施货币资金内部控制等 7 项规范的基础上,2004 年,又印发了担保、对外投资控制规范以及固定资产、存货、筹资等征求意见稿,为实现在 2005 年基本完成我国内部会计控制规范体系的目标,促进各单位提高经营管理水平作出了努力。

5. 完善工作机制,组织课题攻关,加强国际协调。2004 年 3 月,财政部印发了《会计准则咨询专家工作规程》,连同此前发布的《财政部会计准则委员会工作大纲》、《会计准则制定程序》等文件,初步形成了程序规范、公开透明、有效利用社会资源的工作机制。同时,组织社会力量,围绕企业会计准则建设,对 42 项重大课题进行深入研究和集体攻关,开展会计准则国际比较研究,形成了一系列专题研究报告。通过召开国际研讨会、派人到国际会计准则理事会工作等形式,跟踪国际会计准则改革动向,吸收最新研究成果,加快我国会计国际化进程,为在 2005 年基本完成我国企业会计准则体系做好准备。

(二)积极探索、完善会计人才评价机制,会计队伍建设取得新成效

1. 高级会计师考评结合试点稳步推进。为适应市场经济发展对高层次会计人才的需求,在认真总结 2003 年浙江、湖北高级会计师考评结合试点经验的基础上,2004 年高级会计师考评结合试点范围扩大到北京、河北、辽宁、青海、新疆等 16 个地区,共有 35819 人报名参加高级会计师考试,其

中企业人员占 49.47%，事业单位人员占 20.43%，行政机关人员占 19.42%，共有 14684 人取得参加高级会计师评审资格。各地反映，实行高级会计师考评结合制度，提高了高级会计师评审的"门槛"，有效解决了以往评审中的主观因素，有利于提升高级会计师的"含金量"，是建立和完善高级会计人才评价制度的有益探索。

2. 初、中级会计专业技术资格考试平稳进行。2004 年度全国会计专业技术资格（中级、初级）考试共有 113 万人报名，在各类专业技术资格考试中继续保持参考人数最多的领先位置，表明考试制度有广泛的群众基础。为了保证考试质量，维护广大考生利益，在会计资格评价中心的配合下，全国会计考办（财政部会计司）着力抓好考试政策制定、组织协调、建立实施责任制度、严格考风考纪和试题、评卷质量的监督检查等环节的工作，会同人事部召开了全国考务工作会议，对考试组织工作提出具体要求；与各地考试管理机构签订了责任书；会同会计资格评价中心组织命题，及时对评卷工作作出部署等。在各方面的共同努力下，2004 年度的会计考试工作比较平稳、顺利，考风考纪良好，合格率适度。为了进一步完善考试制度，我们会同人事部对 2005 年的考试政策作出适当调整，决定将中级资格考试科目由 4 门改为 3 门，两年内通过；同时，全面修订了考试大纲，确保会计专业技术资格考试继续保持合理的知识结构和良好的社会信誉。

3. 积极开展以诚信为主题的继续教育。一方面，积极引导地方财政部门组织开展形式多样的会计诚信宣传教育活动，会计队伍的职业道德素养和职业荣誉感进一步增强，诚实守信、依法理财的理念逐步深入人心；另一方面，着手研究制定会计职业道德规范，推动会计职业道德建设正常化、制度化。

（三）重视会计学术建设，紧密团结会计理论界为会计改革服务

中国会计学会组织召开了第六届理事会第一次会议暨 2004 年学术年会，吸收原中国会计教授会为中国会计学会会计教育分会，整合了研究力量，壮大了研究队伍。在中国会计学会的领导、推动下，各专业委员会的学术活动日益活跃，对当前重点、热点会计问题的研究逐步深入，取得了较为丰硕的研究成果，为会计改革深化提供了重要理论和技术支持。

二、2005 年会计改革的任务

(一)继续推进会计准则建设,着力构建较为完善的企业会计准则体系

截至 2005 年 3 月,我国已发布实施 17 项企业会计准则(1 项基本准则,16 项具体准则)。由于近年来的工作重点在于企业会计制度体系的建设和实施,企业会计准则建设的步伐放缓,根据中央关于完善社会主义市场经济体制的要求,结合经济全球化的新形势,加快完善企业会计准则体系的时机已经成熟。拟将完善企业会计准则体系作为工作重点,一方面对以前发布的会计准则进行全面评估和梳理,作出必要的修订和完善;另一方面尚需发布 20 多项具体会计准则,基本目标是形成既符合我国国情,又与国际会计惯例相协调的企业会计准则体系。与此同时,配合商业银行股份制改造、境外上市等金融改革,完善金融企业会计制度;配合财政制度改革和行政事业单位财务制度改革,修订事业单位会计准则和会计制度,研究政府会计改革,为完善政府绩效评价、提高预算管理与财政透明度提供会计技术支持。

在会计准则的建设和完善过程中,我们需要处理以下几方面的关系:

一是关于会计准则与会计制度的关系。总体上讲,我国的会计准则是原则导向的,内容主要包括会计要素的确认、计量、报告。基本准则与国外的财务会计概念框架有类似之处。会计制度侧重于会计记录和记账,表现为会计科目及账务处理。在实际工作中,准则、制度在不同层面反映会计要素。准则与制度并存,是考虑我国目前会计人员的现状,是规范会计行为,指导会计工作的有效方式,这种模式可能还要运行一段时间。

二是关于会计准则、会计制度与财务通则、财务制度的关系。在我国社会主义市场经济体制不断完善的情况下,财务通则和财务制度究竟何去何从,基本意见认为没有继续保留财务通则和财务制度的必要性,财务通则和财务制度已完成了历史使命。也有人强调说,现在国有企业已是独立的生产者和法人,不再作为国家的附属,其核算只要按会计准则进行并依法纳税即可,由于现行的会计准则和会计制度是按照会计要素确认、计量、记录、报告的全过程来制定的,因此,财务通则和财务制度似无继续存在的必要了。

三是关于会计准则、会计制度与税收制度的关系,主要是与所得税法的

关系。随着企业会计准则制度、金融企业会计制度和小企业会计制度的实施,会计准则与税法不一致的问题显得更加突出。尤其是企业会计准则制度实施后计提八项资产减值准备,而税收部门不予认可,需要进行大量的纳税调整。也有人提议,希望会计准则制度与税法能保持一致。这种想法是不太现实的。会计与税收,分属两个系统,服务于不同的主体,遵循的是两种不同的原则。税收代表国家意志,与财政收入密切相关。而会计的标准在我国尽管属于法规体系,但是会计有其本身的原则,能够比较科学合理地确认、计量、记录并报告各项会计要素。税收政策制定的出发点则不同,基本上是站在国家宏观利益上的。有时候要使用税收杠杆对需要重点发展的行业予以扶持,比如农业税的免除;而有时候出于财政上的考虑,又可能加大征税力度。会计的标准基本上是使会计政策和税收政策尽可能地协调,尽可能地减少纳税调整,但两者永远都不可能完全一致,国外也是如此,会计和税收是适当分离的。

(二)稳步扩大高级会计师考评结合试点范围,不断提高财会人员的专业技术能力和职业道德水平

在总结高级会计师考评结合试点工作经验的基础上,进一步扩大试点面,鼓励地方全面推开,同时,将中央单位逐步纳入试点范围。抓紧研究、制定高级会计师资格评审量化标准,探索建立以工作业绩为重点,综合反映品德、知识、能力等各方面情况的高级会计人才评价指标体系,推动评审工作制度化、规范化、标准化,保持和提升高级会计师的"含金量"和社会影响力。继续会同会计资格评价中心抓好初、中级会计专业技术资格考试,强化责任,加强管理,确保考试工作万无一失。贯彻落实财政部领导"要把会计诚信建设作为重点进一步抓紧抓好"的指示,制定会计职业道德规范,多形式、多渠道地开展会计诚信教育活动。

(三)加强会计管理干部队伍建设,充分利用社会资源,为完成2005年会计改革任务提供组织保证

2005年是贯彻落实科学发展观、巩固宏观调控成果、保持经济社会良好发展态势的关键一年,也是全面实现"十五"计划目标、衔接"十一五"发展的重要一年,做好会计改革与管理工作意义重大。一是继续加强会计司干部队伍建设,充分调动广大干部的积极性、主动性和创造性,进一步增强

责任感和使命感,妥善处理好突出重点与兼顾一般的关系,推动业务工作与加强沟通协调的关系,良好的工作愿望与正确的工作方法的关系,加强合作,开拓创新,脚踏实地,努力完成 2005 年的各项工作任务;二是进一步加强地方会计管理干部队伍建设,引导和督促各级会计管理干部严格按照"立党为公、执政为民"的要求和行政许可法的精神实施会计管理,并做好会计法 20 周年宣传教育活动及全国会计工作会议的有关事宜,上下联动,共促发展;三是不断完善会计准则委员会工作机制,充分发挥准则委员会委员和咨询专家的专业特长及积极作用,为完善我国企业会计准则体系提供技术咨询;四是进一步加强对中国会计学术建设的指导,团结、联系理论界与实务界为深化会计改革提供理论支持,促进会计改革与发展取得新的更大成绩。

　　(以上内容主要根据《财会通讯》2005 年 3 月 30 日的《2004 年我国会计改革的回顾及 2005 年改革的任务》一文摘录并整理)

企业会计准则建设趋同篇

篇首语

2005 年,为顺应中国市场经济发展对会计提出的新要求,中国财政部全面启动企业会计准则体系建设,直至 2006 年 2 月 15 日企业会计准则体系正式颁布,自 2007 年 1 月 1 日起在上市公司施行,经过 20 多名准则委员会委员、160 余名咨询专家以及全国各大院校、科研机构、企业界专家学者的不懈努力,尤其是会计司几十位同志的呕心沥血,终于建成了适应我国社会主义市场经济要求、与国际财务报告准则趋同、涵盖各类企业各项经济业务的会计准则体系。

由 1 项基本准则、38 项具体准则及其应用指南构成的企业会计准则,将基础理论、指导思想、体系设计、技术标准等融为一体,整个体系逻辑严密、首尾一贯,实现了我国会计准则的国际趋同,为促进企业可持续发展、全面提升会计信息质量、提高社会经济资源的配置效率、保护投资者和社会公众利益以及我国经济全球化提供了会计基础。

以下部分构成了本书的"企业会计准则建设趋同篇",相关内容主要收集整理了本人 2005 年以来在《金融会计》、《财务与会计》、《会计研究》和《中国会计报》等刊物上发表的与我国会计准则建设与趋同相关的文章,全面回顾了会计准则制定和趋同过程,详细阐述了会计准则体系的架构与特征,为新兴加转型市场经济国家会计准则的国际趋同提供可供借鉴的宝贵经验。

构建会计准则体系　服务市场经济发展

——中国会计准则制定的最新进展

2005 年以来,为了适应中国改革开放和经济发展的需要,中国会计准则体系建设进入了一个加速发展的阶段,截至 2005 年 12 月已陆续发布了 21 项新制定的企业会计准则征求意见稿,修订现行的 17 项企业会计准则。财政部正紧锣密鼓地进行这套会计准则体系的进一步修改和完善工作,并规划 2006 年的培训和贯彻实施方案。

一、明确会计准则体系的建设目标及基本架构

我国会计准则体系建设的目标是:在 2006 年年初,构建起符合我国社会主义市场经济发展要求的、与我国国情相适应,同时又充分与国际财务报告准则趋同的、涵盖各类企业各项经济业务、独立实施的会计准则体系。这套体系由 1 项基本会计准则和 38 项具体会计准则组成,发布时间暂定在 2006 年 2 月份,实施时间暂定为 2007 年 1 月 1 日。这套会计准则体系实施后,企业会计信息的质量和透明度可望得到进一步提高,企业会计信息在国际范围内交流、使用、判断和评价的基础和平台将得以建立并不断完善,从而更好地满足投资者、债权人和其他利益相关方等有关方面对会计信息的需求,进一步规范企业会计行为和会计秩序,有力地维护社会公众利益。

根据这一目标,完善后的中国企业会计准则体系将包括三个层次:

(一)基本准则,在整个会计准则体系中起统驭作用,主要规范会计的目标、会计的基本假设和概念、会计信息质量要求、会计要素的确认计量和报告原则等,基本准则的作用是指导具体准则的制定以及实际工作,并对以后新出现的业务提供处理原则。

(二)具体准则,包括存货、固定资产、无形资产等 38 项准则,主要规范

企业发生的交易或者事项的会计处理,为企业处理会计实务问题提供具体而统一的标准,具体准则根据基本准则制定,分为一般业务准则、特殊行业特定业务准则和报告准则三类,从而基本涵盖了中国各类企业各类经济业务的会计处理。其中:

一般业务准则主要规范各类企业普遍适用的一般经济业务的确认和计量要求,包括存货、会计政策、会计估计变更和会计差错更正、建造合同、所得税、固定资产、租赁、收入、职工薪酬、股份支付、捐赠与补助、外币折算、借款费用、投资、企业年金、无形资产、资产减值、或有事项、投资性房地产、企业合并、首次采用企业会计准则等准则项目。

特殊行业的特定业务准则主要规范特殊行业的特定业务的确认和计量要求,如石油天然气开采、生物资产、金融工具确认和计量、金融资产转移、套期保值、金融工具列报和披露、保险合同、再保险合同等准则项目。

报告类准则主要规范普遍适用于各类企业通用的报告类的准则,如财务报表的列报、现金流量表、合并财务报表、中期财务报告、分部报告、关联方关系及其交易的披露等准则项目。

(三)会计准则应用指南,是针对具体准则中的难点和关键点所作的操作性规定,主要包括具体准则的相关各项解释和会计科目、主要账务处理等,为企业执行会计准则提供操作性规范。

截至 2005 年 12 月,我国会计准则制定的各项工作进展顺利,已经先后发布了 6 批共 22 项会计准则的征求意见稿,具体包括:

6 月 2 日发布了修订《企业会计准则——基本准则》征求意见稿;

6 月 22 日发布了外币折算、分部报告和财务报表列报等三项具体准则草案征求意见稿;

7 月 19 日发布了资产减值、企业合并、合并财务报表、生物资产、石油天然气开采、捐赠与补助和投资性房地产等七项具体准则征求意见稿;

8 月 12 日发布了保险合同、再保险合同、职工薪酬、企业年金、每股收益和所得税等六项具体准则征求意见稿;

9 月 25 日发布了金融资产确认和计量、金融工具列报和披露、金融资产转移和套期保值等四项具体准则征求意见稿;

12 月 19 日发布了股份支付具体准则征求意见稿。

《首次采用企业会计准则》的征求意见稿也已起草完成,我们将在对各项会计准则的具体规定基本确定后再发布《首次采用企业会计准则体系》的征求意见稿;同时,我们还将专门集中一段时间进行各项会计准则之间的协调工作,确保各项准则的规定之间没有相互矛盾和抵触之处。

二、会计准则建设应当遵循的基本原则

在建立中国会计准则体系过程中,我们特别注意要处理好以下两个方面的关系:

(一)借鉴国际惯例与立足国情的关系

在我国会计准则制定过程中,我们既充分借鉴国际财务报告准则以及其他得到广泛认可的准则的规定,同时要贯彻立足国情、有取有舍的原则,防止不顾实际,照搬照抄,特别是充分考虑了我国目前的经济、法律环境。例如,在准则立项上,我国的会计准则体系中,各准则项目相对于国际财务报告准则而言,有些准则项目进行了适当合并,有些准则项目作了分解,在准则内容上,应当有利于企业发展。因此,中国会计准则体系从项目的名称、体例到内容,不一定与国际财务报告准则项目一一对应。

(二)继承与发展的关系

任何改革都是在原有基础上进行的,会计改革也是如此。在制定中国会计准则时,我们坚持,凡是我国会计制度已有明确规定并在实务中得到广泛认可,且与国际财务报告准则没有实质性差异的,都加以继承并形成准则或纳入相应的准则项目,以此为基础,从完善社会主义市场经济体制的目标出发,本着与时俱进的精神,借鉴国际惯例,完善我的会计准则体系。尤其在会计准则体例、准则规定、准则分类和编号等诸多方面,既做到了科学规范,又在准则条款语言表述上做到中国化和通俗化,便于理解、操作和执行。

三、在准则制定和国际趋同中充分考虑我国实际

在制定中国会计准则、完善准则体系、促进中国会计准则与国际趋同的过程中,我们一方面充分借鉴国际财务报告准则,努力实现与国际财务报告准则的趋同;另一方面要充分考虑中国特殊的会计环境和实务,以规范和解决中国当前的会计问题为主要任务。具体主要体现在以下几个方面：

（一）充分考虑中国当前的经济发展阶段和会计实务发展状况

国际财务报告准则规范的主要是成熟市场经济国家的经济交易或者事项，市场竞争比较充分，公允价值容易取得，许多交易或者事项采取了完全的公允价值计量模式。但是在中国，经济的市场化程度还有待提高，某些领域的市场竞争还不够充分，因此对于公允价值还不能广泛应用，对此我们在制定我国会计准则时，对于公允价值的引入采取了适度、谨慎的原则，在经济环境和市场条件允许的情况下，对于特定资产或者交易采用公允价值，如交易性金融资产等。在经济环境和市场条件还不具备的情况下，仍然采用历史成本计量模式。

（二）充分考虑中国会计准则属于法律体系组成部分的特点，将基本准则定位为部门规章，并作为一项法律规范

我们知道，无论是国际会计准则理事会的概念框架还是美国财务会计准则委员会的概念公告，尽管起着指导会计准则制定的作用，但都不属于会计准则的组成部分，也没有法律约束力。但是中国的情况有所不同，中国的基本准则属于会计准则体系的有机组成部分，从而确保了它指导会计准则制定的权威性和法律效力，反之，如果它仅仅作为制定会计准则的概念基础，但不构成会计准则，那么在中国的法制环境下，不仅达不到制定的初衷，也难以得到社会公众、政府监管部门等方面的认可。

（三）充分考虑中国的语言习惯和法律用语，使会计准则的行文更加贴近中国实际

现行的国际财务报告准则通常由引言、目标、范围、定义、规范的主要内容、披露、过渡性规定和生效日期等部分组成，但是这一模式并不符合中国法律法规的行文习惯。中国的法律法规通常采用"章节"架构和"条款"式行文结构。基于此，会计准则作为中国法律法规体系的组成部分，在起草我国会计准则时，我们在保证准则内容与国际财务报告准则充分协调的同时，对准则的行文及其架构采取了与国际财务报告准则不同的方式，即采取了"章节"、"条款"式，使之更加符合中国法律用语和行文习惯。与此同时，在准则语言上，也尽可能中国化、规范化和通俗化，以使中国会计准则通俗易懂，便于操作和执行。

四、在会计准则制定中加强会计准则委员会的重要作用

财政部于 2003 年完成了会计准则委员会的重大改组,并建立了全新的工作机制。此后又做个别调整,王军副部长任秘书长,委员共 22 名,由财政部聘任。在会计准则制定过程中,准则委员会发挥了重要作用。早在 2003 年、2004 年,会计准则委员会委员们分别主持了几十项会计准则研究课题,研究基本准则和多项具体准则的制定和修订,形成了数百万字的研究报告。在准则制定过程中,所有准则的征求意见稿在正式印发前,都要先在全体委员范围内征求意见。准则项目组根据委员的反馈对准则进行修改后,才可以对外正式征求意见。准则制定的制度创新收到了良好的效果。即将正式发布的 39 项会计准则不仅考虑了与国际准则趋同,而且充分反映了国内实务的需要,使会计准则的科学性、合理性和权威性得到了大大加强。

五、做好会计准则的宣传贯彻工作

考虑到这次企业会计准则体系的改革涉及面广、影响大,因此做好相关的宣传培训和贯彻实施工作十分重要。财政部从以下几个方面着力加强会计准则的宣传培训和贯彻实施工作。

(一)统一培训教材,纳入会计人员继续教育范围

企业会计准则体系与国际财务报告准则已经基本趋同,与现行会计制度相比,内容更新较多,对会计职业判断和会计人员的素质要求更高。为了有助于宣传培训和贯彻实施,财政部会计司拟撰写一套权威、统一的企业会计准则体系培训教材,详细讲解各项准则的制定背景、理论基础、操作指南等,并提供有关案例、疑难问题解答、具体应用方法等,以便于广大财会人员及时、准确地学习消化会计准则的内容,完整掌握各项准则的精神实质。财政部会计司准则起草人员全部作为该教材的编写人员,整个教材的编写工作计划于 2006 年 3、4 月份之前完成。完成后的培训教材将纳入会计人员继续教育范围。

2006 年计划在全国范围内全面推开高级会计师考评结合工作,所有高级会计人员若要晋升高级会计师职称都必须首先通过考试。高级会计人员是宣传贯彻企业会计准则的重要力量,集中了我国许多优秀会计人才或潜

在的后备人才。财政部将修订高级会计师考试大纲及其内容,在考试大纲和命题内容中考虑企业会计准则体系的内容,把考试变成贯彻会计管理工作政策意图的载体和引导会计人员加强学习的手段,促进企业会计准则的教育培训和贯彻落实。

(二)搞好师资培训,层层开展培训工作

企业会计准则体系发布后,财政部拟举办全国性的会计准则师资培训班,集中会计司准则起草人员作为主讲老师,负责培养各省、区、市或有关部门的会计准则讲课师资。培训地点初步定在北京、上海和厦门三个国家会计学院。培训对象为各省、区、市和有关部门的会计管理机构选拔的师资人员和会计管理干部。

各省、区、市和有关部门会计管理机构负责本省、区、市或部门范围内的会计准则体系培训工作。在全国师资培训班结束后,各省、区、市和有关部门会计管理机构应当组织这些师资进一步培训本省、区、市或本部门下一层次的会计准则讲课老师,这样层层培训,争取在2006年8月底之前,完成本地区或本部门的会计准则培训工作。

为保质保量地完成培训任务,财政部还拟在本次培训工作中引入网络远程教育、录制教学光盘等手段,以增强教学效果。

(三)组织会计知识大赛,广泛学习宣传会计准则

会计知识大赛是宣传学习会计准则、制度和会计法规的一种十分有效的方式。财政部正在酝酿在培训工作结束后举办一次全国会计知识大赛,力争通过这一方式,掀起一个全国财会人员学习、贯彻、研究企业会计准则体系的新高潮。

各省、区、市和有关单位应当站在宣传贯彻落实会计准则体系的高度,重视会计知识大赛工作,成立专门机构负责组织实施好大赛各项工作。

(四)认真组织模拟试点,扎实做好实施前的准备工作

由于会计准则实务性较强,影响大,为了保证平稳过渡,财政部计划在会计准则实施前选取若干企业进行模拟运行,按照会计准则的规定模拟试编报表。截至2005年11月,第一批试点单位已经落实,在参加第一期全国会计领军人才培养的学员所在单位展开。

试点内容主要包括:1. 按照会计准则试编报表,查找准则执行中可能

出现的问题;2. 测试会计准则实施对于企业财务状况、经营成果的影响,以及对于纳税调整的影响;3. 了解和掌握会计准则的实施对于企业内部管理及其信息系统的影响,包括对于会计人员素质、会计基础工作、内部控制的要求以及所产生的成本效益的影响等。

通过对会计准则的模拟试点,企业应当全面掌握会计准则的内容及其实质,为全面实施企业会计准则体系积累实践经验;同时,应当及时发现问题;寻求对策,化解制度转换风险,确保企业会计准则体系在 2007 年能够得到贯彻落实。

（以上内容主要根据《金融会计》等杂志 2005 年 11 月至 12 月的《中国会计准则制定的最新进展》等文章摘录并整理）

推动市场规则完善　维护社会公众利益

——中国会计准则体系正式发布

财政部党组于 2005 年做出了全面加快会计准则建设的决定,要求尽早建成适应我国社会主义市场经济要求的、与国际准则基本趋同的、涵盖各类企业的各项经济业务的、可独立实施的高质量会计准则体系。在积累多年会计准则研究成果的基础上,经过一年多的集中突破,财政部完成了企业会计准则体系的制定,并于 2006 年 2 月 15 日在京举行了中国会计审计准则体系发布会。企业会计准则体系包括 1 项基本准则和 38 项具体准则和准则应用指南,形成了有机统一的整体。该会计准则体系自 2007 年 1 月 1 日起在上市公司施行,以后逐步推广到全部大中型企业执行。财政部长金人庆在发布会上指出,企业会计准则体系的发布实施,有利于贯彻科学发展观,有利于完善市场经济体制,有利于提高对外开放水平。在发布会上,财政部副部长、中国会计准则委员会主席楼继伟介绍了企业会计准则体系建设的有关情况。

一、会计准则制定程序科学民主

骐骥一跃,不能十步,驽马十驾,志在千里。我国的企业会计准则虽然起步较晚且脱胎自计划经济体制下的会计制度,但财政部一直对会计准则建设较为重视,从制度建设、干部培养等方面做了扎实的工作,为制定高质量的企业会计准则体系奠定了基础。

(一)培养人才

多年来,财政部通过培训、进修和在实践中锻炼等多种方式,培养了一大批专业基础扎实、技术技能过硬、熟悉国际准则、了解中国国情的技术专家队伍,他们许多都是会计学硕士、博士、博导。这支专家队伍在中国企业会计准则体系建设及其国际趋同中,保证了中国会计准则建设的快速、高效、高质。

(二)设置咨询机构

1985 年,财政部在负责会计标准制定的会计司中成立了专门机构,研究在中国建立会计准则体系的相关问题,酝酿改革当时的会计制度。1998年,财政部设立了中国会计准则委员会,专门为会计准则的制定工作提供咨询意见。2003 年,财政部还为中国会计准则委员会聘请了 160 多位咨询专家作为技术支撑。准则委员会这支高素质的决策咨询队伍在本次准则制定中发挥了重要作用。

(三)完善准则制定程序

在企业会计审计准则的制定过程中,为了保证准则制定公开、透明和所制定准则的高质量,财政部借鉴国际经验,发布了《会计准则制定程序》等文件,建立了一套以意见征求机制为核心的严格、公开、透明的准则制定机制。从 2005 年 6 月 2 日起,财政部陆续发布了 6 批会计准则征求意见稿,向各界公开征求意见。财政部对于收到的大量反馈意见十分重视,在准则的修改完善阶段,采纳了许多有价值的意见。

二、发布实施企业会计准则体系的意义

企业会计准则体系的发布实施,对完善社会主义市场经济规则体系、促进经济社会全面发展具有积极作用:

(一)有利于完善市场经济体制

新发布的企业会计准则体系完善了市场经济的基础性规则,规范了企业财务行为,适应了经济全球化和完善社会主义市场经济体制的新形势、新要求,将更好地促进深化企业改革,推进金融改革,健全财政职能,完善现代市场体系和宏观调控体系。

(二)有利于保护市场参与者和公众的利益

企业会计准则体系以提高会计信息质量、维护社会经济秩序为宗旨。准则体系对会计信息的生成和披露作了更加严格和科学的规定,进一步强化了对信息供给的约束和监督,有效地维护市场参与者和公众的知情权,有利于市场机制在资源配置中发挥主导作用,有利于维护市场机制的公平、公

正和公开。

（三）有利于提高对外开放水平

会计是国际通用的商业语言，随着经济全球化趋势深入发展，我国经济与世界经济的相互联系、相互依存和相互影响日益加深。与国际准则趋同的企业会计准则体系的发布，有利于进一步优化我国投资环境，深入实施"请进来"和"走出去"战略，全面提高我国对外开放水平。

三、系统推进会计准则体系建设和实施

2006 年 2 月 15 日会计准则体系发布后，中央电视台、凤凰卫视、中央人民广播电台、《人民日报》、《经济日报》、英国《金融时报》、美国《华尔街日报》、香港《大公报》等媒体都进行了报道。社会各界评价积极，认为中国企业会计准则体系的发布和实施，有利于提高企业经营管理水平，有利于促进资本市场健康稳定发展，有利于维护经济秩序和社会公众利益，有利于促进中国经济发展并提升中国在国际资本市场中的地位。

目前财政部正在系统地推进会计准则建设和实施后续工作的落实。为保证平稳过渡、顺利实施，财政部采取了分步实施、以点带面的策略，要求首先在与公众利益关系密切、会计基础工作较为扎实的上市公司范围施行，然后再总结经验，逐步向其他大中型企业推开。金人庆部长在企业会计审计准则体系发布会上要求，财政部门要继续加强与有关部门的协同配合，确保新旧准则体系顺利衔接；广大上市公司要充分认识贯彻准则体系的重要性和紧迫性，健全企业内部控制制度。

（以上内容主要根据 2006 年 2 月 15 日企业会计准则体系发布会有关情况整理）

把握规律　坚持原则　贯彻理念

——中国企业会计准则体系构建过程回顾

2006年2月15日,财政部正式向国内外发布了企业会计准则体系,并自2007年1月1日起在上市公司执行。这标志着适应我国市场经济发展进程、与国际财务报告准则趋同的企业会计准则体系正式建立。企业会计准则体系的发布是对改革开放20多年以来我国会计改革的经验总结和升华,是财政部会计准则制定机构辛苦工作的体现,是国际国内众多专家的智慧结晶,是财政部与国际会计准则理事会密切合作、相互协调的结果。企业会计准则体系发布后,引起了国际国内的高度关注,也得到了包括国际会计准则理事会在内的国际组织的充分肯定。在准则体系的建设中,我们始终坚持或把握了一个规律、两条原则和三项理念。

一、把握一个规律

会计改革到今天,我们始终把握会计改革适应经济社会快速发展需要的原则,会计准则建设尤其是这样。这已经成为指导我国会计改革的一条重要规律。本次准则体系的建设就是在这样的背景下进行的。

20世纪80年代,我们贯彻中央以经济建设为中心、对内搞活对外开放、引进国外资金和管理经验的政策,出台了《中外合资经营企业会计制度》,恢复了会计师事务所制度。这是当时国内会计界的大事。90年代初,在小平同志南方谈话和党的十四届三中全会提出的建立现代企业制度和社会主义市场经济体制的背景下,我们启动了两则两制会计改革,结束了我国四十多年来计划经济体制下的会计模式。本次会计准则体系改革,是在党的十六大和十六届三中全会提出的完善社会主义市场经济的方针指引下进行的,也是我国加入WTO、经济全球化发展的客观需求。财政部领导高屋建瓴、把握时机和发展规律，果断决策，经过一年多的努力，建立了适应我国市场经济发展并与国际趋同的、涵盖我国各类企业各项经济业务、独立实施的企业会计准则体系。

二、坚持两项原则

（一）立足中国国情

如何把握立足国情和国际趋同的关系、处理两者之间的平衡，是一个比较棘手的问题。我国的法规体系是由四个层次构成的：法律、行政法规、部门规章、规范性文件。我国企业会计准则的基本准则是以财政部部长令的形式发布的部门规章，具体准则和应用指南是以财政部文件形式发布的规范性文件。所以在法律形式上，中国的会计准则体系是法规体系的组成部分而不仅仅是公认的会计原则。中国作为 WTO 成员，在市场经济规则上要与国际协调，借鉴国际惯例，但会计准则体系必须以中国的法律形式发布才具有法律效力。

我们的目标是把国际的东西中国化，复杂的东西简单化，专业的问题大众化，立足于解决我国企业的实际问题。这个要求很高。为了达到这个目标，我们一直在不懈努力。这些努力主要体现在准则的实质内容和政策上。例如，对于关联方披露准则的处理，国际准则规定国家控制的企业应视为关联方，我们认为这一规定不符合中国国情。在我国，国有企业占有相当大的比重，而且，各自为独立的市场主体，自负盈亏照章纳税，国有企业之间是充分竞争的市场主体之间的关系，某些国有企业出现财务困难也不会导致其他国有企业出现问题。因此，我们认为，不能仅仅因为同是国有企业而被认定为关联方。国际会计准则理事会认为我们的规定是有道理的。2006 年 7 月 19 日，国际会计准则理事会正式宣布将修改《国际会计准则第 24 号——关联方披露》列入工作议程，修订原因主要是考虑了中国的意见。这说明，国际会计准则也有不完善的地方，中国对国际准则的影响力日益凸显。我们期待修改后的关联方准则的发布，这样将使我国企业走出去得到更多的便利。

关于资产减值准则，中国准则和国际准则的差异是，中国准则规定固定资产、无形资产和部分长期股权投资的减值不得转回。这样规定的主要理由是基于此类长期资产不同于流动资产价值活跃,按会计准则规定提取减值准备要特别严格、谨慎、科学,发生减值的可能性很小或不存在,减值应视为永久性减值,不认同价值恢复。国际会计准则理事会对我们这样规定表示理解。美国对此类长期资产的减值也有不得转回的规定。

除了以上两项与国际准则构成实质性差异,其他准则也并非完全一致,但并不构成与国际准则的实质性差异。例如企业合并准则的区别。我国对在同一控制下的企业合并规定了处理方法,而国际准则没有规定。我们认为,如果企业合并不是双方自愿进行、支付的对价也不是双方协商的结果,就应认为是资产负债的重新组合,而不是合并交易行为,在会计处理上应以账面价值为基础,支付的对价与被合并方净资产的账面价值的差额调整所有者权益。对于非同一控制下的企业合并的处理,我国准则与国际准则规定一致,采用了购买法。

再如,退休福利计划的处理,相关的中国准则是职工薪酬和企业年金基金。我国准则中企业职工的退休政策及会计处理,服从于我国政策法规的规定:基本养老保险是强制性的,按一定比例向各级社会保障机构缴纳;补充养老保险是一种激励政策,我国从 2006 年开始试点;还有职工个人商业保险。一般来说,这些内容都构成职工薪酬,其中补充养老保险形成了企业年金基金。这些与国际准则下的设定提存计划类似。国际准则下的设定受益计划则有所不同。我们坚持不把设定受益计划写进准则,是因为中国的企业会计准则要服从中国法律。如果中国企业在境外设立子公司,在境外实施了设定受益计划,我们将在合并报表中处理。对此,国际会计准则理事会表示认同。

《国际会计准则第 39 号——金融工具:确认和计量》在国际准则体系中是最大的准则,也是最难的准则,我们准则制定工作的主要障碍之一也在39 号。我们仔细研究了这个准则,将一一落实在我国的会计实务中,分析有哪些与其接近,并进而将其分解为金融工具的确认计量、金融资产的转移和套期保值。国际会计准则理事会对此表示赞赏。

(二)有利于企业可持续发展,有利于投资者决策

资本市场是市场经济的核心。资本市场出现的问题,将在整个市场体系中造成较大影响。例如美国发生安然事件后,投资者信心下降,资本市场

不景气,直接影响了美国的经济生活。因此,我们制定准则的另一项基本原则是要有利于企业可持续发展,有利于投资者决策。因为企业和投资者是资本市场最关键的要素,制定会计准则,规范会计行为,提高会计信息质量,有助于市场主体的完善和发展,进而增强投资者的信心,从而实现良性循环,促进资本市场和市场经济的发展。我们要通过会计准则给投资人一份真实准确的财务报告,使其有信心扩大投资、追加投资、实现潜在投资。

三、贯彻三个理念

(一)树立资产负债表观

资产负债表观是相对利润表观而言的。从基本准则六大会计要素到具体准则,比如资产减值、现金流量、所得税会计等等,都体现了这个理念。按照这个理念,企业财富的增加不应单纯关注利润,而是要关注净资产,关注期末净资产和期初净资产相比是否真正增加。在真实价值前提下净资产的增加,才能表明企业财富的增加,增加财富后才有义务向国家缴税,才能够向股东分红。真正的利润本质上是净资产的增加,真正的亏损本质上是净资产的减少。

最核心的理念是要把握预期经济利益。存货如果出现售价低于买价,就会发生减值,该资产不能为企业带来预期利益,出现了不良资产。利润虚增带来超分配。虚假的行为是短期行为,造成在没有现金流的情况下承担现金流出,这个过程分配的是本金。所以在建立准则体系的过程中,我们主张贯彻资产负债表观和综合收益观,对企业的考核要实行综合的考核,强调综合收益,而不是单纯强调利润,这样才有利于企业的可持续发展。

(二)以历史成本为基础,适度、谨慎地引入公允价值

在国际准则中,公允价值会计计量属性应用得比较广泛。我国这次准则体系建设,在计量属性上仍然强调以历史成本为基础,同时规定公允价值要适度引入、谨慎引入。所谓适度和谨慎引入,主要是把握有确凿证据表明公允价值能够可靠计量。在我们现有条件下,只要能够可靠地取得、有确凿证据就应引入公允价值,公允价值变动计入当期损益,所以在利润表里增加了公允价值变动损益这个项目。

国际准则将公允价值分成三个层次。第一个层次是有活跃市场,比如

股票,有报价,这就应视为有确凿证据。第二个层次是在活跃市场上直接找不到某项资产或负债的公允价值,那就要找同类的资产或负债的公允价值。有确凿证据找到同类资产的,可以视同公允价值。第三个层次是在一、二层次不存在的情况下采用估值技术。第一个层次是确凿的,第二个特别是第三个层次用估值技术确认公允价值的时候要特别慎重,有一系列的前提条件和要求。

我国在公允价值的具体运用中采用较为谨慎的原则和理念。例如生物资产准则,国际准则中生物资产采用公允价值计量,而我国在实际工作中,林业和农业企业基本上是采用历史成本。因为很难找到公允价值或公允价值不可靠,没有确凿证据,所以采用历史成本比较合适。国际准则的农业准则中有一条款规定:在没有活跃市场、在生物资产的公允价值不能获得或可靠计量的情况下,可以采用历史成本。这样的规定与国际准则也是趋同的。

再如国际准则中的持有以备出售的非流动资产和终止经营。企业持有这些资产准备出售,要由企业决定。打算卖掉时就要把这些非流动资产转出来,停止折旧,停止提减值,停止摊销,改为按公允价值计量,公允价值变动计入当期损益。这样处理就需要单独划出一类资产,而且取决于管理者的意图,这对我们来说要特别慎重,所以我国没有专门制定这一准则。我们对固定资产净残值作了一些变通处理:对于企业持有准备出售的非流动资产,即固定资产的净残值要考虑未来的现金流量的现值。如果企业有终止经营的事项,应在财务报表附注中披露。我们强调有确凿证据,能可靠计量,不能做到的就采用历史成本计量。

(三)提升财务会计报告的地位和作用

财务会计报告是投资者了解企业的主要载体,也是财务会计确认、计量和报告的结果。在整个准则体系中,财务会计报告在基本准则中占一章,报告类准则在具体准则中占8项,就是为了强调和提升财务报告的地位和作用。在会计的确认、计量、记录和报告这四个重要环节中,我们尤其强调确认、计量和报告。确认解决定性问题,计量解决定量问题,确认和计量是解决政策问题;报告是确认、计量的结果;记录是方法。

此次发布的企业会计准则指南的征求意见稿由两部分组成:一部分是对具体准则项目有关难点、疑点的进一步解释;另一部分是会计科目及其主要账务处理。这次改革各行各业使用的会计科目及主要账务处理统一起来了。还可以考虑将会计科目及主要账务处理部分作为准则应用指南的附录。因为会计的确认、计量是政策,具有强制执行的特点,财务报表的格式是强制性的,报表附注是系统化、规范化、国际化的,也是不能改动的。企业只要严格执行会计确认、计量和列报的规定,科目设置和账务处理可以灵活。

为了进一步推动会计改革开放,为中国企业实施"走出去"战略提供会计基础,我们一直在通过多方努力,致力于推动我国会计准则的国际趋同。比如,我们与国际会计准则理事会签署了联合声明,表明了我们支持国际趋同的态度,同时坚持趋同的具体方式要由中国自己确定。加强与欧盟的合作,通过谈判,欧盟认同中国的会计准则与国际的趋同,表示要在会计方面加强和中国的合作。我们的目标就是让欧盟认同中国的会计准则等效,为我们的企业进入欧盟市场提供便利并争取利益。我们将在与国际会计准则的趋同过程中特别关注与美国会计组织的合作和趋同工作,归根结底是有利于我国企业在美国拓展市场。我们还将加强与俄罗斯、日韩等国家会计准则制定机构的合作,同时推进内地准则与香港准则的等效。

（以上内容主要根据《财务与会计》2006 年 11 月的《把握规律　坚持原则　贯彻理念　积极推进我国会计准则建设》一文摘录并整理）

中国企业会计准则体系：架构与趋同

从 2005 年初开始,财政部在总结会计改革经验的基础上,顺应中国市场经济发展对会计工作提出的新要求,借鉴国际财务报告准则,全面启动了企业会计准则建设。经过近两年的艰苦努力,建成了由 1 项基本准则、38 项具体准则和应用指南构成的企业会计准则体系,其最显著的特征是立足国情、国际趋同。

一、企业会计准则体系的框架结构

(一)就准则体系的法律定位而言,中国企业会计准则属于法规体系的组成部分;国际财务报告准则不是法规体系,但在国际资本市场上具有重要影响和较强的约束力。根据《立法法》规定,我国的法规体系通常由四个部分构成,一是法律;二是行政法规;三是部门规章;四是规范性文件。其中,法律由全国人民代表大会常务委员会通过、国家主席签署颁布;行政法规由国务院常务委员会通过、以国务院总理令公布;部门规章由国务院主管部门以部长令公布;规范性文件由国务院主管部门以部门文件形式印发。在我国企业会计准则体系中,基本准则属于部门规章,是财政部部长签署公布的;具体准则及其应用指南属于规范性文件,财政部以财会字文件印发。会计准则作为法规体系,具有强制性的特点,要求企业必须执行,否则就属于违规行为。

(二)就准则体系的内涵而言,中国企业会计准则强调了会计要素和主要经济业务事项的确认、计量和报告,同时兼顾了会计记录的要求;国际财务报告准则不规范会计记录,而由企业根据会计确认、计量和报告准则自行处理。会计确认解决的是定性问题。比如,什么是资产? 判断资产的关键是能否为企业带来预期经济利益流入,不能为企业带来预期经济利益的资源就不是资产。什么是负债？负债强调现时义务，也就是说，某项义务形成企业的负债时，表明企业一定承担支付义务。什么是收入或费用？收入或费用突出日常活动，只有企业日常活动形成的经济利益的流入或流出才构成营业收入或成本，非日常活动形成的经济利益流入或流出属于利得或损失，计入营业外收入或支出。所有者权益是企业的净资产，净资产体现企业的规模和实力，利润的实质是净资产的增加，亏损表示净资产的减少，等等。会计计量解决的是定量问题，即在确认的基础上确定金额。会计确认和计量构成了会计政策的主要内容。报告是对确认、计量结果的披露，是将会计信息传递给投资人等使用者的载体和桥梁。投资人等信息使用者主要是通过充分披露的财务报告，了解企业的财务状况、经营成果和现金流量，判断企业的内在价值，预测企业未来的发展趋势，从而做出投资等决策。

财务报告具有特殊作用，企业会计准则体系强调了财务报告的地位。基本准则单独规定了财务报告一章，具体准则大都规定了披露要求。这些披露要求与财务报表列报、现金流量表、中期财务报告、合并财务报表、分部报告、关联方披露、金融工具列报、每股收益等报告类准则，共同构成了企业财务报告体系。国际会计准则理事会从 2002 年开始，将国际会计准则更名为国际财务报告准则，是从投资人等信息使用者决策的立场出发，向投资人等提供反映企业会计要素和主要经济业务事项确认、计量结果的财务报告。我国的会计准则虽然没有称为中国财务报告准则，但与国际财务报告准则的出发点和理念是一致的。企业会计准则体系从基本准则、38 项具体准则到应用指南，其核心是围绕会计确认、计量和报告加以规范的，从而实现了中国会计准则与国际财务报告准则内涵上的统一。

会计记录是在确认和计量基础上对经济业务事项运用会计科目进行账务处理的方法，我国以前的会计制度主要是以会计科目和会计报表形式加以规定的，会计准则改变了这种传统做法，明确了会计确认、计量和报告构成准则体系的正文，从而实现了国际趋同；同时根据会计准则规定了 156 个会计科目及其主要账务处理，作为准则应用指南的附录，附录中的会计科目和主要账务处理不再涉及会计确认、计量和报告的内容。国际财务报告准则不涉及会计记录，主要是规范会计确认、计量和报告，会计科目由企业自行设计并进行账务处理。我国目前乃至相当长的时期内，还不能缺少对会计记录的规范,这样设计和安排,能够使会计准则更具操作性,便于准则体系全面准确地贯彻实施。企业在不违反会计准则中确认、计量和报告规定的前提下,可以根据本单位的实际情况,自行增设、分拆、合并会计科目。

(三)就中国准则与国际准则项目的对应关系而言,不仅整体架构保持了一致,而且大多数项目做到了相互对应(见表1)。国际财务报告准则体系由编报财务报表的框架、国际财务报告准则和解释公告三部分构成,这与我国企业会计准则体系的整体架构一致。

我国的基本准则类似于国际财务报告准则中"编报财务报表的框架",在会计准则中起统驭作用,是具体准则的制定依据,主要规范了财务报告目标、会计基础、会计基本假设、会计信息质量要求、会计要素及其确认与计量原则、财务报告等内容。我国的具体准则和应用指南正文涵盖了目前各类企业各项经济交易或事项的会计处理,与国际财务报告准则的内部结构相同。具体准则分为一般业务准则、特殊业务准则和报告类准则,主要规范了各项具体业务事项的确认、计量和报告;应用指南是对具体准则相关条款的细化和重点难点内容提供的操作性规定。

我国会计准则实施后,就实务中遇到的实施问题,将以财政部规范性文件形式陆续印发解释公告,这与国际财务报告准则体系中的解释公告相似。

中国的企业会计准则体系发布实施后将保持相对稳定,如果实际工作中出现了新业务,需要制定新准则项目加以规范,应根据基本准则并遵循既定的程序制定必要的具体准则,同时考虑国际趋同的原则要求,以进一步完善和发展企业会计准则体系。

表1 中国企业会计准则与国际财务报告准则具体项目比较表

中国企业会计准则	国际财务报告准则	
CAS 1 存货	IAS 2	存货
CAS 2 长期股权投资	IAS 27	合并财务报表和单独财务报表
	IAS 28	联营中的投资
	IAS 31	合营中的权益
CAS 3 投资性房地产	IAS 40	投资性房地产
CAS 4 固定资产	IAS 16	不动产、厂房及设备
	IFRS 5	持有待售的非流动资产和终止经营

续表

中国企业会计准则	国际财务报告准则
CAS 5　生物资产	IAS 41　农业
CAS 6　无形资产	IAS 38　无形资产
CAS 7　非货币性资产交换	IAS 16　不动产、厂房及设备 IAS 38　无形资产 IAS 40 . 投资性房地产
CAS 8　资产减值	IAS 36　资产减值
CAS 9　职工薪酬	IAS 19　雇员福利
CAS 10　企业年金	IAS 26　退休福利计划的会计和报告
CAS 11　股份支付	IFRS 2　以股份为基础的支付
CAS 12　债务重组	IAS 39　金融工具:确认和计量
CAS 13　或有事项	IAS 37　准备、或有负债和或有资产
CAS 14　收入	IAS 18　收入
CAS 15　建造合同	IAS 11　建造合同
CAS 16　政府补助	IAS 20　政府补助的会计和政府援助的披露
CAS 17　借款费用	IAS 23　借款费用
CAS 18　所得税	IAS 12　所得税
CAS 19　外币折算	IAS 21　汇率变动的影响 IAS 29　恶性通货膨胀经济中的财务报告
CAS 20　企业合并	IFRS 3　企业合并
CAS 21　租赁	IAS 17　租赁
CAS 22　金融工具确认和计量 CAS 23　金融资产转移 CAS 24　套期保值	IAS 39　金融工具:确认和计量
CAS 25　原保险合同 CAS 26　再保险合同	IFRS 4　保险合同
CAS 27　石油天然气开采	IFRS 6　矿产资源的勘探和评价
CAS 28　会计政策、会计估计变更和差错更正	IAS 8　会计政策、会计估计变更和差错
CAS 29　资产负债表日后事项	IAS 10　资产负债表日后事项

中国企业会计准则	国际财务报告准则
CAS 30　财务报表列报	IAS 1　　财务报表的列报 IFRS 5　持有待售的非流动资产和终止经营
CAS 31　现金流量表	IAS 7　　现金流量表
CAS 32　中期财务报告	IAS 34　中期财务报告
CAS 33　合并财务报表	IAS 27　合并财务报表和单独财务报表
CAS 34　每股收益	IAS 33　每股收益
CAS 35　分部报告	IFRS 8　分部报告
CAS 36　关联方披露	IAS 24　关联方披露
CAS 37　金融工具列报	IFRS 7　金融工具:披露 IAS 32　金融工具:列报
CAS 38　首次执行企业会计准则	IFRS 1　首次采用国际财务报告准则

二、企业会计准则体系的国际趋同

2005 年下半年,在基本准则和具体准则的征求意见稿完成之际,我们与国际会计准则理事会的多名理事和技术专家就中国会计准则与国际财务报告准则的趋同问题进行了数次全面深入的研讨,双方最终达成了共识。2005 年 11 月 8 日,中国财政部副部长、中国会计准则委员会秘书长王军与国际会计准则理事会主席戴维·泰迪爵士签署了联合声明,确认了中国会计准则与国际财务报告准则实现了实质性趋同。联合声明主要强调三点:一是中国将趋同作为会计准则制定工作的目标之一,旨在使企业按照中国会计准则编制的财务报表与按照国际财务报告准则编制的财务报表相同,趋同的具体方式由中国确定。二是确认了中国会计准则与国际财务报告准则只在关联方关系及其交易的披露、资产减值损失的转回等极少数问题上存在差异,除此之外,实现了与国际财务报告准则的趋同。三是国际会计准则理事会确认了中国特殊情况和环境下的一些会计问题,包括关联方关系及其交易的披露、公允价值计量问题和同一控制下的企业合并,在这些问题上,中国可以对国际会计准则理事会寻求高质量的国际财务报告准则解决方案提供非常有用的帮助。

从全球会计趋同的情况看,大都选择直接采用国际财务报告准则的模式,比如欧盟、澳大利亚、韩国、中国香港等。我国属于新兴市场经济国家,具有特定的法律基础、经济环境和文化特色,这就决定了中国企业会计准则体系建设必须创新模式,走立足国情、国际趋同的道路。

(一)中国企业会计准则与国际财务报告准则尚存的极少差异

1. 关联方关系及其交易的披露

国际准则将同受国家控制的企业均视为关联方,所发生的交易作为关联方交易,在财务报表中要求充分披露。这一规定不符合中国的实际,因为中国的国有企业及国有资本占主导地位的企业较多,如按国际准则规定,大部分企业都是关联方,实际上这些企业均为独立法人,如果没有投资等关系不构成关联企业。因此,中国准则规定,仅同受国家控制但不存在控制、共同控制和重大影响的企业,不认定为关联企业,从而限定了国家控制企业关联方的范围,大大降低了企业的披露成本。国际会计准则理事会认同了中国的做法,并借鉴中国准则修改《国际会计准则第24号——关联方披露》。2007年2月22日,国际会计准则理事会公布了该准则修订后的征求意见稿,计划在年内完成;如果顺利,届时此项差异将随之消除。

2. 长期资产减值准备的转回

国际准则对企业计提的固定资产、无形资产等非流动资产减值准备允许转回,计入当期损益。我们在广泛征求意见后认为,固定资产、无形资产等价值较大的非流动资产发生减值,按照资产减值准则计提减值损失后,价值恢复的可能极小或不存在,发生的资产减值应当视为永久性减值,所以中国在资产减值准则中规定,此类资产减值损失一经确认不得转回。国际会计准则理事会对中国的规定表示理解,希望我们关注国际准则与美国准则的趋同进展,因为美国的资产减值准则对于部分非流动资产确认减值损失后也是不允许转回的。

(二)中国企业会计准则与国际财务报告准则相关规定不同但不构成差异

1. 同一控制下的企业合并

我国的企业合并准则规定了同一控制下企业合并和非同一控制下企业

合并的会计处理。国际准则只明确了非同一控制下企业合并的会计规范,没有规定同一控制下的企业合并。在我国实务中,因特殊的经济环境,有些企业合并实例属于同一控制下的企业合并,如果不对其加以规定,就会出现会计规范的空白,导致会计实务无章可循。所以中国准则结合实际情况,规定了同一控制下企业合并的会计处理。国际会计准则理事会认为,中国准则在这方面的规定和实践将为国际准则提供有益的参考。

2. 公允价值的计量

公允价值和历史成本是会计中重要的计量属性,公允价值是当前的,历史成本是过去的。国际财务报告准则要求广泛运用公允价值,以充分体现相关性的会计信息质量要求。中国准则强调适度、谨慎地引入公允价值,主要是考虑中国作为新兴市场经济国家,许多资产还没有活跃市场,会计信息的相关性固然重要,但应当以可靠性为前提,如果不加限制地引入公允价值,有可能会出现人为操纵利润现象。因此,中国投资性房地产、生物资产、非货币性资产交换、债务重组等准则规定,只有存在活跃市场、公允价值能够获得并可靠计量的情况下,才能采用公允价值计量。国际会计准则理事会认同中国的做法,并将如何在新兴市场经济中应用公允价值问题列入其主要议题加以研究,希望中国在这方面提供帮助。

3. 持有待售的非流动资产和终止经营

《国际财务报告准则第 5 号——持有待售的非流动资产和终止经营》单独规定了持有待售的非流动资产和终止经营的会计处理。非流动资产主要是指固定资产和无形资产等;终止经营是指对企业的车间、分部、子公司等予以处置或将其划分为准备出售对象。根据该准则规定,如果企业管理层准备处置该部分非流动资产和终止经营,要将这部分资产从非流动资产转出作为流动资产,停止计提折旧或者摊销,采用账面价值与公允价值减去销售费用孰低计量,账面价值高于公允价值减去销售费用的金额,计入当期损益。我国根据实际情况,没有单独制定这一准则项目,而是在固定资产、财务报表列报等相关准则中采用其他方式处理,达到类似效果,国际会计准则理事会赞同我们的做法。

4. 设定受益计划

《国际会计准则第 19 号——雇员福利》和《国际会计准则第 26 号——

退休福利计划的会计和报告》对设定提存计划和设定受益计划两种类型的离职后福利规范了会计处理。由于中国现行相关法律法规没有类似设定受益计划方面的规定,会计准则在现有相关法律法规的框架下,对基本养老保险和补充养老保险等类似于国际准则中设定提存计划的内容作了规范。国际会计准则理事会认为,这是与国际财务报告准则趋同的。

5. 恶性通货膨胀会计

《国际会计准则第 29 号——恶性通货膨胀经济中的财务报告》规定了恶性通货膨胀经济中的财务报告要求。我们认为,中国在宏观调控的市场经济条件下,预期不会发生恶性通货膨胀的情况,没有必要制定这一准则项目。国际会计准则理事会完全赞同我国不制定该项准则的作法,但提出在中国准则中,应当明确境外经营所在国家或者地区发生恶性通货膨胀的会计处理。我们同意国际会计准则理事会的建议,在外币折算准则及其应用指南中,规定了恶性通货膨胀的基本特征,要求发生恶性通货膨胀的国家或地区境外经营的财务报表,应当按照一般物价指数进行重述,再按重述后的报表进行折算。

(三)中国企业会计准则与国际财务报告准则相比,在准则项目上做出了更加合理的安排

中国会计准则在某些项目的安排上作了适当调整:一是将《国际会计准则第 39 号——金融工具:确认和计量》分解为金融工具确认和计量、套期保值、金融资产转移三个准则项目,将复杂的金融工具业务进行细分,以更好地指导实务;二是将《国际财务报告准则第 4 号——保险合同》分为原保险合同和再保险合同两个准则项目,对保险合同的确认、计量和报告作了比国际准则更加详尽、系统的规范;三是将《国际会计准则第 27 号——合并财务报表和单独财务报表》、《国际会计准则第 28 号——联营中的投资》和《国际会计准则第 31 号——合营中的权益》中的相关内容进行整合,形成长期股权投资准则及其应用指南,既符合中国会计实务多年来的习惯,又有助于更好地理解和掌握准则内容。国际会计准则理事会对我们的上述安排表示赞同。

综上所述,我国企业会计准则体系在整体框架、内涵和实质上实现了国际趋同,并得到了有效实施,将我国会计提升到了国际先进水平的行列,从

而促进企业实现科学管理，建立健全内部控制制度，改进信息系统，全面提升会计信息质量和企业形象，有助于企业可持续健康发展，同时为实现中国会计准则与其他国家或者地区会计准则等效奠定了基础。

（以上内容主要根据《会计研究》2007 年 3 月的《中国企业会计准则体系：架构、趋同与等效》一文摘录并整理）

借鉴国际财务报告准则
适度引入公允价值计量属性

　　我国企业会计准则体系发布后,很多业内人士发现,会计准则引入了公允价值。公允价值作为会计的一种重要的计量属性,无论中国准则还是国际准则,引入公允价值的目的都是使企业报出的财务信息更相关,更反映企业的现时价值,从而更好地服务于信息使用者的决策。历史成本自身的局限性,使引入公允价值成为必然。我们完全支持这一理念,但我们主张在采用公允价值计量的同时,还应贯彻审慎性原则,而不能广泛采用公允价值计量。即使是西方发达的市场经济国家,依然审慎地限制了金融工具的公允价值选择权,国际财务报告准则目前的规定也并非所有准则项目都采用公允价值计量。

一、我国企业会计准则对公允价值的采用情况

　　我国企业会计准则借鉴国际财务报告准则,适度引入了公允价值的计量属性。因为公允价值能够充分体现相关性的要求,更好地为投资人等会计信息使用者决策服务。中国企业会计准则涉及公允价值计量的共有17项,分别是《企业会计准则第2号——长期股权投资》;《企业会计准则第3号——投资性房地产》;《企业会计准则第5号——生物资产》;《企业会计准则第7号——非货币性资产交换》;《企业会计准则第8号——资产减值》;《企业会计准则第10号——企业年金基金》;《企业会计准则第11号——股份支付》;《企业会计准则第12号——债务重组》;《企业会计准则第14号——收入》;《企业会计准则第16号——政府补助》;《企业会计准则第20号——企业合并》;《企业会计准则第21号——租赁》;《企业会计准则第22号——金融工具确认和计量》;《企业会计准则第23号——金融

资产转移》;《企业会计准则第 24 号——套期保值》;《企业会计准则第 27号——石油天然气开采》;《企业会计准则第 37 号——金融工具列报》。

二、我国企业会计准则中的公允价值计量

我国企业会计准则引入公允价值,采用了与国际财务报告准则相同的方法,区分以下三个层次加以确定,同时强调公允价值必须能够可靠地计量:

首先,资产或负债存在活跃市场的,应当以资产或负债的市场价格为基础确定其公允价值。比如,对于在证券交易所公开交易的股票、债券、基金等,作为交易性金融资产或可供出售金融资产,其公允价值就以市场交易价格为基础确定,改变了原来按成本与市价孰低计量的作法。利润表中单设了"公允价值变动损益"项目,反映采用公允价值计量且其变动计入当期损益的资产或负债的公允价值变动。

其次,资产或负债本身不存在活跃市场、但同类或类似资产或负债存在活跃市场的,应当以调整后的类似资产或负债市场价格为基础确定其公允价值。

再次,不存在同类或类似资产或负债的可比市场交易,采用估值技术确定资产或负债的公允价值。

三、企业运用公允价值需特别关注的领域

我国企业按照会计准则运用公允价值,有两个方面情况需要特别关注:

(一)损益变动可能没有现金流量作支撑

引入公允价值后,资产、负债的公允价值变动要计入当期损益,但这时的公允价值变动损益是没有现金流作为支撑的。换言之,即使企业损益表上增加了利润,仍可能没有现金流入。这样企业就有可能出现在没有现金流入的情况下导致现金流出,并使其企业价值高估。也可能会出现相反或低估的情况。

(二)公允价值的确定不易得到市场的验证

当无法从活跃市场中获取公允价值时,公允价值的计量需要依赖一些技术手段和市场参数。这些技术手段所得出的结果必须足够可靠,支持这

些技术手段的市场参数也必须较丰富和完备,作出主观专业判断的人员还必须具备较高素质,否则公允价值就难以可靠地计量,甚至可能导致对会计利润和资产价值的人为操纵。

四、对国际会计准则理事会的建议

中国根据企业会计准则建设和实施的经验,支持国际会计准则理事会制定有关公允价值计量的会计准则。同时,我们向国际会计准则理事会提出了两点建议:

(一)关联方交易通常情况下是公允的

我们认为,关联方关系的存在具有产生不公允交易的可能性,但不能认为关联方交易就是不公允的交易。事实上,只有关联方之间的交易价格偏离了与非关联方交易的价格才应认定为不公允交易。

(二)按照第三个层次确定公允价值应当提供更加详细和一致的指南

由于投资性房地产属于不动产,很少通过交易市场直接交易,往往很难找到其市场交易价格,绝大多数投资性房地产需要采用第三个层次的方法来确定其公允价值。在这种情况下,能否采用评估价值作为投资性房地产的公允价值评估的方法有很多种,如收益现值法、重置成本法、现行市价法、清算价格法等,这些方法确定的投资性房地产的公允价值金额差异很大,如何采用评估价值确定投资性房地产的公允价值?中国的实践非常需要此类具体的应用指南。

我们建议,国际会计准则理事会在公允价值计量方面应当充分考虑像中国这样新兴市场经济国家的情况。

(以上内容主要根据《中国农业会计》2007 年 8 月的《中国会计准则对公允价值计量运用》一文摘录并整理)

国际准则根据中国情况作出修改　取得重要成果

——IASB 根据我国建议修订关联方准则和首次采用准则

为实现会计准则的质量提升和广泛认可,国际财务报告准则的制定必须兼顾发达国家和发展中国家的实际情况。财政部通过积极参与国际财务报告准则的制定,取得了重要进展。国际会计准则理事会分别于 2009 年 11 月和 2010 年 5 月正式宣布对《国际会计准则第 24 号——关联方披露》(以下简称"IAS 24")和《国际财务报告准则第 1 号——首次采用国际财务报告准则》(以下简称"IFRS 1")进行了修订。这体现了我国对国际财务报告准则制定的影响力,标志着我国会计准则趋同取得又一突破性进展。

一、IAS 24 的修订过程

(一)IAS 24 存在的问题和我国会计准则的相关规定

关联方关系是企业经营中的一种常见关系,IAS 24 将同受国家控制的企业均视为关联方(关联企业),要求详细披露与其发生的交易。如果按照 IAS 24 的要求,我国国有企业的汽车在中石油和中石化所属加油站加油,属于应披露的关联方交易;国有企业在中国银行发生存贷款业务,属于应披露的关联方交易;再如国有企业职工乘坐国有航空公司飞机,属于应披露的关联交易。诸如此类相当之多。如果按照国际准则编制报表,披露的信息量和范围大幅度增加,实际难以操作,不仅会给企业带来沉重负担,投资者决策有用的关联方信息反而被淹没在大量冗余信息中。更重要的是,这种披露要求可能会涉及企业的商业秘密。

国有企业在我国经济中占有大量份额,但我国国有企业及国有控股企业实际上均为独立法人、自负盈亏,如果彼此之间不存在投资等纽带关系,不应当被认定为关联企业。国际准则的规定不符合我国的实际情况,在我国是行不通的。因此,我国《企业会计准则第 36 号——关联方披露》规定,"仅仅同受国家控制而不存在其他关联方关系的企业,不构成关联方",从而大大限定了国家控制企业被认定为关联方的范围,降低了企业的披露成本和披露风险。

（二）财政部积极推动 IASB 修订 IAS 24 所作的不懈努力

2005 年 11 月,中国会计准则委员会与 IASB 签署会计准则趋同联合声明,除了宣布我国企业会计准则与国际财务报告准则实现实质性趋同外,声明中明确指出我国准则在关联方的认定上作出了不同于国际准则的规定,IASB 认同了我国的做法,并承诺借鉴我国准则修改 IAS 24。

2006 年年初,IASB 立项启动了对 IAS 24 的修订。会计司利用向 IASB 派出工作人员等有利条件,参与了该项目的工作。我国海外上市公司和会计师事务所也提供了大量有利的帮助,协助我们开展对 IASB 的工作。时任中国石油财务总监的王国樑曾专程赴伦敦,向 IASB 阐述 IAS 24 相关规定的不合理性。2007 年 2 月,IASB 发布了修订 IAS 24 的征求意见稿,建议给予国家控制企业披露豁免权。当时的解决方案大体接近我国关联方准则的相关规定。但是,由于发达市场经济国家对国有企业抱有偏见,IASB 从全球收到的反馈意见总体上仍对征求意见稿提出了质疑。

2008 年 2 月,王军副部长和本人在访问 IASB 期间,明确表示了对该项目进展的高度关注。同时,本人也向 IASB 理事、准则咨询委员会各国代表和技术人员多次阐释中国国有企业的实际情况。IASB 主席戴维·泰迪对此十分重视,成立了由 4 名理事组成的顾问组,专门指导项目组工作。

（三）IASB 最终按照我国准则对 IAS 24 进行了修订

2008 年 5 月,IASB 项目组参照我国《企业会计准则第 36 号》重新起草了修订方案,并于 2008 年 12 月再次发布征求意见稿。2009 年 6 月 22 日,IASB 理事会会议讨论了第二次全球征求意见的情况,批准了给予国有企业的披露豁免权,并同意进一步扩大披露豁免权适用的范围,即国家控制的企业均豁免按照普通关联方关系的复杂披露。8 月 4 日,IASB 正式宣布将于 11 月按此发布修订后的 IAS 24。其中规定:"仅同受国家控制但不存在控制、共同控制和重大影响等投资关系的企业,豁免按照关联方进行披露,自 2011 年起生效,允许提前采用。"

二、IFRS 1 的修订情况

(一)资产重估会计处理差异形成的原因及影响

根据《国有资产评估管理办法》(国务院令第 91 号)和《国有资产评估管理办法实施细则》(国资办发〔1992〕36 号)的规定,"国有资产占有单位改组为股份制企业(包括法人持股、内部职工持股、向社会发行股票不上市交易和向社会发行股票并上市交易)前,应按《办法》和本细则规定,委托具有资产评估资格的机构进行资产评估。"按照我国现行企业会计准则,固定资产、无形资产等资产应以历史成本计量,企业改制过程中的重估价作为该项资产新的历史成本,并以此为基础调整相关资产的账面价值和后续折旧等。

按照《国际会计准则第 16 号——不动产、厂场和设备》和《国际会计准则第 38 号——无形资产》,固定资产和无形资产的计量可以在成本模式或重估价模式中做出选择。其中成本模式与我国现行准则中以历史成本计量的要求完全一致,重估价模式要求主体定期对该项资产进行评估。但在不采用重估价计量模式的情况下,国际财务报告准则不允许持续经营的主体改变其资产的计量属性。

中国企业改制上市的公司发生的资产重估,在国际财务报告准则下,公司为了用资产的重估价调整其账面价值,只能由原来的成本模式改为重估价模式,并于每个资产负债表日进行持续评估,以使其账面金额反映每个报表日的公允价值。在中国企业会计准则下,企业只需要将重估价作为认定成本入账,后续计量均以该重估价为计量基础即可,而无须持续评估资产价值。

香港从 2005 年起全面采用国际财务报告准则,内地与香港对于重估价的不同会计处理规定导致了许多同时在内地和香港上市的公司 A 股和 H 股报表之间存在差异。2008 年,财政部会计司在对 53 家 A+H 股上市公司 2007 年度的财务报告进行了分析,分析显示,按国际财务报告准则调整后的合并净资产总额比按中国企业会计准则编报的合并净资产总额多 1086.73 亿元,平均差异率为 2.84%。企业改制资产评估产生的差异是导致 A+H 股上市公司净利润和净资产存在差异的主要因素之一。在这 53 家公司中,由于该原因导致差异的公司有 36 家,该原因导致的净资产差异金额占差异总额的 13.31%。

（二）内地与香港共同努力,促成 IASB 对 IFRS 1 的修订

为彻底消除两地上市公司的 A+H 股报表资产重估会计处理差异,财政部会计司与香港会计师公会共同将改制评估值能否作为认定成本入账作为一项重要议题,列入落实内地与香港会计准则等效联合声明的后续工作之一。双方通过多次反复磋商达成共识,要解决这一问题,需要共同促进 IASB 修改国际财务报告准则。

2008 年 5 月,IASB 为了简化主体对子公司、合营主体和联营主体投资成本的核算,允许首次采用国际财务报告准则的主体按照以前的会计实务确定的公允价值或账面价值作为认定成本,以计量单独报表中对子公司、合营主体和联营主体投资的初始成本。这种使用认定成本计量投资初始成本的简化做法得到实务界的广泛支持,同时也为 IASB 扩大认定成本的使用积累了经验。我国适时向 IASB 提出建议,将认定成本的范围扩大到改制上市的重估价,从而消除中国企业会计准则与香港财务报告准则的差异。

财政部利用与 IASB 和香港会计师公会的准则趋同工作会议、国际财务报告准则基金会(IFRSF)受托人会议、IASB 理事会会议、准则咨询委员会(SAC)会议、国际财务报告准则地区论坛、亚洲——大洋洲会计准则制定机构组(AOSSG)等多种会议机制和平台向 IASB 多次反映这一实际情况,希望 IASB 修改现行准则,以允许将改制上市重估价作为认定成本,从而消除中国企业会计准则与香港财务报告准则的差异。香港会计师公会、相关上市公司和审计实务界也通过各种渠道向 IASB 反映了这一问题。

经多方努力,IASB 终于在 2009 年 7 月发布了《国际财务报告准则年度改进 2009》,对 IFRS 1 进行了修改,将认定成本应用范围扩展到不动产、厂场和设备以及无形资产的计量,并允许主体在首次执行国际财务报告准则时,将 IPO 过程中产生的重估价作为认定成本,但这一规定的前提是此类特别事件及其导致的重估发生在首份按照国际财务报告准则编制的财务报表之前,即提供比较报表的最早期间的期初之前。但上述规定不能适用于中国内地在香港上市的企业,因为我国这些企业的重估都发生在比较报表期间,为此,财政部会计司和香港会计师公会要求 IASB 对 IFRS 1 再次作出

修订。

IASB 在充分听取财政部会计司和香港会计师公会的意见后,在原来准则基础上做了进一步的修订,并于 2010 年 5 月 7 日正式公布了《国际财务报告准则年度改进 2010》,允许 IPO 的公司将在改制上市过程中确定的重估价作为国际准则下的"认定成本"入账,并进行追溯调整。至此,所有 A 股和 H 股报表产生差异全面得以解决。

修订后的 IFRS 1 附录四第 8 段中对企业转制上市的认定成本规定如下:

"首次采用者根据原公认会计原则,在某一特定日期,由于诸如私有化或首次公开发行等原因,通过以公允价值计量某些或全部资产和负债,为某些或全部资产和负债确定认定成本。

(1)如果计量日是过渡到国际财务报告准则日或在此之前,首次采用者可以将特定事项引起的公允价值计量作为计量日国际财务报告准则下的认定成本。

(2)如果计量日在首次采用国际财务报告准则日之后,且在首份国际财务报告准则财务报表涵盖期间内,首次采用者可以将特定事项引起的公允价值作为事项发生时的认定成本。主体可将产生的调整在计量日直接计入留存收益(或者如果合适,计入权益的其他类别)。在首次采用国际财务报告准则日,主体应按照附录四第 5 段第 7 段的标准确定认定成本,或者根据本国际财务报告准则的其他要求计量资产和负债。"

IFRS 1 结论基础中对企业转制上市的认定成本新增以下内容:

"46(1)在 2010 年 5 月发布的《国际财务报告准则改进》中,理事会扩大了附录四第 8 段特定事项引起的公允价值的认定成本豁免的使用范围。在一些国家或地区,当地法律要求通过私有化和首次公开发行方式首次采用国际财务报告的主体,以公允价值重估其资产和负债,并以此重估金额作为原公认会计原则的认定成本。在 2010 年 5 月修订之前,如果重估发生在首次采用国际财务报告准则日之后,主体不能将重估金额作为国际财务报告准则的认定成本。因此,主体必须为其资产和负债提供两套计量——一套遵从国际财务报告准则,另一套遵从当地法律。理事会认为这样负担过重。因此,理事会修订了附录四第 8 段,只要发生在首份国际财务报告准则财务报表涵盖期间内,就允许主体在特定事项发生时根据该事项确定的公允价值作为事项发生时的认定成本。此外,理事会决定,只要计量日在首份国际财务报告准则财务报表涵盖期间内,同样的规定也适用于在《国际财务报告准则第1号》生效以前期间就已经采用国际财务报告准则的主体,或在以前期间已经采用《国际财务报告准则第1号》的主体。

46(2)理事会也决定要求主体列报国际财务报告准则已经允许的以前期间的历史成本或其他金额。对此,理事会考虑了主体可以使用计量日获得的重估价扣除计量日和首次采用日期间的任何折旧、摊销或减值的金额"追溯"为首次采用日认定成本的方法。虽然有些人认为这种列报将提供首次采用国际财务报告准则报告期间更好的可比性,但理事会拒绝这么列报,因为进行这样调整将要求后见之明,并且在首次采用国际财务报告准则日计算的账面价值可能既不是被重估资产的历史成本,也不是首次采用日的公允价值。"

综上所述,中国企业在香港上市的重估只要发生在首份按照国际财务报告准则编制的财务报告期间内,重估价均可作为认定成本,而且可追溯调整。但是,改制后如果发生重估,则不适用于该规定。实际上,改制上市后再进行资产评估的情况很少,也无此必要。

三、这两次修订的意义及对下一步趋同行动的启示

在与国际财务报告准则趋同等效过程中,财政部作为中国企业会计准则的制定机构,并非简单地完全采用国际财务报告准则,而是一直秉承"双向"和"互动"原则。财政部一方面深入研究国际财务报告准则,积极吸收并采纳国际先进的通行做法;另一方面派出代表全方位介入国际会计准则委员会基金会、国际会计准则理事会、国际财务报告解释委员会,参与国际财务报告地区政策论坛、亚洲——大洋洲会计准则制定机构组等多种机制,通过各种途径表达中国的意见和主张,结合中国作为新兴市场国家和最大的发展中国家的具体情况,多角度、全方位对国际会计准则理事会重大项目反馈意见。

随着中国经济地位的提升、综合国力的增强,国际会计准则理事会越来越重视中国的情况和环境,逐渐在准则制定和修订过程中考虑中国的情况。

从关联方交易的披露到企业改制上市的重估价问题，国际会计准则理事会高度重视中国特殊情况和环境下的会计问题，先于 2009 年修订了《国际会计准则第 24 号——关联方披露》，基本消除了与中国关联方准则的差异，又于 2010 年允许首次公开发行的公司将在改制上市过程中确定的重估价作为"认定成本"入账，并进行追溯调整。这是我国会计准则国际趋同进程中取得的重大成果，体现了我国对国际财务报告准则制定的影响力。

我国积极参与国际财务报告准则制定并发挥重要作用，不仅让国际会计准则理事会真正了解了我国的真实情况，还维护了我国的国家利益。这标志着我国会计建设、实施和等效趋同得到了国际社会的认可和肯定，表明了我国在国际财务报告准则制定过程中的话语权得到进一步增强，也证明了财政部在中国企业会计准则国际趋同方面所坚持的原则和立场是完全正确的，所做的努力是有成效的。

参与国际规则的制定是一项长期而艰巨的工作。在二十国集团和金融稳定理事会倡议建立全球统一的高质量会计准则的背景下，结合财政部已发布的路线图，我国会计界应当总结成功经验，继续深入研究 IASB 的保险、金融工具、收入确认、财务报表列报等重要项目，尤其应当立足于我国作为新兴经济体和发展中国家的实际，参与国际会计准则的制定。因此，根据持续趋同路线图的部署和安排，我们应当充分利用当前有利的国际国内形势，将我国会计事业向纵深推进，为我国企业会计准则体系的完善和全球统一的高质量会计准则的建设做出应有的贡献！

（以上内容主要根据《中国会计报》2010 年 5 月 14 日的《我国企业会计准则与国际财务报告准则趋同取得重大成果——IASB 发布 IFRS 年度改进上市改制重估价可作认定成本》摘录并整理）

金融危机下的公允价值运用

一、什么是公允价值

公允价值,是指在公平交易中,熟悉情况的交易双方自愿进行资产交换或者债务清偿的金额。国际上就如何确定公允价值提供了指南,具体分为三个层次:一是资产或负债存在活跃市场的,应当以资产或负债的市场价格为基础,确定其公允价值;二是资产或负债本身不存在活跃市场,但同类或类似资产或负债存在活跃市场的,应当以调整后类似资产或负债的市场价格为基础,确定其公允价值;三是不存在同类或类似资产或负债可比市场交易的,应当采用估值技术确定其公允价值。因此,一般来说,在存在市场价格的情况下,公允价值通常指的就是市价。

在现有会计准则体系下,主要对交易性股票、债券、基金投资、投资性房地产等要求采用公允价值计量,以如实反映企业资产的当前价值,与此同时,由于部分公允价值变动需要计入当期损益,可能会导致企业利润的大幅度波动,但这正好说明了公允价值能够反映企业的价值和风险。

二、公允价值与当前金融危机并无必然联系

2008 年来,由美国次贷危机引发的金融危机愈演愈烈,并演变成全球性金融危机。此次金融危机的起因是美国银行业金融机构向部分信用等级较低的中低收入阶层(有些甚至没有偿付能力或者偿付能力较差)发放了大量的住房抵押贷款,这些住房抵押贷款又被证券化转换为住房抵押次级债券或者债务担保凭证(CDO),然后卖给全球的商业银行、投资银行、对冲基金和保险公司等。当大量获得住房抵押贷款的中低收入阶层还不起贷款时,相关贷款及其证券化产品就大幅度缩水,价值大幅度下跌,资金链断裂,

从而引发了严重的金融危机。

因此,金融危机的根源是由于金融创新本身和疏于监管等深层次原因造成的,与公允价值计量没有必然联系。即使会计上对有关金融资产不采用公允价值计量,回归到历史成本计量,也不会改变或难以避免本次金融危机。这是因为,公允价值相对于历史成本计量是一把"双刃剑",它既反映市场价格的上涨,也反映市场价格的下跌;而历史成本仅反映交易当时的价值,而不反映资产、负债持有期间的价值变化,其结果是,可能高估或低估资产价值,更重要的是有些负债的价值得不到反映,如企业发行的认沽权证,其交易价格非常低,但其可能给企业造成的损失却非常大。美国国会于2008 年 10 月 3 日通过的《2008 年紧急经济稳定法案》中部分条款将金融危机与公允价值会计联系起来,完全是受困于资产大幅缩水和流动性危机的利益集团游说国会议员而导致的政治行为。

三、我国企业会计准则适度、谨慎地引入公允价值

我国 2006 年发布的企业会计准则与国际财务报告准则实现了趋同,同时立足于我国国情,充分贯彻了稳健的会计政策,对公允价值的引入采取了适度、谨慎的原则,对采用公允价值计量的资产、负债等设定了严格的公允价值适用条件。

从我国 1570 家上市公司 2007 年执行新会计准则情况来看,新准则实施和公允价值计量对上市公司业绩影响较小。比如,新会计准则要求将企业持有的股票、债券、基金等,尽可能划为可供出售金融资产,而不是交易性金融资产。主要考虑到尽管这两类金融资产都采用公允价值计量,但前者的公允价值变动计入所有者权益,后者的公允价值变动计入当期利润。又如,2007 年 1570 家上市公司交易性金融资产公允价值变动计入当期利润117 亿元,仅占当期利润总额的 0.86%。投资性房地产强调采用历史成本计量,在满足严格条件的情况下,才允许采用公允价值计量。2007 年我国1570 家上市公司仅有 18 家公司对投资性房地产采用了公允价值计量,公允价值变动计入利润的金额为 22.79 亿元,仅占 1570 家上市公司净利润的 0.23%。

正因为我们从一开始就坚持了适度谨慎地引入公允价值计量,才防止

了我国上市公司由于采用公允价值可能对当期利润造成大幅度波动,从这个角度来讲,我国新会计准则对于防范金融风险、提高风险管理水平、促进金融稳定发挥了重要作用。

四、关于公允价值的主要观点

针对当前金融危机,国际会计准则理事会采取的应对措施之一是修改了关于金融工具重分类的准则,主要是允许将交易性金融资产中符合贷款和应收款定义的部分不再以市价计量,改按成本计量,市价变动(下跌损失)不计入当期报表亏损。这样修订后使企业财务报表不反映当前市价的持续下跌损失,避免市场恐慌,以增强投资者信心。

(一)金融危机的根源是由于金融创新本身和疏于监管等深层次原因造成的,与公允价值计量没有必然联系。当然,在有关金融资产的市场交易价格远离其真实价值的情况下,如何确定更加合理的公允价值计量方法,尚需进一步研究,但不应当因此而停止或取消会计准则中的公允价值。

(二)我国并没有像欧盟等国家或地区受美国金融危机影响出现强烈连锁反应,如果对会计准则作出相应修改,似给外界一个中国也出现金融危机的错误信号,不符合中国实际。同时,由于交易性金融资产所占比重很小,我国如果修改相关准则规定对金融资产进行重分类并没有实际意义。因此,我国会计准则不做相应调整。

(三)我们将继续密切跟踪国际相关方面的动态,加强与国际会计准则理事会的沟通,积极开展公允价值计量方法的研究,为完善我国会计准则中公允价值的计量方法提供借鉴。

(以上内容主要根据 2009 年 12 月财政部会计司工作会议上本人的发言整理)

利用多种资源占领国际高地
全方位影响国际准则制定和国际趋同

2010年3月23日,应财政部会计司的邀请,美国财务会计准则咨询委员会(FASAC)委员、中国海洋石油有限公司财务总监李飞龙向会计司全体干部和中国会计学会秘书处全体工作人员做了题为《2009年美国财务会计准则咨询委员会主要工作》的讲座,并就美国公认会计原则(US GAAP)的制定、美国采用国际准则路线图、金融资产减值等热点议题展开了深入讨论。本人主持了讨论并做了总结发言。

一、美国财务会计准则咨询委员会简介

FASAC与美国财务会计准则委员会(FASB)同时成立于1973年,是FASB的主要咨询机构,其主要任务是就与FASB议程、优先项目、会计准则相关的议题向FASB提供咨询意见,并按FASB主席的要求就其他特定问题提供咨询意见。与FASB委员一样,FASAC的委员由美国财务会计基金会(FAF)任命,任期1年,可续任。目前FASAC共有36位委员,全部是大型公司的首席执行官、首席财务官、会计师事务所的资深合伙人或学术界和职业组织的代表。

FASAC每季度在FASB办公所在地康涅狄格州诺沃克举行一次全体会议,每次时间为1—2天,对公众开放。除FASAC委员外,FASB委员、技术顾问、部分工作人员、证交会(SEC)首席会计师、公众公司会计监督委员会(PCAOB)首席审计师都会参加每一次会议。在FASAC休会期间,FASAC与委员们通过电子邮件保持联系,并不定期举行电话会议,对当前的热点问题和FASAC的工作流程问题进行讨论。

FASAC的讨论往往领先于FASB的准则制定和研究工作,并且不需在

讨论中形成一致意见,不表决支持或反对某观点或决定,也不要求 FASAC 委员在观点上与 FASB 保持一致,而是鼓励委员根据自己的专业背景直抒己见。因此,FASB 把 FASAC 称为自己了解利益相关方意见的"窗口"。

目前 FASAC 只有 3 位委员来自美国以外。中国海洋石油有限公司于 2001 年 2 月 27 日和 28 日分别在纽约证券交易所和香港交易所挂牌上市后,经财政部推举,李飞龙于 2007 年被聘任为 FASAC 委员,是我国企业界在 FASAC 的唯一代表。FASB 对李飞龙的工作非常满意,罗伯特·赫茨主席在中美会计合作会议上多次对其工作表示赞赏。

二、2009 年 FASAC 讨论的 FASB 热点问题及中国参与

(一)2009 年 FASAC/FASB 的热点问题

FASAC 在 2009 年围绕 FASB 的各项重点工作,展开了内容广泛的讨论,其中主要热点议题如下:

1. 抵制政治压力,维护会计准则制定的独立性

本次国际金融危机爆发后,金融机构如花旗集团(Citigroup)、瑞银(UBS)、美国国际集团(AIG)和一些美国国会议员认为,公允价值会计导致金融机构确认巨额的未实现账面损失,这些损失引起投资者恐慌,导致其抛售持有次贷产品的金融机构的股票,而金融机构则不惜代价降低次贷产品的风险暴露头寸,加剧了次贷危机。因此他们强烈呼吁完全废除或暂时终止公允价值会计。针对这一压力,FASB、国际会计准则理事会和金融危机咨询组(FCAG)在 FCAG 报告中明确表达了抵制政治压力的立场。2009 年 6 月,FASAC 会议讨论了 G20 提出的建立全球统一的高质量会计准则问题。

2. 美国公认会计原则与国际财务报告准则的趋同

FASAC 在 2009 年多次讨论了美国公认会计原则(US GAAP)与国际财务报告准则(IFRS)的趋同问题。FASAC 委员们在讨论中担心,US GAAP 向 IFRS 趋同可能降低对美国投资者的财务报告质量,而且在当前美国法律环境下直接采用 IFRS 可能面临挑战。此外由于没有统一的全球证券监管机构,全球统一的高质量会计准则的实施将存在问题。因此,许多 FASAC 委员认为,FASB 与国际会计准则理事会的趋同谅解备忘录(MOU)既要解

决当前的趋同技术问题,也要解决未来的准则制定程序问题。对此,SEC 坚持 FASB 和国际会计准则理事会在未来准则制定中都要发挥作用。

3. 应对金融危机,改进会计准则

FASB 在 2009 年为应对金融危机,对 US GAAP 进行了多项改进,FASAC 对这些准则改进项目提供了许多咨询意见。

(1)合并报表

由于金融稳定论坛(FSF)和 G20 都呼吁会计准则制定机构加强对表外项目会计处理的规定,FASB 修改了《财务会计准则公告第 140 号》和《解释第 46 号》,取消了"合格特殊目的主体"的概念,要求所有特殊目的主体并入表内。这一修改自 2010 年起生效,将使美国上市公司资产负债表新增约 9000 亿美元的资产。

(2)财务报表列报

许多 FASAC 委员认为:财务报表应以帮助投资者了解报告时点现金流、预测未来现金流为目标;作为财务报告的起始点,资产负债表比损益表更重要一点;分部信息和管理层讨论与分析信息对投资者来说很重要。但 FASAC 委员们同时认为,目前 FASB 和国际会计准则理事会修改财务报表列报的讨论稿提出的建议灵活性大、信息分散程度高,可能导致较大的编报者系统修改和审计工作的难度。

(3)金融资产减值

FASAC 委员们讨论了金融资产减值中的预期损失模型和已发生损失模型。委员们认为:预期损失模型比已确认损失模型更合理,但其定义不易理解,而且部分地反映了审慎监管的理念,可能与会计准则的理念有较大差异,实施难度较大。

(4)非上市公司财务报告

如果 SEC 要求在美国上市公司中采用 IFRS,美国将面临非上市公司会计准则由谁制定的问题。部分 FASAC 委员认为,应在美国统一采用完整版 IFRS;一些委员认为应引入中小主体 IFRS;还有一些委员坚决反对引入美国注册会计师协会(AICPA)参与非上市公司会计准则的制定。

(二)中海油参与 FASAC 活动所完成的主要工作

中海油依托其财务部,建立了专门的 FASAC 工作团队,担任 FASAC 各项任务的日常研究工作,在与财政部会计司充分沟通的基础上,按要求对相关问题提供反馈意见,并将其中的重要信息归纳整理,定期编写工作纲要。李飞龙充分利用参加 FASAC 各种会议的机会,向 FASAC 和 FASB 陈述中国企业对美国及国际准则制定问题的观点。

2009 年 6 月,李飞龙向 FASAC 的指导委员会提供了关于未来潜在财务报告问题的书面反馈意见,在会议上就美国公认会计原则与国际财务报告准则的趋同、金融危机与公允价值会计等问题向 FASAC 阐述了中国会计准则制定机构的观点,并从企业会计实务角度支持了中国的立场。

2009 年 12 月,中海油组织研究并回答了 2009 年度的 FASAC 调查问卷,对 FASB 的未来战略、在财务会计和报告未来发展方面的工作、项目优先排序、FASB 准则条文化和 XBRL 的实施应用等多个方面的议题,结合中国在美上市企业的实际情况表达了意见。

(三)中海油参与 FASAC 工作的体会

李飞龙表示,参与 FASAC 的工作,不仅作为中海油、乃至中国企业界的代表向美国会计准则制定机构直接表达了中国的声音。更为重要的是,积极参与美国会计准则的制定咨询工作,有利于在当前会计国际趋同的大格局中,为增强和巩固我国在国际准则制定领域的话语权做出贡献。同时,我国企业(尤其是关系到国计民生的能源企业)在"走出去"的过程中,又能从我国会计话语权的增强和国际趋同中得到实实在在的效益。例如,美国证交会迫于会计国际趋同的压力,允许外国在美上市公司从 2008 年起直接提交按照国际财务报告准则编制的财务报告。

三、对我们工作的启示

本人在总结发言中,对中海油李飞龙总监认真参与 FASAC 工作所取得的成绩给予了充分肯定。

1. 我国企业和会计师事务所等有关方面参与国际财务报告准则制定和国际趋同的积极性不断增强,要充分发动各方面力量,不断占领国际制高点。

随着经济全球化步伐的加快和我国企业不断走出国门,企业和会计师事务所参与会计国际趋同是必要的。中国会计改革培养造就了一批熟悉我国实际并具有国际视野的高水平会计人才,熟悉掌握会计理论和实务的前沿知识和技能。这些"中国制造"的高水平会计人才使我国企业和会计师事务所参与国际准则制定的能力大大提高。今后将继续鼓励、支持我国企业和会计师事务所积极参与国际会计准则理事会和美国财务会计准则委员会组织的各种研讨、圆桌会议和征求意见活动,要充分发挥各有关方面的积极性、创造条件,抓住机遇,在各相关国际组织中担任成员,不断占领这些会计国际制高点。中海油参与 FASAC 活动为此做了积极探索,积累了宝贵经验,发挥了良好的示范作用。

2. 中美会计合作和交流在我国会计国际趋同工作中发挥着重要作用。

当前我国会计国际趋同工作的主要精力在于与国际财务报告准则和国际会计准则理事会相关工作,但我们必须认识到:美国公认会计原则和国际财务报告准则是当前全球资本市场上的两大准则体系,而且美国的影响对于推动会计国际趋同、建立全球统一的高质量会计准则至关重要,美国准则及国际准则的进展不可忽视。中美两国经济总量巨大,很难像其他国家那样直接全面采用国际财务报告准则。因此,财政部建立了中美会计合作机制,并在 2009 年将其纳入中美战略与经济对话。美国财务会计准则委员会对此也十分重视,提出建立一年两次的定期会议机制。这些成果不仅是对 G20 建立全球统一高质量会计准则倡议的正面响应,也切实推动了中美会计准则制定机构在诸如公允价值计量、金融资产减值等会计准则问题上的交流和合作。除了中海油参与 FASAC 工作之外,财政部会计司还直接向美国财务会计准则委员会派出了工作人员,以了解掌握美国会计准则制定机构的当前工作重点和未来优先项目进展。这有利于中美两国在会计国际趋同问题上寻求共同点,从而增强我国在国际财务报告准则制定中的话语权。

3. 会计国际趋同既涉及会计准则制定的技术问题,也有某些政治因素,更是协调和沟通的艺术,要扎实工作,全面把握方向。

会计国际趋同既是专业的技术工作,需要脚踏实地研究跟进各重点、热点技术问题的进展和各方立场,深入分析掌握其政治背景,同时也是一门协调和沟通的艺术,需要以全局、综合、前瞻的眼光把握方向和节奏。对于我国这样一个新兴加转型的经济大国来说,与国际准则实现趋同是坚定不移的方向,能够帮助我国企业"走出去",并不断完善我国企业会计准则。另一方面,趋同绝不等于"等同"。2010 年 2 月 25 日,美国证券交易委员会(SEC)发表声明,表示正在考虑以多种可能的方式将国际财务报告准则引入美国财务报告体系,包括趋同、逐项准则批准采用、全面采用等方式,美国国内上市公司采用国际财务报告准则或与之趋同的美国准则的最早时间可能在 2015 或 2016 年。这表明 SEC 正在重新考虑 2008 年 11 月发布的美国全面采用国际准则的路线图,并可能以趋同代替直接采用。这对我国的启示是:只有既坚持趋同方向,又在一些关键差异上要求国际会计准则理事会考虑中国新兴市场的实际情况,我国在国际准则制定中的话语权才能不断增强,才能维护国家利益。

　　(以上内容主要根据《中国会计报》2010 年 3 月 5 日的《利用多种资源占领国际高地　全方位影响国际准则制定和国际趋同》一文摘录并整理)

中国会计准则委员会秘书长
国际会计准则理事会主席
联合声明

（2005 年 11 月 8 日）

　　2005 年 11 月 7 日至 8 日，中国会计准则委员会与国际会计准则理事会会计准则趋同会议在北京成功举行。会议由中国财政部副部长、中国会计准则委员会秘书长王军先生和国际会计准则理事会主席戴维·泰迪爵士主持。中国会计准则委员会委员、财政部会计司刘玉廷司长和会计司会计准则核心小组成员参加了会议。国际会计准则理事会理事沃伦·麦奎格、帕德里夏·奥梅丽和山田辰己以及国际会计准则理事会研究总监韦恩·奥普顿、中小主体项目总监保罗·帕特参加了会议。本次会议是继中国会计准则委员会和国际会计准则理事会在 10 月举行的工作会谈之后的一次高层会晤。

　　双方认为，建立和完善一套全球高质量的会计准则，是适应经济全球化发展趋势的必然要求。会计国际趋同需要一个过程，国际会计准则理事会和各国会计准则制定机构应持续不懈地共同努力。中国认为，趋同是会计准则制定工作的基本目标之一，旨在使企业按照中国会计准则编制的财务报表与按照国际财务报告准则编制的财务报表相同，趋同的具体方式由中国确定。

　　国际会计准则理事会认为，一些国家在其准则与国际财务报告准则趋同的过程中，为反映其特有环境，补充了国际财务报告准则没有涵盖的规定和应用指南。这是一种实事求是和可取的做法，中国表示赞同。

　　在过去的一年里，中国发布了《企业会计准则——基本准则》和 20 项新的具体准则的征求意见稿,近期还将发布 2 项征求意见稿,同时已开始对现行 16 项具体准则进行修订,这些准则将形成中国会计准则体系,实现与国际财务报告准则趋同。国际会计准则理事会对中国在趋同方面取得的巨大进展表示欢迎和赞赏。

双方认为,中国会计准则与国际财务报告准则在极少数问题上尚存在差异,包括:资产减值损失的转回、关联方关系及其交易的披露以及部分政府补助的会计处理。双方同意继续推进有关工作,消除上述差异。双方指出,与中国通过近期努力所实现的趋同相比,这些问题是相当少的。

在讨论中,国际会计准则理事会确认了中国特殊情况和环境下的一些会计问题。在这些问题上,中国可以对国际会计准则理事会寻求高质量的国际财务报告准则解决方案提供非常有用的帮助。这些问题包括:关联方交易披露、公允价值计量和同一控制下的主体合并。中国同意协助国际会计准则理事会研究这些问题并向其提供建议。中国在考虑修改现行准则、征求意见稿和制定应用指南时,也将得到国际会计准则理事会一定的帮助。

本次会议取得圆满成功,中国会计准则委员会和国际会计准则理事会达成共识,今后双方将继续举行定期会晤,进一步加强双方的交流和合作,以实现中国会计准则与国际财务报告准则的趋同。

中国会计准则委员会　　　　　　国际会计准则理事会
秘书长　　　　　　　　　　　　　主席
王军　　　　　　　　　　　　戴维·泰迪

中国会计准则委员会—国际会计准则理事会
持续趋同工作机制备忘录

为了进一步加强中国会计准则委员会与国际会计准则理事会的交流和合作,促进中国会计准则与国际财务报告准则的持续趋同,推动建立全球高质量的会计准则,根据 2005 年 11 月 8 日中国会计准则委员会与国际会计准则理事会签署的联合声明,双方于 2008 年 1 月 7 日至 8 日在北京举行了工作会议,就持续趋同机制达成以下共识:

一、人员交流

中国会计准则委员会希望能够以官方观察员身份参加国际财务报告解释委员会,国际会计准则理事会对此表示理解,并将向受托人提出建议。国际会计准则理事会同意中国会计准则委员会每年向其派出技术人员,参与国际会计准则理事会与趋同相关的工作。中国会计准则委员会张象至、李红霞和国际会计准则理事会韦恩·奥普顿、伊丽莎白·希基作为双方持续趋同工作指定的联络人;国际会计准则理事会指定的联络人将定期向中国会计准则委员会指定的联络人,提供详细的技术工作计划和项目进展报告。中国会计准则委员会将指定相关项目组,与国际会计准则理事会相关项目组就具体准则项目进行合作。

二、工作方式

中国会计准则委员会与国际会计准则理事会建立定期会议机制,每年举行 4 次会议,其中两次在伦敦举行,两次在中国举行,分别由中国会计准则委员会办公室主任刘玉廷和国际会计准则理事会研究总监韦恩·奥普顿率领各自的技术工作人员参加,就准则项目的持续趋同问题深入研讨。在日常工作中,双方将通过电子邮件、电话会议等方式保持日常交流。

三、内容

持续趋同工作内容主要包括以下几个方面:一是双方首先将在同一控制下的企业合并、公允价值计量、财务报表列报、收入确认、租赁和资产减值6个项目中开展合作,以后再根据趋同进展情况确定新的趋同项目。二是中国会计准则委员会负责组织对国际会计准则理事会发布的讨论稿、征求意见稿的反馈意见,并提供给国际会计准则理事会。三是在对国际财务报告准则未涵盖的问题制定中国准则时,中国会计准则委员会将与国际会计准则理事会进行沟通,并寻求合作,以进一步完善中国会计准则体系。

中国会计准则委员会　　　　国际会计准则理事会

办公室主任　　　　　　　　研究总监

刘玉廷　　　　　　　　韦恩·奥普顿

企业会计准则有效实施篇

篇 首 语

　　会计准则的制定固然重要,但有效实施更为关键。中国作为新兴和转型经济国家如何保证会计准则有效实施,这是一项十分艰巨的任务。为了确保新旧准则的平稳过渡,财政部会计司除在全国范围内全方位开展了大规模会计准则培训外,采用了"逐日盯市、逐户分析"的工作方式,对上市公司会计准则执行情况进行了持续跟踪和监控,随时与上市公司和会计师事务所保持沟通和联系,及时研究和处理会计准则实施过程中的问题。在此基础上,财政部会计司与监督检查局、证监会、银监会、保监会等监管部门相互配合,建立了协同机制,发挥了监管合力,加大了行政监督和检查力度,为会计准则的有效实施提供了保障。自2007年以来,本人与会计司王鹏、崔华清、薛杰同志每年对上市公司财务报告进行深度分析,以大量的事实论证了企业会计准则得到平稳有效实施的结论。

　　以下部分构成了本书的"企业会计准则有效实施篇",相关内容主要收集整理了近年来在《会计研究》、《财政监督》以及《中国会计报》等期刊报纸上发表的分析报告和相关文章,它们反映了会计准则实施的总体进展,按照时间脉络描绘了企业会计准则从开始实施到逐步深化的过程。

会计准则执行情况的分析与思考

一、关于会计准则执行情况的初步分析

企业会计准则自 2007 年 1 月 1 日起在上市公司开始执行以后,较好地实现了新旧转换,半年报和第三季度的报告表明,上市公司在实现了新旧转换后,执行近一年的结果比较理想。

初步分析,2007 年上半年净利润的来源主体是营业收入,特别是主营业务收入的增长,反映出上市公司作为优质资产的主体和上半年 GDP 的增长是同步的(国家统计局公布的上半年 GDP 的增长是 11.5%)。上市公司的财会人员、注册会计师,特别是有证券审计资格会计师事务所的注册会计师,在理解和执行准则的层面上起到了非常关键的作用,上市公司按准则要求编制了调节表和半年报,符合国家统一规定。上市公司财会人员和注册会计师在此次会计改革中作出了重大贡献。

二、关于做好 2007 年年报的基本要求

如何做好 2007 年的年报工作? 如何使上市公司在 2007 年完整的会计年度里全面执行好会计准则体系,为下一步的发展奠定基础、积累经验? 这是当前我们面临的头等大事。我们 1500 多家上市公司和具有证券资格的会计师事务所应当高度重视。财政部已经和有关监管部门达成共识,2007 年要把新准则的监管作为会计信息质量检查的重点之一。财政部发布了《财政部关于做好上市公司 2007 年年报工作的通知》以及会计准则和所得税衔接等规定,2007 年 11 月又发布了《企业会计准则解释第 1 号》。做好 2007 年的年报,首先应当把这些政策规定理解清楚,认真学习会计准则指南、讲解,结合这些内容做好 2007 年的年报工作。2007 年的年报是执行准

则的第一份年度报告,财政部及有关方面高度重视,国际会计准则理事会等国际组织也都十分关注。因此,上市公司和会计师事务所都应该有一种责任感和使命感,认真做好2007年的年报工作。

三、2007 年年报应该重点关注的几个问题

上市公司除做好 2007 年年报除应重视上述基本要求外,还应该重点关注以下四个方面的问题。

一是资产减值问题。会计准则中关于资产减值没有增加更多新的内容,但强调要采用科学的方法计算可收回金额,而不是随意地确定可收回金额。确定的资产减值的可收回金额要具有可验证性,经得起检查。资产减值准则实际上是防止企业泡沫现象的一个重要准则项目。1997 年亚洲金融危机时,一些企业倒闭的原因就在于它的资产价值虚增导致利润虚增,经不起冲击。所以资产减值准则是一个关键的准则项目。企业要进行财产清查,在财产清查的过程中,要对资产的价值进行全面的清理,凡是资产存在减值迹象的,必须要按照准则的规定去确认可收回金额和资产减值准备。

二是或有事项。或有事项准则也不是新项目,但是准则强调了凡是符合负债定义的、能够可靠计量的现实义务,必须要确认预计负债。在确认预计负债的同时,要考虑确认相关的成本和费用。或有事项里增加的一些内容,比如亏损合同、重组义务等等这些都是需要关注的。半年报的分析显示,有些企业存在着亏损合同但是没有预计负债,从而导致利润的虚增。因此,或有事项准则在年报的执行中是一个关注的重点,上市公司应当足额地、准确地、及时地确认预计负债。此外,还涉及辞退福利问题,不仅仅是在新旧转换的时候需要预计,辞退福利的确认是一个经常性的行为,新的辞退福利可能会不断出现,因此需要确认当期的成本费用,这一点也需要引起重视。

三是所得税项目。所得税准则项目涉及每个上市公司,因此要把握一个原则:谨慎地确认递延所得税资产,足额、及时、准确地确认递延所得税负债。特别是公允价值计量的交易性金融资产,会计准则与所得税新旧衔接办法也明确了,只有这样才能准确地确认递延所得税的费用,从而保证税后利润更加准确,防止超分配问题。

四是长期投资特别是母子公司的长期投资。母公司对子公司的长期投资由权益法改为成本法，有助于企业可持续发展。但是 2007 年是新旧转换的第一年，相关账务应该怎样处理？《企业会计准则解释第一号》专门讲到这个问题：权益法转为成本法要求追溯调整。这实际上是对 38 号准则的一个调整，视同该母公司从开始即采用成本法。同时，对于联营企业和合营企业的权益法核算，也强调了内部收益要进行抵销。

按照新旧准则转换、编制半年报和执行年度决算时，会计人员可能会感受到对新准则的理解尚不到位，调整的数字可能也不够准确。对此，《财政部关于做好上市公司 2007 年年报工作的通知》明确规定：对于 2007 年年初新旧转换执行中不太理解或理解不够准确的，在年度决算的时候允许对年初数进行复核和调整。

（以上内容主要根据《财政监督》2008 年 2 月的《对会计准则执行情况的分析与思考》一文摘录并整理）

重点关注
共同做好上市公司 2007 年年报工作

　　2007 年是会计审计准则体系全面实施的第一年,做好准则实施工作不仅关系到上市公司自身的可持续发展,而且对于我国资本市场的健康运行和贯彻中央"走出去"、"引进来"的战略意义重大。为防止上市公司 2007 年净利润和净资产同比出现非合规波动现象,确保会计审计准则实施到位,我国各级财政部门会计管理机构和监督检查机构、各地财政监察专员办、注册会计师协会等部门或机构应认真履行其承担的重要职责,做好以下几个方面的工作。

　　一、各级财政部门会计管理机构和监督检查机构应当采取有效措施,及时跟进和督导本地区上市公司年报编制工作

　　(一)成立上市公司会计准则实施情况工作组

　　确保在上市公司实施好准则是财政部 2008 年会计管理的一项重要工作,财政部已经成立了准则实施情况工作组,本人任组长,成员涉及财政部会计司、监督检查局、中国注册会计师协会等相关部门或机构,制订工作方案,密切关注每一家上市公司公布的 2007 年年报,采用"逐日盯市、逐户分析"的方式,跟踪分析每一家上市公司的 2007 年年报,全面、准确地掌握上市公司执行准则的情况。对于在年报分析过程中发现的非合规问题,应当对有关上市公司和会计师事务所进行专项检查。

　　(二)工作组应认真履行工作职责

　　1. 应当在熟悉准则及相关文件的基础上,制定本地区上市公司年报工作的方案,对本地区上市公司年报相关工作,作出统筹安排。随时掌握本地区上市公司 2007 年年报披露时间和进度,做好每一家上市公司年报的跟踪分析。

2. 督促本地区上市公司认真学习、全面把握会计准则以及准则发布后的相关文件规定,在 2006 年年报提供的数据基础上认真核实新会计准则首次执行日的期初数,同时按照有关衔接办法的规定对比较报表的数据进行调整。对于 2007 年净利润和净资产同比变动幅度较大的项目,要督促上市公司认真查明原因,属于新准则执行不正确、不到位的,应当予以更正,除此之外,应当作出说明。

3. 督促本地区上市公司在执行新准则及编制 2007 年年报中贯彻稳健性原则,确保其资产的价值反映未来经济利益流入的能力,对于出现减值迹象的资产,通过减值测试表明其可收回金额低于账面价值的,应当要求上市公司足额计提减值准备;督促上市公司对于因或有事项产生的义务符合会计准则规定的确认条件的,必须确认费用或损失;对于上市公司采用公允价值计量的项目,要求其确定的公允价值应当具有可验证性,除自活跃市场取得的市价外,采用估值技术确定公允价值的,应当要求上市公司充分披露所采用的估值技术方法和各项参数;密切关注上市公司披露的关联交易,对于显失公允的关联交易,应当敦促上市公司更正;提醒上市公司的法定代表人担负起《会计法》赋予的责任,对本公司出具的 2007 年年报的真实性、完整性负责。

4. 密切关注本地区上市公司年报披露情况的宣传报道和媒体反映,经常性地组织专稿,向媒体提供本地区上市公司实施新准则的客观信息、资料和正确评价;发现不实报道的,应当及时与有关媒体进行沟通和更正,严防不实报道对新准则实施造成负面影响。

5. 严格监控上市公司年报披露工作,选择有代表性的公司进行现场跟踪,全面掌握本地区上市公司 2007 年年报过程中的第一手资料,切实了解上市公司在年报编制过程中及会计师事务所在审计过程中存在的问题并及时加以解决,无法解决的,应当立即上报财政部。上市公司年报披露结束后一个月内,各地应形成本地区该项工作的总结上报财政部。

二、各地财政监察专员办应将关注上市公司年报作为日常监管和专项检查的重点

各地财政监察专员办要充分利用注册会计师业务报备网络系统和上市

公司年报披露渠道,对本辖区内上市公司年报及相应的会计师事务所审计进行跟踪分析和监控。在开展 2008 年会计信息质量检查时,必须将上市公司作为检查重点,对异常的上市公司年报要及时进行监督检查。检查发现上市公司年报存在问题的,必须延伸检查为其出具审计报告的会计师事务所。同时,对会计师事务所执业质量的检查应侧重于新审计准则的执行情况,并将具有证券业执业资格的事务所作为检查重点。各地专员办还可根据本地情况,深入上市公司和会计师事务所,开展上市公司、会计师事务所执行新会计、审计准则情况的专项调查,形成专题调研报告上报财政部。

三、各地注册会计师协会应随时掌握本地区会计师事务所对上市公司年报的审计情况,关注注册会计师出具的审计意见是否恰当、合规

各地注册会计师协会应当重点监控会计师事务所是否按照新审计准则的规定履行职责,以及对上市公司进行审计过程中是否贯彻风险导向审计理念并保持足够的职业谨慎,特别应当关注会计师事务所对特定类型业务的审计,如对公允价值的确定、资产减值损失的认定、不具商业实质的交易的判断、关联方交易及异常的长期资产处置等,是否符合新会计、审计准则的规定。同时,要求会计师事务所的主任会计师要认真抓好新审计准则的贯彻落实,确保新准则的理念、原则和内容贯彻到年报审计和风险控制的各个层面。按照业务报备的要求,认真做好上市公司 2007 年度财务报表审计业务报备工作。各地注册会计师协会应及时研究新准则实施过程中出现的问题,发现问题的要及时加以解决。

四、2007 年年报需要关注的重点项目

各级财政部门会计管理机构和监督检查机构、各地财政监察专员办、注册会计师协会等应分析会计准则实施对上市公司提高会计信息质量、促进上市公司可持续发展和资本市场的积极作用,关注同时发行 A 股、B 股或 A 股、H 股的企业的境内外财务报告的有关项目差异的情况及其原因。同时各部门和机构在履行上述职责时应重点关注以下报表项目:

(一)营业收入,重点关注营业收入的构成及其异常变动原因、是否存在分期收款销售情况等。

（二）投资收益，重点关注处置投资实现的投资收益、采用权益法核算长期股权投资产生的投资收益及其异常变动原因等。

（三）公允价值变动收益，重点关注交易性金融资产及负债、采用公允价值计量的投资性房地产等因公允价值变动形成的损益及其异常变动原因、公允价值的确定方法等。

（四）资产减值损失，重点关注资产减值损失的构成及其变动原因，包括对商誉及使用寿命不确定的无形资产是否计提减值准备、各项资产减值损失的计提基础等。

（五）所得税费用，重点关注递延所得税对所得税费用的影响金额、所得税费用（收益）与会计利润的关系等。

（六）营业外收支，重点关注债务重组利得或损失、政府补助等。

（七）金融资产的分类基础及持有金融资产的具体分类情况。

（八）特殊交易的会计政策选择，如当期发生企业合并的，对企业合并类型的判断基础。

（九）编制合并财务报表的，其合并范围当期是否发生变化及其变化原因。

（十）其他导致净资产变动较大的项目及其变动原因。

五、各有关方面应当从大局出发，以高度的责任心和使命感，加强协同配合，共同做好上市公司 2007 年年报工作

各级财政部门会计管理机构和监督检查机构、各地财政监察专员办、注册会计师协会，应当密切配合，建立有效的沟通合作监管机制，不仅要做好财政系统内部的协同配合，而且要积极主动地与证券监管等机构沟通与合作，严厉打击借新准则实施之机操纵利润和其他财务数据等不法行为，对于监督检查中发现有违法违规行为的，在调查核实后，应当严肃处理，并将处理情况上报财政部。

（以上内容根据本人与司内同志起草的 2007 年的《财政部关于做好上市公司 2007 年年报工作的通知》（财会函［2008］5 号）摘录并整理）

我国上市公司 2007 年
执行企业会计准则情况分析

2007 年是我国上市公司全面执行企业会计准则体系的第一年。企业会计准则体系作为资本市场的规则之一,对于促进企业可持续发展和完善资本市场具有十分重要的意义。因此,财政部会计司与有关方面通力合作,成立了新准则实施情况工作组,制订工作实施方案,加强与上市公司、会计师事务所的约谈,建成上市公司财务报告分析系统,组织强大的分析团队,采用"逐日盯市、逐户分析"的工作方式,跟踪分析了每一家上市公司 2007 年年报,经过 5 个多月的艰苦努力,形成了本分析报告。

一、企业会计准则在上市公司得到了平稳有效实施

根据我国相关规定,经审计的上市公司 2007 年年报应于 2008 年 4 月 30 日前公开披露完毕。实际情况是,从 2008 年 1 月 22 日沪深两市上市公司公布首份 2007 年年报开始,截至 2008 年 4 月 30 日,除 ＊ST 威达(000603)和九发股份(600180)两家公司外,沪深两市合计 1,570 家上市公司(沪市 861 家,深市 709 家)公布了 2007 年年报,其中,非金融类上市公司 1,543 家,金融类上市公司 27 家,A+H 股上市公司 53 家。通过对上市公司公布的 2007 年年报进行全面深度分析表明,企业会计准则体系的实施平稳有效。

(一)上市公司较好地实现了企业会计准则从 2006 年年末至 2007 年年初的新旧转换

1. 上市公司新旧准则转换总体情况

截至 2008 年 4 月 30 日,沪深两市 1,570 家上市公司中共有 1,557 家上市公司披露了《新旧会计准则股东权益差异调节表》,其中沪市 849 家,深市 708 家。有 13 家上市公司没有披露相关数据。1,557 家上市公司按

照新准则调整后的 2007 年年初股东权益合计 45,625.49 亿元,2006 年 12 月 31 日按旧准则(指企业会计制度和金融企业会计制度)反映的股东权益合计 41,486.64 亿元,2007 年年初股东权益比旧准则股东权益净增加了 1,002.67 亿元(扣除少数股东权益后),增幅为 2.42%。分析表明,按照与国际趋同的会计准则对上市公司 2007 年年初净资产确认计量的结果,比按旧准则高出了 2.42 个百分点。可见,上市公司在首次执行日(2007 年 1 月 1 日)按照《企业会计准则第 38 号——首次执行企业会计准则》及相关规定,较好地实现了新旧准则的转换和过渡。有关情况如表 1 所示。

2. 年初股东权益调整增幅较大的项目分析

"企业合并"项目涉及 166 家上市公司,调增年初股东权益 335.81 亿元,占比为 0.81%。同一控制下的企业合并在编制合并比较报表时,应视同参与合并各方在最终控制方开始实施控制时即以目前的状态存在,因企业合并而增加的净资产在比较报表中调整了股东权益项下的资本公积和留存收益。

"以公允价值计量且其变动计入当期损益的金融资产以及可供出售金融资产"项目涉及 454 家上市公司,调增年初股东权益 795.04 亿元,占比为 1.92%。新准则规定这两类金融资产应当按照资产负债表日的公允价值计量,按公允价值与原账面价值的差额调整年初股东权益。由于首次执行日我国股市处于较大幅度上涨时期,该项目所产生的调增股东权益金额较大,金融类上市公司尤为突出。

需要特别说明的是,"少数股东权益"项目涉及上市公司 1,267 家(占 1,557 家的 81.37%),调增年初股东权益 3,136.18 亿元,占比为 7.56%。该项金额应当从股东权益合计中剔除,因为旧准则下"少数股东权益"在股东权益之外单独列示,新准则下"少数股东权益"包含在股东权益合计之内,属于报表项目列示变化导致的影响金额。

3. 年初股东权益调整减幅较大的项目分析

"长期股权投资差额"项目涉及 737 家上市公司,调减年初股东权益 160.78 亿元,占比为-0.39%。根据新准则规定,同一控制下企业合并形成的长期股权投资尚未摊销完毕的股权投资差额余额,应当在首次执行日全部转销,相应减少了年初股东权益。

表1　新旧会计准则股东权益差异调节表汇总（共计：1570家）单位：亿元

序号	项目名称	公司家数	金额	占比*
a	2006年12月31日股东权益（旧准则）	1,557	41,486.64	——
1	长期股权投资差额	737	160.78	-0.39%
2	拟以公允价值模式计量的投资性房地产	14	39.29	0.09%
3	因预计资产弃置费用应补提的以前年度折旧等	6	-25.77	-0.06%
4	符合预计负债确认条件的辞退补偿	149	-114.39	-0.28%
5	股份支付	8	-5.64	-0.01%
6	符合预计负债确认条件的重组义务	4	-1.26	-0.00%
7	企业合并	166	335.81	0.81%
8	以公允价值计量且其变动计入当期损益的金融资产以及可供出售金融资产	454	795.04	1.92%
9	以公允价值计量且其变动计入当期损益的金融负债	11	-0.37	-0.00%
10	金融工具分拆增加的权益	19	-6.56	-0.02%
11	衍生金融工具	31	-4.83	-0.01%
12	所得税	1,360	-1.43	-0.00%
13	少数股东权益	1,267	3,136.18	7.56%
14	B股、H股等上市公司特别追溯调整	14	-5.03	-0.01%
15	其他	616	158.59	0.45%
b	调整额合计	——	4,138.85	9.98%
c	股东权益净增加额	——	1,002.67	2.42%**
d	2007年1月1日股东权益（新准则）	1,557	45,625.49	——

* 各项目的占比＝各项目的调整金额/按旧准则编制的股东权益。

** 股东权益变动率＝（按新准则编报的股东权益–少数股东权益–按旧准则编报的股东权益）/按旧准则编报的股东权益。

　　"符合预计负债确认条件的辞退补偿"项目涉及149家上市公司，调减年初股东权益114.39亿元，占比为-0.28%。根据新准则规定，公司应当对首次执行日之前符合辞退福利确认条件应给予的补偿进行预计，减少年初股东权益，同时确认应付职工薪酬。

从以上分析可以看出,新旧准则转换时点尽管有些项目调整金额幅度较大,但增减相抵后总体持平,实现了平稳转换和过渡。同时,也发现极少数上市公司在新旧准则转换时大幅调整了股东权益的情况,还有 13 家上市公司没有按规定披露《新旧会计准则股东权益差异调节表》,值得关注。

(二)上市公司实现新旧准则转换后,总体运行平稳

1. 利润总额和净利润增长及因素分析

1,570 家上市公司 2007 年实现利润总额和净利润分别为 13,634.02 亿元和 10,117.64 亿元,2006 年分别为 9,201.22 亿元和 6,765.08 亿元,利润总额增加了 4,432.80 亿元,净利润增加了 3,352.56 亿元,同比分别增长了 48.18% 和 49.56%。有关情况如表 2 所示。

表2　2007 年上市公司合并利润表主要指标表(1570 家)　　单位:亿元

项目	2007 年	2006 年	增减金额	增减幅度	占利润总额比例*
营业毛利	10,160.51	7,593.56	2,566.95	33.80%	74.52%
公允价值变动收益	117.23	241.64	-124.41	-51.49%	0.86%
投资收益	2,950.50	1,170.05	1,780.44	152.17%	21.64%
营业利润	13,148.16	9,056.26	4,091.90	45.18%	96.44%
营业外收支净额	485.86	144.96	340.90	235.16%	3.56%
利润总额	13,634.02	9,201.22	4,432.80	48.18%	100.00%
所得税费用	3,516.38	2,436.14	1,080.24	44.34%	25.79%
净利润	10,117.64	6,765.08	3,352.56	49.56%	74.21%

* 2007 年实现利润各组成项目占利润总额的比例。

引起上市公司 2007 年利润总额和净利润增长的主要因素是营业利润。1,570 家上市公司实现营业利润合计为 13,148.16 亿元,比 2006 年增加了 4,091.90 亿元,增幅为 45.18%,占利润总额的 96.44%。如按扣除投资收益的营业利润计算,仍占利润总额的 74.80%。营业利润增长是决定上市公司利润总额和净利润增长的主要因素,营业利润是企业日常经营活动所得,反映上市公司 2007 年经营业绩的增长,属于正常的经

济增长态势。

投资收益作为营业利润的组成部分,1,570 家上市公司实现投资收益合计为 2,950.50 亿元,比 2006 年增加了 1,780.44 亿元,增幅为 152.17%,占利润总额的 21.64%。引起投资收益增长的主要原因是上市公司 2007 年内出售投资实现的收益。1,570 家公司出售投资实现收益 2,547.57 亿元,占利润总额的 18.69%,比 2006 年增加了 1,581.76 亿元,增幅为 163.78%。出售投资实现的收益具有一次性特点,仅影响 2007 年当期,对上市公司的业绩不具有可持续性。因此,实业类上市公司应当做好主业经营,才能做到可持续发展,促进社会财富不断增长;否则,属于社会财富重新分配。

除营业利润外,1,570 家上市公司营业外收支净额合计为 485.86 亿元,比 2006 年增加了 340.90 亿元,增幅为 235.16%,占利润总额的 3.56%。营业外收入主要源于债务重组、捐赠、政府补助及处置长期资产利得。营业外收支净额对公司利润的影响是非经常性的。

以上分析表明,上市公司利润总额和净利润的增长主要源于营业利润,从而奠定了 2007 年利润总额和净利润增长的基础。同时,投资收益和营业外收支净额增长中的某些因素,如出售股票收益、债务重组利得和捐赠等,值得关注和进一步研究。

2. 净资产增长及其因素分析

1,570 家上市公司 2007 年 12 月 31 日净资产合计为 68,389.71 亿元,2006 年净资产合计为 52,221.07 亿元,同比增加了 16,169.38 亿元,增幅为 30.96%。净资产收益率也高于 2006 年同期水平(12.95%),达到了 14.79%。有关情况如表 3 所示。

引起净资产增长的主要因素:

一是上市公司 2007 年新发或增发股票实现的股票溢价收入等原因增加了资本公积 6,510.55 亿元,占到净资产增加额的 40.25%,表明 2007 年 IPO 公司较多,由此增加的资本公积所占比重较大。

表3　2007 年上市公司合并资产负债表主要指标表　　单位:亿元

项目	2007 年	2006 年	增减金额	增减幅度
交易性金融资产	4,894.29	3,992.07	902.22	22.60%
流动资产合计	111,450.73	75,938.99	35,511.74	46.76%
可供出售金融资产	32,083.29	28,457.65	3,625.64	12.74%
持有至到期投资	41,008.02	33,896.54	7,111.48	20.98%
长期股权投资	4,051.32	3,565.77	485.54	13.62%
固定资产	36,191.48	32,512.94	3,678.55	11.31%
无形资产	3,326.10	2,645.71	680.39	25.72%
递延所得税资产	969.31	961.79	7.51	0.78%
非流动资产合计	305,091.44	264,249.46	40,841.98	15.46%
资产总计	416,542.17	340,188.45	76,353.72	22.44%
应付职工薪酬	1,803.03	1,475.34	327.69	22.21%
流动负债合计	326,673.30	269,726.15	56,947.15	21.11%
预计负债	551.51	491.00	60.51	12.32%
递延所得税负债	952.76	488.89	463.87	94.88%
非流动负债合计	21,479.17	18,241.97	3,237.19	17.75%
负债合计	348,152.47	287,968.12	60,184.34	20.90%
股本	22,571.09	21,002.86	1,568.23	7.47%
资本公积	22,401.61	14,390.81	8,010.80	55.67%
减:库存股	0.97	2.81	-1.85	-65.71%
盈余公积	5,475.50	4,635.46	840.05	18.12%
一般风险准备	1,573.76	653.80	919.96	140.71%
未分配利润	12,129.60	7,709.55	4,420.05	57.33%
外币报表折算差额	-183.90	-40.46	-143.44	354.51%
归属于母公司所有者权益合计	63,966.70	48,501.94	15,464.76	31.88%
少数股东权益	4,423.01	3,718.39	704.62	18.95%
所有者权益合计	68,389.71	52,220.32	16,169.38	30.96%
负债和所有者权益总计	416,542.17	340,188.45	76,353.72	22.44%

二是可供出售金融资产公允价值变动增加了净资产,同比增加了1,491.23亿元,占净资产增加额的9.22%。表明上市公司2007年划分为可供出售金融资产的股票价格大幅上涨,导致可供出售金融资产公允价值变动计入资本公积。

三是上市公司2007年实现的净利润增加了净资产,反映公司通过生产经营活动直接创造的财富,同比增加了3,352.56亿元,占到净资产增加额的20.73%。

(三)同时发行A股和H股的上市公司2007年执行企业会计准则后,内地与香港披露的年报差异基本消除

在1,570家上市公司中,共有53家上市公司同时在香港发行了H股,这些公司除了按企业会计准则在A股市场披露了年报外,同时按照香港财务报告准则在H股市场提供年报。

1.A+H股上市公司年报净利润比较

53家A+H股上市公司2007年按香港财务报告准则报告的净利润为6,488.51亿元,按企业会计准则报告的净利润为6,198.08亿元,差额为290.43亿元,净利润差异率为4.69%;其中,净利润完全无差异的有6家上市公司,分别为招商银行(600036)、创业环保(600874)、中海油服(601808)、建设银行(601939)、中兴通讯(000063)和经纬纺机(000666)。

2.A+H股上市公司年报净资产比较

53家A+H股上市公司2007年按香港财务报告准则报告的净资产为39,335.31亿元,按企业会计准则报告的净资产为38,248.58亿元,差额为1,086.73亿元,净资产差异率为2.84%;其中,净资产完全无差异的有10家上市公司,分别为中海发展(600026)、招商银行(600036)、青岛啤酒(600600)、广船国际(600685)、创业环保(600874)、中国铁建(601186)、中海油服(601808)、建设银行(601939)、中兴通讯(000063)和经纬纺机(000666)。

3.A+H股上市公司现存差异分析

根据53家A+H股上市公司的年报显示,导致A+H股上市公司净利润和净资产现存差异的主要因素如下:

一是企业改制资产评估产生的差异。涉及36家上市公司。按照内地

相关法律法规,企业公司制改制时对资产和负债进行评估,并以评估价值为基础确认为相关资产和负债的认定成本;在 H 股报告中,有的调整为改制前原账面价值,有的按照重估价报告。由此形成两地市场财务报告中净资产差异合计为 144.62 亿元,占差异总额的 13.31%。

二是同一控制下企业合并产生的差异。涉及 15 家上市公司。按照企业会计准则规定,同一控制下的企业合并采用类似权益结合法进行会计处理;香港财务报告准则选择采用购买法。公司在两地采用的会计政策不一致,由此形成两地市场财务报告中净利润差异合计为 4.38 亿元,占差异总额的 1.51%。

三是资产折耗方法产生的差异。按照企业会计准则,特定企业的油气资产应当采用产量法或年限平均法计提折耗。在实际执行中,公司 A 股报告中采用了年限平均法计提油气资产折耗,在 H 股报告中则采用了产量法计提折耗。

在上述因素形成的 A+H 股上市公司年报差异中,如果剔除其中两家公司现存差异后,净利润差额由 290.43 亿元缩小到 65.45 亿元,净利润差异率也由 4.69% 缩小到 1.46%;净资产差额由 1,086.72 亿元缩小到 121.09 亿元,净资产差异率由 2.84% 缩小到 0.43%。分析表明,上市公司 2007 年执行企业会计准则后,A+H 股上市公司境内外差异基本消除,从而验证了两地准则等效的成果。

(四)进一步对企业会计准则具体项目执行情况进行分析,表明企业会计准则体系得到了有效实施

企业会计准则包括 38 项具体准则,其中新修订的准则 16 项,新制定的准则 22 项,涵盖了会计实务中目前已经发生或者能够预见到的经济业务事项。通过对 38 项具体准则进行逐项深度分析,进一步表明了企业会计准则体系平稳有效实施的结论。限于篇幅,我们在此仅举例说明以下具体准则项目的执行情况:

1. 存货准则

存货准则是一项新修订的准则。1,570 家上市公司中有 1,541 家上市公司发生存货业务,占比为 98.15%;发生存货业务的公司均按照准则规定取消了后进先出法。其中,1,521 家公司遵循了准则规定的方法并披露了

采用的计价方法、各类存货的期初和期末账面价值、用于担保的存货账面价值等信息,占比为 98.7%。

2. 投资性房地产准则

投资性房地产准则是一项新准则。1,570 家上市公司中,存在投资性房地产的有 630 家上市公司,占比为 40.13%。这些公司绝大多数对投资性房地产采用了成本计量模式。

仅 18 家上市公司(占有此类业务公司数的 2.86%)采用公允价值对投资性房地产进行后续计量。投资性房地产公允价值计量产生的公允价值变动净收益为 22.79 亿元,占有此类业务 18 家公司净利润的 2.61%,占 1,570 家上市公司净利润的 0.23%。

根据上述 18 家公司披露的年报,投资性房地产公允价值计量的方法主要有房地产评估价格(10 家上市公司)、第三方调查报告(2 家上市公司)、与拟购买方初步商定的谈判价下限(1 家上市公司)及参考同类同条件房地产的市场价格(2 家上市公司)等。这些公允价值的运用尚需进一步研究。另有 3 家上市公司未披露投资性房地产公允价值的具体确定方法。

3. 固定资产准则

固定资产准则是一项新修订的准则。1,570 家上市公司中,有 9 家上市公司根据准则规定对固定资产计提了弃置费用 86.80 亿元,占 9 家上市公司资产总额的 0.48%,占 9 家上市公司固定资产总额的 1.36%。其中,3 家上市公司披露了弃置费用按折现值计入固定资产成本。

4. 无形资产准则

无形资产准则是一项新修订的准则。上市公司年报显示,1,570 家上市公司中,有 30 家上市公司披露了使用寿命不确定的无形资产,主要包括商标权(46%)、特许经营权(27%)、非专利技术(17%)。使用寿命不确定的无形资产未发生减值。

1,570 家上市公司中,有 137 家上市公司发生了开发支出,主要集中在机械制造、医药及电子信息业,占比为 6.69%;85% 的公司披露了开发支出资本化的条件。

5. 非货币性资产交换准则

非货币性资产交换准则是一项新修订的准则。1,570 家上市公司中,发生非货币性资产交换的有 40 家上市公司。非货币性资产交换大都采用了评估价格作为交换资产的公允价值。该类交易产生损益的有 32 家上市公司,占有此类交易公司数的 80%;未产生损益的有 8 家上市公司,占有此类交易公司数的 20%。非货币性资产交换产生损益的 32 家上市公司中,产生非货币性资产交换利得的有 21 家上市公司,比例为 65.62%;产生非货币性资产交换损失的有 11 家上市公司,比例为 34.38%。

6. 资产减值准则

资产减值准则是一项新准则。1,570 家上市公司中,有 692 家上市公司(占比为 44.08%)披露了对长期资产计提了减值准备。其中,161 家上市公司根据本公司情况披露了各项资产减值的迹象,占比为 10.25%。702 家上市公司披露了确定资产减值时对资产进行了认定。也发现有极少公司转回长期资产减值损失的情况。1,152 家上市公司披露了长期资产可收回金额的确定依据。多数上市公司披露了长期资产公允价值的确定方法、预计的资产未来现金流量、涵盖期间和折现率等信息。计提减值准备的资产主要是长期股权投资和固定资产。

451 家上市公司(占比为 28.73%)存在商誉,其中,373 家上市公司(占有此类业务公司数的 82.71%)对商誉进行了减值测试。

7. 职工薪酬准则

职工薪酬准则是一项新准则。1,570 家上市公司年报显示,职工工资、奖金、津贴和补贴构成了上市公司职工薪酬的最主要部分,占 2007 年确认的职工薪酬总额的 72.55%。1,538 家上市公司披露了职工工资、奖金、津贴和补贴等信息,占比为 97.96%。1,513 家上市公司披露了应付五险(医疗保险费、养老保险费、失业保险费、工伤保险费和生育保险费)的信息,占比为 96.37%。1,328 家上市公司披露了应缴存的住房公积金信息,占比为 84.59%。463 家上市公司披露了辞退福利的信息,占比为 29.49%。158 家上市公司披露了为职工提供的非货币性福利的信息,占比为 10.06%;极少数公司还披露了非货币性福利的计算依据。

8. 股份支付准则

股份支付准则是一项新准则。1,570 家上市公司中,41 家上市公司在 2007 年度实施了股份支付计划。股份支付的授予对象多为公司董事、监事、高管及业务骨干。2007 年,41 家上市公司以现金结算的股份支付确认的费用总额为 28.06 亿元,以权益结算的股份支付确认的费用总额为 18.92 亿元。

以权益结算的股份支付有 33 家,其中,以限制性股票作为支付工具的有 4 家,以股票期权作为支付工具的有 11 家,另有 19 家未披露具体类型(有 1 家同时具备两种支付工具)。23 家上市公司明确披露了权益工具公允价值的确定方法。以现金结算的股份支付有 11 家,其中,以模拟股票作为支付工具的有 2 家,以现金股票增值权作为支付工具的有 7 家,有 2 家未披露具体支付类型。41 家实施股份支付计划的上市公司中,以服务期限作为可行权条件的有 1 家,以非市场条件作为可行权条件的有 19 家,其余未明确披露可行权条件。

分析发现,有的股份支付计划在实施中,对设定的业绩条件作了较大调整,值得关注。

9. 债务重组准则

债务重组准则是一项新修订的准则。1,570 家上市公司中,316 家上市公司发生了债务重组,占比为 20.13%。因债务重组产生的营业外收支净额为 130.04 亿元,占 1,570 家上市公司净利润的 1.29%,其中,229 家上市公司作为债务人获得了债务重组收益 133.00 亿元,82 家上市公司作为债权人因让步产生债务重组损失 2.96 亿元。

316 家上市公司中多数都披露了债务重组对营业外收支的影响金额,但披露债务重组具体内容的详尽程度各不相同。少数上市公司披露了债务重组过程中公允价值的取得方式。个别公司债务重组利得较大,值得关注。

10. 或有事项准则

或有事项准则是一项新修订的准则。1,570 家上市公司中,有 982 家上市公司披露了或有事项,占比为 62.55%,其中,存在或有负债的有 905 家上市公司,存在或有资产的有 138 家上市公司。

287 家上市公司存在预计负债,占比为 18.28%,2007 年确认的预计负债总额为 148.50 亿元,其中,对担保事项确认预计负债最多,占到 14.99%;因产品质量保证确认的预计负债占 8.59%;因未决诉讼确认的预计负债占 3.59%;因待执行合同变成亏损合同确认的预计负债占 0.33%;

因承担的重组义务确认的预计负债占 0.03%。

11. 借款费用准则

借款费用准则是一项新修订的准则。在 1,570 家上市公司中,有 473 家上市公司存在借款费用资本化,占比为 30.13%。其中,固定资产资本化借款费用的有 2 家;在建工程资本化借款费用的有 390 家;存货资本化借款费用的有 86 家;投资性房地产和无形资产资本化借款费用的分别为 1 家和 3 家。473 家上市公司中,有 214 家上市公司披露了借款费用资本化率。

12. 所得税准则

所得税准则是一项新准则。1,570 家上市公司中,有 1,041 家上市公司确认了递延所得税资产,占比为 89.24%;752 家上市公司确认了递延所得税负债,占比为 47.90%;244 家上市公司确认了与所有者权益项目相关的递延所得税资产或递延所得税负债,占比为 15.54%,其中,与所有者权益相关的主要项目是可供出售金融资产公允价值的变动,26 家上市公司因此确认了递延所得税资产,218 家上市公司因此确认了递延所得税负债。

2007 年上市公司年报显示,与子公司、联营企业、合营企业相关的递延所得税资产对递延所得税资产总额的影响达 79.10%。固定资产折旧对递延所得税负债总额的影响为 33%;与交易性金融资产、可供出售金融资产和以公允价值计量的投资性房地产的公允价值变动相关的递延所得税对递延所得税负债总额的影响分别为 1%、13%、0.001%。

1,546 家上市公司披露了当期所得税费用(收益)的主要组成部分,占比为 98.47%;1,422 家上市公司披露了当期所得税费用(收益)与会计利润关系的说明,占比为 90.57%。424 家上市公司披露了当期未确认递延所得税资产的可抵扣暂时性差异、可抵扣亏损的金额,占比为 27.01%。1,491 家上市公司披露了当期递延所得税资产和递延所得税负债涉及的资产、负债的类别、确认金额和确认依据,占比为 94.97%。

13. 企业合并准则

企业合并准则是一项新准则。1,570 家上市公司中,411 家上市公司按照准则规定将企业合并分类为同一控制下企业合并和非同一控制下企业合并,其中,披露了企业合并类型判定依据的有 348 家上市公司,有 63 家上市公司未明确披露企业合并类型的判定依据。

同一控制下企业合并的 186 家上市公司中,184 家上市公司明确指出以账面价值为计量基础。存在交易价差的有 112 家上市公司,占有此类交易公司数的 60.22%,其中,投资成本大于所享有被合并方净资产账面价值份额的有 71 家上市公司,投资成本小于所享有被合并方净资产账面价值份额的有 41 家上市公司。2007 年发生同一控制下的企业合并并入子公司期初至合并日的当期净损益的有 133 家上市公司,总额为 212.29 亿元,占有此类交易公司净利润总额的 5.82%。

非同一控制下企业合并的上市公司全部采用了公允价值作为计量基础;57.89% 的上市公司披露了可辨认资产、负债公允价值的确定方法。发生非同一控制下企业合并的上市公司中,119 家上市公司形成了商誉,金额为 74.96 亿元,占 119 家公司净资产的 0.50%、资产总额的 0.06%,各公司均按准则规定不再对商誉进行摊销,改为期末进行减值测试;因投资成本(购买成本)小于所占被购买方可辨认净资产公允价值份额而计入营业外收入的有 72 家上市公司,总额为 18.31 亿元,占发生该类交易公司利润总额的 4.66%。

14. 金融工具确认和计量准则

金融工具确认和计量准则是一项新准则。1,570 家上市公司按照准则规定对金融资产和金融负债进行了分类,并在附注中进行了披露。其中,353 家上市公司持有交易性金融资产,合计 4,894.29 亿元,占 1,570 家上市公司资产总额的 1.17%;142 家上市公司存在持有至到期投资,合计 41,008.02 亿元,占 1,570 家上市公司资产总额的 9.84%;419 家上市公司持有可供出售金融资产,合计 32,083.29 亿元,占 1,570 家上市公司资产总额的 7.70%,其公允价值变动计入资本公积为 1,491.23 亿元,占 1,570 家上市公司股东权益总额的 2.18%。

15. 每股收益准则

每股收益准则是一项新准则。1,570 家上市公司全部列报了基本每股收益和稀释每股收益,均在附注中披露了基本每股收益和稀释每股收益的计算方法。1,570 家上市公司基本每股收益平均为 0.3579 元/股,稀释每股收益平均为 0.3479 元/股。

从 38 项具体准则执行情况分析可以得出以下结论:具体准则在 1,570

家上市公司中得到了普遍应用,上市公司能够较为恰当地选择会计政策和做出会计估计,并按各项具体准则及应用指南规定进行确认、计量和报告。

(五)注册会计师对上市公司 2007 年年报出具的标准审计意见的数量和比例明显地超过了 2006 年,也表明企业会计准则在上市公司较好地实现了新旧转换和平稳有效实施

1,570 家上市公司中,有 1,464 家公司的年报被注册会计师出具了标准审计意见,占比为 93.25%,被出具非标准审计意见的公司仅有 106 家,占比为 6.75%。其中由国际"四大"会计师事务所审计的 99 家上市公司中,仅有 1 家被出具了非标准审计意见。

根据财政部和证监会的有关规定,2007 年上市公司首次执行新准则编制并披露《新旧会计准则股东权益差异调节表》,也要经过注册会计师的审计。分析注册会计师出具的审计意见,从另一角度得出了新准则在上市公司较好地实现了新旧转换和平稳有效实施的结论。

根据以上五个方面的全面深度分析,总体而言,新准则在上市公司得到了平稳有效实施。在这一过程中,上市公司广大会计人员和注册会计师发挥了应有的作用;有关监管部门积极配合,强化监管,作出了贡献。

二、企业会计准则实施的经济效果在上市公司初步显现

(一)通过企业会计准则中若干会计政策的有效实施,有助于促进企业健康可持续发展

新准则实施后,这一经济效果较为明显。比如,新准则要求企业全面审视涉及各种或有事项的合同或协议,除担保、未决诉讼等或有事项合同外,还扩展到辞退福利、亏损合同、重组义务和弃置费用等,凡符合负债确认条件的,均应及时足额地确认和计量相关成本费用和预计负债,从而较大幅度地避免了企业高估利润和超前分配。2007 年,287 家上市公司(占比为 18.28%)确认了 148.50 亿元的预计负债;9 家上市公司根据准则规定对固定资产确认了 86.80 亿元弃置费用。

又如,无形资产准则实施了符合确认条件的开发费用资本化的政策,有助于企业科技创新。2007 年,已有 137 家上市公司(占比为 8.73%)发生了资本化的开发支出。企业只有重视科研投入,加大自主创新的力度,才能真

正实现可持续发展。

再如,对子公司的长期股权投资由权益法改为成本法核算,解决了母子公司之间在原来权益法下可能会出现虚计利润和超前分配的弊端。关于固定资产和无形资产等长期资产减值损失一经确认不得转回的规定实施后,有效地解决了企业随意计提和转回资产减值准备调节利润的问题,如此等等。随着新准则若干会计政策的持续运用,将会更加有效地抑制企业短期行为,促进企业可持续发展。

(二)通过企业会计准则形成的财务报告体系,有助于促进投资者可持续投资

在企业会计准则体系的 38 项具体准则中,有 30 项确认计量准则规定了会计政策以及实施后应当向投资者披露的信息;另有 8 项报告类准则项目。准则应用指南根据上述准则,规定了规范化、国际化的财务报表格式及附注披露要求。合并财务报表涵盖了母公司和从事各类经济业务的子公司的情况,包括一般企业、商业银行、保险公司和证券公司等,规定了合并资产负债表、合并利润表、合并现金流量表和合并所有者权益变动表的统一格式。

年报分析表明,1,570 家上市公司基本按照新准则及其应用指南规定的报告格式和披露要求,报告了公司的财务状况、经营成果和现金流量,经由注册会计师进行法定审计,并出具了审计意见。新准则要求如实反映企业净资产的变动情况以及企业价值增值过程。在新准则和财务报告体系下,会计信息对投资者而言更具相关性。投资者通过全面阅读企业的财务报告,能够了解企业的过去和现在,预测企业净资产的未来增长趋势,从而做出投资决策。

在任何一个逐渐成熟的资本市场和市场经济体中,企业作为创造社会财富的市场主体,应当做到可持续发展,才能实现价值最大化和社会财富不断增长。只有企业可持续发展,投资者才能可持续投资,获得投资回报,为企业发展提供资金支持。企业和投资者是资本市场和市场经济发展的关键要素,两者相辅相成,缺一不可。

(三)通过企业会计准则的新旧转换和有效实施培养了大批会计人员和注册会计师

新准则的一个显著特征是要求会计人员具有较高的职业判断能力;要

求会计人员转变观念、更新理念,熟练掌握新准则的概念框架;要求会计人员刻苦钻研,准确把握新准则的精髓和实质。新会计准则体系发布后,为做好新会计准则在上市公司中的有效实施,财政部充分发挥中国会计学会、国家会计学院等机构的培训平台,有计划地开展有关新准则的深度培训,全面提升相关人员的会计职业判断能力。

注册会计师为维护市场经济秩序需要鉴证会计信息的质量,会计准则是注册会计师重要的执业标准,新会计准则的实施对注册会计师行业提出了新的要求。实践证明,会计准则的有效实施促进了注册会计师行业的发展,极大地提升了注册会计师队伍的整体素质。

三、上市公司执行企业会计准则存在的问题及原因分析

通过对上市公司进行实时跟踪和实地调研,以及对 2007 年年报的全面深度分析,也发现了新准则执行中的一些问题。

(一)执行不到位导致与企业会计准则规定存在偏差

1. 少数公司财务报表格式随意性较大

新准则明确规定了包括工商企业、商业银行、保险公司和证券公司在内的通用财务报表格式,上市公司应当严格按照新准则规定的财务报表格式进行披露。但少数公司没有严格遵循新准则规定的报表格式编报,而是自行对有关报表项目进行了调整,影响了上市公司报表信息的可比性。

2. 部分公司报表附注披露的信息不够充分

新准则要求对所有重大的交易或事项和重要的会计政策、会计估计进行充分披露。但部分公司披露的信息不全面、不完整、不详细,没有严格按照新准则的要求在附注中披露有关重要信息。有的没有披露交易的具体内容、过程以及相关金额的确定方法;有的没有披露资产可收回金额的确定方法;有的没有披露与金融工具有关的风险;有的没有披露公允价值的确定方法等,影响了会计信息的有用性。

3. 一些公司没有按照新准则对商誉进行减值测试

新准则要求企业合并形成的商誉,至少应当于每年年度终了进行减值测试。但年报披露的信息显示,存在商誉的 451 家公司中,有 373 家公司对商誉进行了减值测试,有 78 家没有进行减值测试或者未作相关披露,在一

定程度上影响了资产减值准则的执行效果。

(二)会计职业判断不准确导致会计信息不够公允

新准则坚持原则导向,执行中需要会计人员根据准则规定做出职业判断。在实际执行中,少数公司在职业判断方面存在一定的随意性,从而导致会计信息不够客观公允。比如:

1. 部分公司公允价值的确定存在一定的随意性

新准则规定企业应当根据不同情形分别采用同类资产活跃市场报价、类似资产活跃市场报价和估值技术等确定公允价值。同一交易事项,公允价值的计量方法应当相同。但在实际执行中,对于同一交易事项,有的按照活跃市场报价确定公允价值,有的按照交易双方协议价格确定公允价值,有的按照评估价格确定公允价值,从而影响了公允价值信息的可靠性和相关性。

2. 少数公司选择固定资产折旧方法、确定使用寿命和预计净残值等没有如实反映实际情况

新准则要求企业根据与固定资产有关的经济利益预期实现方式合理选择折旧方法,按照固定资产的性质和使用情况合理确定使用寿命和预计净残值。部分公司出于不同考虑随意选择固定资产折旧方法、确定使用寿命和预计净残值,与资产实际损耗情况不符,不利于会计信息使用者做出决策。

(三)同一交易或事项 A+H 股处理方法不同引起两地报告出现不应有的差异

部分上市公司和会计师事务所对同一交易或事项采用不同的处理方法,导致 A+H 股上市公司两地年报出现不应有的差异,如企业改制的资产评估差异、同一控制下企业合并差异以及资产折耗方法产生的差异等。

(四)极少数公司存在违背会计准则操纵利润的迹象

新准则规定企业应当以交易或事项的经济实质进行确认、计量和报告,但极少数公司存在利润操纵的迹象,会计处理结果没有反映交易或事项的经济实质。比如:

1. 违背会计准则规定转回了以前年度确认的长期资产减值损失

新准则规定固定资产、无形资产等长期资产减值损失一经确认,不允许

在以后期间转回。年报披露信息显示,1,570 家上市公司中仍有极少数公司在 2007 年度转回了已确认的长期资产减值损失,调增 2007 年度利润。

2. 通过关联方豁免上市公司债务方式达到扭亏为盈、避免停牌的目的

极少数公司通过控股股东豁免债务方式实现债务重组利得,扭亏为盈,避免摘牌。

3. 母公司向上市公司大额捐赠

个别公司 2007 年度通过接受母公司较大金额捐赠实现扭亏为盈,也有利润操纵的迹象。

(五)少数公司对企业会计准则理解有误导致会计处理存在偏差

少数公司在执行新准则过程中因对准则理解上存在错误,导致会计处理出现偏差。比如:

1. 金融资产分类有误

对上市公司具有控制、共同控制或重大影响的限售股权按照新准则规定应当作为长期股权投资处理,但是有的公司将其分类为可供出售金融资产;有的公司将本应归属于持有至到期投资的金融资产分类为贷款和应收款项。

2. 抵债资产初始计量有误

企业会计准则要求金融机构的抵债资产在初始确认时应按公允价值计量,但年报分析结果表明,有的公司在抵债资产初始确认时按相关贷款及垫款账面价值与抵债资产扣除出售成本后的净额二者孰低进行计量。

四、解决企业会计准则执行中存在问题的主要措施

(一)出台解释公告、专家工作组意见,全面修订企业会计准则讲解,并与有关方面协调完善相关配套办法

针对上市公司 2007 年年报分析过程中发现的问题,将组织力量有针对性地开展实地调查和深入研讨,在征求有关部门和专家意见的基础上,及时出台解释公告。有些问题需要以专家工作组意见的形式加以明确。根据解释公告、专家工作组意见、准则执行中的问题和年报分析的情况,全面修订企业会计准则讲解。在此过程中,积极与香港会计准则制定机构进行技术磋商,双方共同努力,分别发布相关规定,以消除 A 股和 H 股报告不应存在的差异,促使两地准则等效落到实处。

随着新的《企业所得税法》及其实施条例和相关实施办法的相继出台，新准则有关规定如何与税收法规进行协调已成为当前会计实务迫切需要解决的问题，其中会计与税收法规方面的暂时性差异形成的递延所得税费用，需要出台更为详细的衔接规定，促进有关方面完善企业所得税纳税申报表，便于企业较好地执行所得税会计准则，正确进行纳税申报。

新准则实现了从利润表观向资产负债表观的转变，其核心是要求企业财务管理应当以提高资产负债质量为目标，而不是追逐单一的短期利润。在实施过程中，由于绩效考核指标和监管条件更多地侧重利润指标（利润表观），导致一些上市公司为了短期绩效或者规避监管要求人为地操控盈余，滋生短期行为。因此，有必要推动有关方面进一步完善绩效考核体系和监管规则，为新准则有效实施营造良好的外部环境。

（二）开展企业会计准则深度培训工作，着力提高专业人员的职业判断能力

新准则的一个显著特征是赋予会计人员结合企业实际情况进行职业判断。一方面要求会计人员转变观念、更新理念，熟练掌握新准则的概念框架；另一方面要求会计人员刻苦钻研，准确把握新准则的精髓和实质。这样，会计人员才能真正提升职业判断能力，更加自觉地执行新准则的各项规定。我们将充分发挥相关会计职业团体（如中国会计学会）的培训平台，有计划地开展有关新准则的深度培训，全面提升相关人员的会计职业判断能力。

（三）进一步加大监管力度，确保企业会计准则在企业得到有效实施

新准则的有效实施需要强有力的监管。在今后的工作中，应当继续加强财政与证券监管、银行监管、保险监管、审计监督、国有资产监管等部门的协调，形成监管合力，严格监督检查新准则实施中出现的问题；继续发挥注册会计师审计在新准则实施中的鉴证作用，借助中介机构和社会监督的力量推动新准则实施到位；继续开展上市公司及相关会计师事务所约谈工作，切实解决新准则执行中存在的问题。对于违反会计准则规定的行为，根据情节进行严厉处罚，绝不手软。

（四）需要进一步研究的主要问题

1. 关于公允价值在实务中的具体运用问题

新准则规定了公允价值的确定原则,但实务情况较为复杂,特别是估值技术的应用,如何选择估值模型和相关参数假设等,新准则没有提供详细指南。目前,国际会计准则理事会也在制定公允价值计量准则,美国财务会计准则委员会已经出台了公允价值计量准则,这些研究成果均为我们提供了可资借鉴的经验。针对我国新兴加转型经济的实际,需要组织专门力量研究与公允价值相关的问题,指导企业在实务中正确地运用公允价值。

2. 关于商业银行计提贷款损失准备与贷款五级分类的关系问题

根据新准则规定,商业银行应当根据贷款未来现金流量现值低于其账面价值的差额部分计提贷款损失准备。监管部门要求按照一般准备、专项准备和特种准备计提,对于专项准备,还进一步分为正常类、关注类、次级类、可疑类和损失类五类,并分别规定了计提贷款损失准备的比例。实际执行中,有的执行准则规定,同时考虑了监管要求;有的对两者关系处理不当。有必要尽快开展对此类问题的研究,明确恰当的处理方法。

五、未来工作的基本思路

企业会计准则体系的建成、国际趋同和等效,及其在我国上市公司平稳有效实施,取得了阶段性成果。这是中国的上市公司、中介机构、监管部门、会计理论界和实务界等各方面共同努力取得的,香港和澳门会计界也给予了大力支持,欧盟、世界银行、国际会计准则理事会等特别是国际会计准则理事会为此作出了不懈的努力。各方面均为中国企业会计准则体系的建设、等效和有效实施作出了贡献。同时,我们也清醒地认识到,未来的任务更艰巨,机遇与挑战并存。实现未来的发展目标仍需境内外组织和同行的共同努力和支持。

(一)继续跟踪分析上市公司执行企业会计准则的情况

通过对 2007 年 1,570 家上市公司执行新准则情况的跟踪分析,我们积累了经验,建立了机制,取得了成效。今后,我们将进一步完善分析系统和分析工作的长效机制,持续地跟踪和监控上市公司执行新准则的情况,切实解决上市公司执行新准则过程中存在的问题,充分发挥新准则对企业发展和完善资本市场的重要作用。从现在开始,跟踪分析工作的重点将转入上市公司 2008 年执行新准则和报告分析,同时关注非上市公司新准则执行情况。

（二）在巩固上市公司平稳有效执行企业会计准则的基础上，稳步扩大企业会计准则的实施范围

在有关部门和地方的积极配合和支持下，从2008年开始，新准则的实施已经扩大范围。国务院国资委要求所有中央企业自2008年1月1日起全面执行新准则，同时要求各省积极推动本地区企业执行新准则。中国银监会也明确要求所有城市商业银行等从2008年1月1日起执行新准则。中国保监会要求所有商业保险公司2007年开始按照新准则编制财务报告，2008年1月1日起，全面执行新准则。一些省、市也要求本地区大中型企业自2008年起开始实施新准则。扩大新准则实施范围已成为各方面的自觉行动。鉴于目前情况分析，中国用3年左右的时间能够实现在所有大中型企业实施新准则的目标。小企业继续执行小企业会计制度。可以相信，新准则在中国所有大中型企业全面实施必将对中国企业的改革与发展以及资本市场的完善发挥重要作用。

（以上内容主要根据《会计研究》2008年6月的《关于我国上市公司2007年执行新会计准则情况的分析报告》一文摘录并整理）

巩固成果　努力做好
2008 年年报编制和审计工作

会计审计准则自 2007 年 1 月 1 日实施以来,在相关各方的共同努力下,较好地实现了平稳过渡和有效实施。2008 年,国内外经济环境发生了较大变化,为巩固已有成果,继续抓好会计审计准则实施和年报编审工作,促进资本市场健康运行和企业可持续发展,各地财政部门会计管理机构和监督检查机构、财政监察专员办事处、注册会计师协会等有关各方应继续协同合作,加强指导,做好如下工作。

一、各地财政部门会计管理机构和监督检查机构、财政监察专员办事处、注册会计师协会等有关各方,应当继续成立工作组,制订具体方案,将相关工作落到实处

(一)财政部门应当主动协调联合工作组各方,推动联合工作组的工作,及时了解和掌握准则执行情况及 2008 年年报编制过程中的问题,并加以研究解决;确实无法解决的重大问题,应当及时反馈。

(二)督促企业参照《企业内部控制基本规范》的要求,全面提升企业管理水平和风险防范能力,如有重大风险,应当在 2008 年年报中予以披露。

(三)年底对本地区工作进行总结,并及时上报。联合工作组各方应认真学习会计审计准则及相关规定,掌握企业会计准则解释 1 号和 2 号,熟悉《企业会计准则讲解(2008)》新旧变化的内容,为做好继续逐日盯市、上市公司 2008 年年报分析工作打好基础。各有关方面应全面了解本地区上市公司的基本情况,从上市公司披露第一份 2008 年年报开始,分析其会计审计准则执行情况,督促上市公司严格按照会计准则规定编报财务报告,真实、完整地反映企业的财务状况、经营成果和现金流量。

二、企业在按照会计准则编制 2008 年财务报告时,应当重点关注以下要求

(一)自 2008 年 1 月 1 日开始执行会计准则的城市商业银行、非上市股份制银行、外资银行、政策性银行、信托公司等银行业金融机构以及中央国有企业、地方国有企业,应当正确地理解和掌握新旧准则衔接转换规定,做好首次执行日的衔接转换及 2008 年交易事项的处理,在此基础上编制年度财务报告。

(二)会计政策和会计估计涉及企业财务状况和经营成果,应当保持会计政策的前后一致性。企业 2008 年变更会计政策的,应当提供符合会计政策变更条件的依据和说明,不得滥用会计政策。

(三)同时发行 A 股和 H 股的上市公司,对于以前期间从未涉及而于 2008 年新发生的交易事项,在 A 股和 H 股财务报告中所选择的会计政策、所做的会计估计应当保持一致;对于原已存在的差异,鼓励其在编制 2008 年年报时调整一致,如果调整确实存在困难,应逐步消除有关差异并在年报中加以说明。

(四)高危行业企业按照规定提取的安全生产费用,应当按照《企业会计准则讲解(2008)》中的具体要求处理,在所有者权益"盈余公积"项下以"专项储备"项目单独列报,不再作为负债列示。煤炭企业在固定资产折旧外计提的维简费,应当比照安全生产费用的原则处理。

(五)固定资产大修理费用等后续支出,符合资本化条件的,可以计入固定资产成本;不符合资本化条件的,应当计入当期损益。符合固定资产确认条件的周转材料,应当作为固定资产列报,不得列入流动资产。

(六)企业购买上市公司,被购买的上市公司不构成业务的,购买企业应按照权益性交易的原则进行处理,不得确认商誉或确认计入当期损益。

(七)企业对采用公允价值计量的各项目,应当严格遵守会计准则相关规定,提供明确的证据表明其公允价值确定的合理性,特别关注估值模型以及计算参数的有关情况,并在附注中作详细披露。企业应当继续谨慎采用公允价值模式计量投资性房地产,除非有明确的证据表明投资性房地产的公允价值能够可靠取得,应当采用成本模式对投资性房地产进行后续计量。

（八）企业应当正确理解会计准则中有关"控制"的规定，合理确定企业合并类型和合并财务报表的合并范围。判断企业对被投资单位是否形成控制时，应当综合考虑被投资单位的股权结构、董事会构成、日常经营管理特点等情况。当期因购买子公司或其他原因导致合并范围发生变化的，应当在附注中披露合并范围的变化情况、判断对被投资单位形成控制的依据等。企业将持股比例低于 50% 的被投资单位纳入合并范围或持股比例高于 50% 的被投资单位未纳入合并范围的，应在附注中披露判断依据。

（九）企业接受的捐赠和债务豁免，按照会计准则规定符合确认条件的，通常应当确认为当期收益。如果接受控股股东或控股股东的子公司直接或间接的捐赠，从经济实质上判断属于控股股东对企业的资本性投入，应作为权益性交易，相关利得计入所有者权益（资本公积）。

（十）企业在销售产品或提供劳务的同时授予客户奖励积分的，应当将销售取得的货款或应收货款在商品销售或劳务提供产生的收入与奖励积分之间进行分配，与奖励积分相关的部分应首先作为递延收益，待客户兑换奖励积分或失效时，结转计入当期损益。

（十一）企业应当按照会计准则规定谨慎确认资产减值和预计负债。确认资产减值应有充分确凿的证据支持，确认预计负债应当基于充分合理的估计基础。

三、各地财政监察专员办事处应将 2008 年年报编制情况作为 2009 年会计监督工作重点，采取日常监管、现场检查等有效措施，关注会计审计准则实施情况

各地财政监察专员办事处应强化和完善会计师事务所执业质量检查与企业会计信息质量检查有机结合的监督模式，充分利用注册会计师业务报备系统，创新会计监督方式和手段，坚持把监督执行会计审计准则作为重要工作。在开展 2009 年会计监督工作时，应将中央企业、上市公司和金融企业执行会计准则情况以及 2008 年年报情况作为检查重点，并系统结合对具有证券资格的会计师事务所的日常监管和重点检查来查明落实审计准则的执行情况。同时，各地财政监察专员办事处应就会计审计准则执行情况进行专项调查，及时发现和报告准则执行中的重点、难点问题。在监督检查过程中,要加强与政府其他监管机构的协作配合,牢固树立质量意识、风险意识和责任意识,严格依法行政、依法监督。

四、各地注册会计师协会应掌握本地区会计师事务所对执行会计准则企业 2008 年年报的审计情况,关注注册会计师是否恰当地执行审计准则

(一)各地注册会计师协会应当督促本地区会计师事务所在审计工作中全面体现审计准则的要求,切实贯彻风险导向审计,进一步完善审计规程和事务所质量控制制度,保证执业质量,防范执业风险,独立、客观、公正地发表审计意见。

(二)各地注册会计师协会应当督促本地区会计师事务所总结经验,在审计工作中关注重大风险领域,保持必要的职业谨慎。具体应侧重以下方面:债务重组收益确认;金融工具的分类和计价依据;重要会计估计变化;开发费用资本化;企业合并及异常股权转让行为;套期会计的使用条件和标准;关联方关系及重大关联交易;持续经营假设等。

五、各地财政部门要加强同国有资产监督管理机构、税务部门、证券监管部门的协同配合,形成监管的协同效应,共同做好执行会计准则的企业 2008 年年报编制工作

各地财政部门会计管理机构和监督检查机构、财政监察专员办事处、注册会计师协会应当将本通知精神告知本地区执行会计准则的企业和相关会计师事务所。

(以上内容主要根据本人与司内同志起草的 2008 年《财政部关于做好执行会计准则企业 2008 年年报工作的通知》(财会函〔2008〕60 号)摘录并整理)

我国上市公司 2008 年执行企业会计准则情况分析

2008 年是我国上市公司全面执行企业会计准则的第二年,为了进一步研究企业会计准则执行情况,同时了解国际金融危机对我国经济的影响,我们跟踪分析了 1,624 家上市公司公开披露的 2008 年年度财务报告,完成了本分析报告。

一、上市公司 2008 年年度财务报告分析

截至 2009 年 4 月 30 日,除 ST 本实 B(200041)外,我国沪深两市共有 1,624 家 A、B 股上市公司如期公布了 2008 年年度财务报告。通过对上市公司 2008 年年度财务报告进行综合分析,观察出我国经济运行存在以下显著特征:一是上市公司 2008 年增收不增利;二是上市公司存货、固定资产和银行贷款等资产减值损失巨大,一定程度上反映出企业产能过剩,结构不合理;三是新企业所得税法实施对上市公司业绩贡献显著;四是商业银行贷款增幅较大,上市公司资金比较充裕;五是我国虚拟经济规模较小尚未成熟,对实体经济发展的促进作用有待提升。

(一)上市公司 2008 年增收不增利

上市公司 2008 年有关财务指标汇总如表 1 所示。

分析表明,1,624 家上市公司 2008 年营业总收入同比增长 18.57%,2007 年同比增幅 24.07%,增幅下降了 5.50 个百分点。2008 年净利润同比下降了 17.34%,2007 年同比增幅 49.56%,增幅下降了 66.90 个百分点。2008 年年末净资产同比增长 8.03%,2007 年同比增幅 30.96%,增幅下降了 22.93 个百分点。1,624 家上市公司 2008 年净资产收益率 11.80%,比2007 年(16.78%)下降了 4.98 个百分点,降幅达 29.68%。

表1　上市公司 2008 年主要财务指标　　　　单位:亿元

指标	2008 年	2007 年	增减金额	增减幅度
营业总收入(1,624 家)	119,134.75	100,478.82	18,655.93	18.57%
(1)非金融类上市公司(1,597 家)	96,081.25	82,306.14	13,775.11	16.74%
(2)金融类上市公司(27 家)	23,053.50	18,172.68	4,880.82	26.86%
营业总成本(1,624 家)	110,843.15	89,663.74	21,179.41	23.62%
净利润(1,624 家)	-8,778.51	10,619.98	-1,841.47	-17.34%
(1)非金融类上市公司(1,597 家)	4,762.02	6,950.12	-2,188.10	-31.48%
其中:中石油(601,857)	1,259.46	1,543.11	-283.65	-18.38%
(2)金融类上市公司(27 家)	4,016.49	3,669.86	346.63	9.45%
股东权益(净资产)(1,624 家)	77,260.78	71,517.37	5,743.41	8.03%
(1)非金融类上市公司(1,597 家)	52,099.16	48,026.03	4,073.13	8.48%
(2)金融类上市公司(27 家)	25,161.62	23,491.34	1,670.28	7.11%

　　以上分析表明,我国上市公司 2008 年业绩出现了大幅度下滑,主要是营业总成本增幅超出了营业总收入增幅 5.05 个百分点,其中营业成本、期间费用和资产减值损失大幅度高于 2007 年,呈现出了增收不增利的显著特征。

　　(二)上市公司存货、固定资产和银行贷款等资产减值损失巨大,一定程度上反映出企业产能过剩,结构不合理

　　上市公司 2008 年资产减值相关指标汇总如表 2 所示。

　　1,624 家上市公司 2008 年年末资产总额为 487,005.21 亿元。其中,1,597 家非金融类上市公司资产总额为 114,931.44 亿元,27 家金融类上市公司资产总额为 372,073.77 亿元。资产减值损失总额为 3,963.48 亿元,占利润总额的-35.63%,同比增加了 2,384.11 亿元,增幅高达 150.95%。其中,1,597 家非金融类上市公司 2008 年末存货成本为 18,309.23 亿元,存货跌价准备累计金额为 845.19 亿元,2008 年当年的存货跌价损失为 690.00 亿元,占存货跌价准备累计金额的 81.64%;2008 年末固定资产成本为 39,727.29 亿元,固定资产减值准备累计金额为 707.56 亿元,2008 年

表 2　上市公司 2008 年主要财务指标　　　　　单位:亿元

指标	2008 年	2007 年	增减金额	增减幅度
资产总额(1,624 家)	487,005.21			
(1)非金融类上市公司(1,597 家)	114,931.44			
(2)金融类上市公司(27 家)	372,073.77			
资产减值损失总额(1,624 家)	3,963.48		2,384.11	150.95%
存货(1,624 家)				
(1)非金融类上市公司(1,597 家)	18,309.23			
存货跌价准备累计金额	845.19			
存货跌价损失	690.00			

当年的固定资产减值损失为369.38亿元,占固定资产减值准备累计金额的52.20%。其中,14家上市商业银行2008年的贷款减值损失为1,356.04亿元,占其利润总额的27.88%,同比增加了482.89亿元,增幅达55.30%,部分上市商业银行2008年贷款减值损失增幅超过了150%,个别超过了250%。14家上市商业银行贷款损失准备累计金额为4,744.54亿元,2008年当年贷款减值损失占贷款损失准备累计金额的28.58%。

以上分析表明,上市公司2008年度资产减值损失巨大,当年的资产减值损失均达到了历史新高,表现出产品销售不畅、存货积压严重,生产设备技术落后,产能过剩,结构不合理的状况,在一定程度上反映了国际金融危机对我国经济的影响。

(三)新企业所得税法实施对上市公司业绩贡献显著

1,624家上市公司2008年实现利润总额(税前利润)11,124.88亿元,同比减少了3,122.49亿元,降幅为21.92%。实际负担的所得税费用为2,346.37亿元,同比减少了1,281.02亿元,降幅达35.32%,实际负担的企业所得税税率为21.09%,比2007年的25.79%下降了4.7个百分点,企业的实际所得税负明显下降。2008年净利润降幅17.34%,低于利润总额降幅21.92%达4.58个百分点。

1,597家非金融类上市公司2008年实现利润总额(税前利润)

6,044.65 亿元,实际负担的所得税费用为 1,282.63 亿元,实际负担的企业所得税税率为 21.22%,非金融类上市公司 2008 年净利润降幅较利润总额降幅减少了 1.83 个百分点。

27 家金融类上市公司 2008 年实现利润总额(税前利润)5,080.23 亿元,实际负担的所得税费用为 1,063.75 亿元,实际负担的企业所得税税率为 20.94%;金融类上市公司净利润增幅较利润总额增幅增加了 11.45 个百分点。

以上分析表明,我国企业包括上市公司 2008 年 1 月 1 日开始执行《中华人民共和国企业所得税法》,企业所得税税率由 33% 下调为 25%,新企业所得税法改革明显减轻了上市公司负担,较大幅度提升了上市公司业绩。

(四)商业银行贷款增幅较大,上市公司资金比较充裕

1,597 家非金融类上市公司 2008 年经营活动现金流量净额为 8,630.67 亿元,筹资活动现金流量净额为 4,818.13 亿元,投资活动现金流量净额为 -12,599.39 亿元,2008 年年末总体现金流量净额为 12,518.07 亿元,表明 1,597 家非金融类上市公司滞留在银行账户的资金为 12,518.07 亿元。

1,597 家非金融类上市公司 2008 年实际从银行取得借款 38,906.90 亿元,同比增加 10,048.49 亿元,增幅高达 34.82%。相关财务费用主要是利息费用为 1,359.02 亿元,同比增加了 349.38 亿元,增幅高达 34.60%。 1,597 家非金融类上市公司 2008 年年末实际持有的货币资金为 12,518.07 亿元,比 2007 年年末净增加了 784.48 亿元,增幅为 6.69%。

14 家上市商业银行 2008 年度发放贷款及垫款净增加额为 25,921.22 亿元,同比增加 3,829.45 亿元,增幅为 17.33%。14 家上市商业银行在 2008 年年末持有发放贷款和垫款合计为 169,231.87 亿元,占 14 家上市商业银行资产总额的 48.00%,同比增加 24,391.08 亿元,增幅为 16.84%。

以上分析表明,商业银行贷款增幅较大,非金融类上市公司 2008 年年末滞留在银行账户的资金达 12,518.07 亿元,反映出上市公司资金比较充裕。

(五)我国虚拟经济规模较小尚未成熟,对实体经济发展的促进作用有待提升

虚拟经济通常是指证券、期货、期权等虚拟资本的交易活动。我国现阶

段主要是股票、债券和基金等基础金融产品,在企业会计准则和财务报告中归类为交易性金融资产和可供出售金融资产,主要依据资本市场公开交易价格即公允价值进行计量,交易性金融资产公允价值变动计入当期损益,可供出售金融资产公允价值变动计入所有者权益。

1,624 家上市公司 2008 年年末持有的交易性金融资产和可供出售金融资产合计为 39,664.01 亿元,占资产总额的 8.14%。其中,27 家金融类上市公司持有的交易性金融资产、衍生金融资产、可供出售金融资产合计为 38,862.59 亿元,占金融类上市公司资产总额的 10.44%。14 家上市商业银行 2008 年年末持有的交易性金融资产、衍生金融资产、可供出售金融资产合计为 30,110.07 亿元,占上市商业银行资产总额的 8.62%。2008 年,1,624 家上市公司交易性金融资产公允价值变动计入当期损益的金额为-501.33 亿元,可供出售金融资产公允价值变动计入股东权益的金额为-2,206.65 亿元。14 家上市商业银行 2008 年实现利息收入 15,929.06 亿元,占营业收入总额的 88.24%;实现手续费及佣金收入 1,683.17 亿元,占营业收入总额的 9.32%;营业收入主要依赖于存贷款利差收入,占比接近 90%,中间业务收入在营业收入中的占比不足 10%。

以上分析表明,相对于发达国家而言,我国金融产品交易规模较小,虚拟经济发展还不很成熟,金融创新不够,商业银行仍然主要从事传统的存贷款业务,金融服务于实体经济存在较大差距,对实体经济发展的促进作用有待提升。

二、2008 年上市公司执行企业会计准则情况

企业会计准则是 1,624 家上市公司报告其财务状况、经营成果和现金流量的唯一标准。本部分将结合上市公司 2008 年年度财务报告分析,从多角度研究上市公司 2008 年执行企业会计准则情况。分析表明,企业会计准则 2008 年在上市公司得到了持续平稳有效实施。

(一)从 2008 年年度财务报告总体分析上市公司执行企业会计准则情况

上市公司根据统一的会计准则各项规定,按照统一的报表格式、列示项目、指标计算等编制了 2008 年合并财务报表和个别财务报表,并按照会计

准则规定的披露顺序、项目和内容在附注中提供了相关可比的信息。2008 年年报数据与 2007 年的比较数据更具可比性,因为我国上市公司从 2007 年 1 月 1 日起开始执行企业会计准则,2008 年为执行企业会计准则的第二年。

根据收入等会计准则,1,624 家上市公司确定了 2008 年实现的营业总收入 119,134.75 亿元、营业总成本 110,843.15 亿元、营业利润 10,057.90 亿元、利润总额 11,124.88 亿元和净利润 8,778.51 亿元,并与 2007 年同口径相关数据比较,分析得出了 2008 年增收不增利的结论。1,624 家上市公司按照企业会计准则确定 2008 年的资产总额为 487,005.21 亿元、负债总额为 409,744.43 亿元、股东权益总额为 77,260.78 亿元。年报分析得出的 2008 年上市公司巨额资产减值损失 3,963.48 亿元,主要由存货跌价损失、固定资产减值损失和贷款减值损失构成,其中,存货跌价损失 690.00 亿元是按照存货可变现净值低于成本的差额确定,固定资产减值损失 369.38 亿元是根据固定资产可收回金额低于账面价值的差额确定,贷款减值损失 1,356.04 亿元是按照贷款预计未来现金流量现值与摊余成本的差额并结合监管要求确定。新企业所得税法实施对上市公司业绩的贡献,是公司执行所得税会计准则反映的结果,根据新企业所得税法和所得税会计准则,1,624 家上市公司确定的所得税费用为 2,346.37 亿元,其中主要为当期所得税费用,也包括部分递延所得税费用。上市公司资金比较充裕以及虚拟经济规模较小尚未成熟等情况,是上市公司执行现金流量表会计准则和金融工具确认和计量会计准则反映的事实,根据现金流量表会计准则,1,597 家非金融类上市公司 2008 年末实际持有的货币资金为 12,518.07 亿元;根据金融工具确认和计量会计准则,1,624 家上市公司 2008 年年末持有的采用公允价值计量的交易性金融资产和可供出售金融资产合计为 39,664.01 亿元。

1,624 家上市公司 2008 年年报均经过了具有证券期货资格的会计师事务所审计,审计的依据为企业会计准则和审计准则,注册会计师出具的审计意见不仅对年报数据的可靠性提供了合理保证,而且表明了企业会计准则的持续有效实施。1,624 家上市公司中,有 1,511 家公司的年报被注册会计师出具了标准审计意见,占比为 93.04%。被出具非标准审计意见的公司仅有 113 家,占比为 6.96%;其中,被出具带强调事项段的无保留意见的上市公司有 78 家,被出具保留意见的上市公司有 18 家,被出具无法表示意见的上市公司有 17 家。由国际"四大"会计师事务所(以下简称四大)审计的 111 家上市公司中,仅有 1 家公司被出具了保留意见的审计报告。

(二)从 A+H 股年报分析企业会计准则执行情况

2007 年 12 月,我国内地会计准则与香港财务报告准则实现了等效并签署了联合声明,此后两地又建立了会计准则持续等效机制。除联合声明规定允许存在的会计准则极少差异(如,按照内地会计准则部分长期减值损失不得转回)外,上市公司根据企业会计准则编制的 A 股财务报告和按照香港财务报告准则编制的 H 股财务报告应当相互一致。

1,624 家上市公司共有 57 家同时在香港发行了 H 股。根据 A+H 股上市公司公布的 2008 年年报,57 家 A+H 股上市公司 2008 年按照企业会计准则报告的净利润为 5,442.23 亿元,净资产为 42,595.51 亿元;按照香港财务报告准则报告的净利润为 5,572.49 亿元,净资产为 43,003.07 亿元。内地准则报告的净利润小于香港准则报告的净利润 130.26 亿元,净利润差异率为 2.39%;内地准则报告的净资产小于香港准则报告的净资产 407.56 亿元,净资产差异率为 0.96%。2007 年净利润差异率和净资产差异率分别为 4.69% 和 2.84%,2008 年净利润差异率和净资产差异率分别为 2.39% 和 0.96%,与 2007 年相比分别下降了 2.30% 和 1.88%。

57 家 A+H 股上市公司的两地年报显示,导致 A+H 股上市公司净利润和净资产仍存差异的原因主要是两家保险公司的保费收入、保单取得成本以及保险合同准备金差异。香港对于混合性合同分拆确认保费收入,内地没有进行分拆;内地对于保单取得成本一次性计入当期损益,香港分期计入当期损益;内地对于保险合同准备金考虑监管要求,香港按照会计准则规定计量。这三项差异合计对净利润的影响为 140.18 亿元,对净资产的影响为 675.81 亿元。如果剔除现存两家保险公司差异后,净利润差异总额由 130.26 亿元缩小到-9.92 亿元,净利润差异率由 2.39% 缩小到-0.18%;净资产差异总额由 407.56 亿元缩小到-268.25 亿元,净资产差异率由 0.96% 缩小到-0.63%。两家保险公司存在的差异属于会计准则执行问题,我们已与有关部门协商,力争在 2009 年年度财务报告中予以消除。

以上分析表明,在两地建立会计准则持续等效机制后,财政部针对两地准则实施中的问题做出了消除差异的相关规定并提出了明确要求,2008 年 57 家 A+H 股上市公司大幅度消除了原有差异,净利润和净资产的差异率由 2007 年的 4.69% 和 2.84% 降为 2008 年的 2.39% 和 0.96%。在剔除两家保险公司的执行差异后,按照两地准则编制的财务报告差异接近完全消除。这一事实进一步验证了两地会计准则等效的成果,而且从这一角度表明企业会计准则在上市公司得到了持续有效实施。

(三)从具体准则项目应用分析企业会计准则执行情况

我们对 38 项具体准则执行情况进行了逐项分析,分析结果表明,每项具体准则 2008 年在上市公司均得到了持续有效实施,但有些情况值得关注和进一步研究。限于篇幅,在此仅重点说明以下准则项目。

1. 投资性房地产准则

1,624 家上市公司有 690 家存在投资性房地产,主要包括房屋、建筑物,也有部分土地使用权。其中,自用房地产转为投资性房地产的公司有 111 家;存货转为投资性房地产的公司有 28 家;投资性房地产转为固定资产的公司有 26 家;投资性房地产转为存货的公司有 2 家。

存在投资性房地产的 690 家上市公司中,采用成本计量模式的为 670 家,采用公允价值模式的为 20 家,公允价值变动净收益为 -515.90 万元。投资性房地产公允价值确定的方法主要有评估价格(14 家公司)、第三方调查报告(1 家公司)及参考同类同条件房地产的市场价格(5 家公司)。4 家公司披露了由成本计量模式变更为公允价值计量模式。

部分投资性房地产转换和部分投资性房地产公允价值计量方法值得关注。

2. 资产减值准则

1,624 家上市公司中有 1,089 家公司存在资产减值,资产减值损失为 3,963.48 亿元,占利润总额的 -35.63%,同比增加了 2,384.11 亿元,增幅达 150.95%。其中,存货跌价损失、固定资产减值损失和贷款减值损失所占比重最大。

1,624 家上市公司中有 571 家公司存在商誉。其中,对商誉进行了减值测试的有 553 家公司;18 家公司未对商誉进行减值测试。160 家上市公司对商誉计提了减值准备,计提金额为 27.94 亿元,占 2008 年资产减值损失总额的 0.70%。

上市公司披露了长期资产公允价值的确定方法、资产预计的未来现金流量、涵盖期间和折现率等。793 家公司披露了可收回金额的确定依据,占存在资产减值的上市公司总数的 72.82%;也有一些公司没有充分披露资产减值迹象。

值得关注的是,上市公司 2008 年巨额资产减值损失也不排除某些公司过度计提资产减值准备,人为调低 2008 年利润以实现 2009 年业绩回转的可能性,这一问题需要进一步研究。

3. 股份支付准则

1,624 家上市公司中实施股份支付计划的共有 40 家,以权益结算股份支付的有 32 家,以现金结算股份支付的有 11 家。其中,3 家上市公司同时具有现金结算和权益结算两种股份支付计划。股份支付的授予对象多为公司董事、监事、高管及业务骨干。2008 年因以现金结算的股份支付确认的费用总额为 −26.68 亿元,因以权益结算的股份支付确认的费用总额为 16.15 亿元。

8 家上市公司以股票作为支付工具,24 家上市公司以股票期权作为支付工具,同时具有股票和股票期权两种权益支付工具的有 1 家;以虚拟期权作为支付工具的有 2 家,以现金股票增值权作为支付工具的有 9 家。29 家上市公司明确披露了权益工具公允价值的确定方法,7 家上市公司未予明确披露。

实施股份支付计划的 40 家上市公司中,2008 年修改股份支付计划的有 7 家;取消股份支付计划的有 1 家;结算了股份支付计划的有 10 家。26 家上市公司披露了可行权条件,其中以服务期限作为可行权条件的有 6 家;以业绩条件作为可行权条件的有 5 家;以非市场条件作为可行权条件的有 15 家。其中,修改或取消股份支付计划值得关注。

4. 债务重组准则

1,597 家非金融类上市公司中,2008 年完成债务重组的上市公司有 296 家,其中,220 家公司作为债务人获得了债务重组收益 109.30 亿元。

2008 年完成债务重组的 296 家上市公司中,与控股股东或控股股东子公司进行债务重组的有 16 家,实施破产重整的有 10 家,实施和解的有 69 家。完成债务重组的 296 家上市公司中,以资产清偿债务的有 45 家,债转股的有 5 家,修改债务条件的有 93 家;采用以上三种方式组合进行债务重组的有 6 家。另有 147 家上市公司债务重组类型披露不清。

上述与控股股东或控股股东的子公司进行的债务重组,实施破产重整与和解的情况,以及债务重组披露不清等值得关注和进一步研究。

5. 企业合并准则

1,597 家非金融类上市公司中有 433 家公司 2008 年实现企业合并。其中,同一控制下的企业合并的有 185 家,非同一控制下的企业合并的有 296 家,53 家的企业合并既有同一控制下的企业合并又有非同一控制下的企业合并,另有 5 家未披露企业合并的类型。

实现企业合并的 433 家上市公司中,采用控股合并的 411 家,采用吸收合并的 25 家,采用新设合并的 5 家,其中,既有控股合并又有吸收合并的 8 家。披露了企业合并的判断依据的有 420 家,另有 13 家未予披露。2008 年因企业合并产生的商誉合计为 242.43 亿元,计入当期损益的金额为 3.87 亿元。

企业合并中业务的判断依据以及未按规定披露企业合并的类型和相关判断依据的情况值得关注和进一步研究。

(四)从单个上市公司分析企业会计准则执行情况

年报分析工作实际上是以单个上市公司执行企业会计准则情况为基础的,先分析 1,624 家上市公司每家公司执行各项具体准则的情况,再分析每一具体准则项目在 1,624 家上市公司的执行情况,在此基础上进行 A+H 股报表差异分析和年度财务报告总体分析,同时分析每家公司注册会计师出具的审计意见。限于篇幅,在此仅列出某上市公司实际执行企业会计准则的年度财务报告实例(附后)。

该公司 2008 年财务报告由三部分构成,一是注册会计师出具的审计报告,二是该公司集团合并报表和其母公司个别报表,三是报表附注。

第一部分,注册会计师出具的审计报告

根据我国相关法律规定,上市公司财务报告必须经过法定程序许可的具有证券期货资格的会计师事务所注册会计师进行审计并出具审计报告,

审计结果由注册会计师签字盖章,并加盖会计师事务所公章。我国现有
7,200 多家会计师事务所,截至 2008 年 12 月 31 日,有资格为上市公司提供
年度财务报告审计的会计师事务所有 60 家。

某会计师事务所为该公司出具了标准审计报告,其内容如下:

一是表明对该公司的审计范围,包括:2008 年的合并资产负债表和资
产负债表、合并利润表和利润表、合并股东权益变动表和股东权益变动表、
合并现金流量表和现金流量表以及报表附注。

二是表明公司管理层对财务报表的责任,包括:(1)设计、实施和维护
与财务报表编制相关的内部控制,以使财务报表不存在由于舞弊或错误而
导致的重大错报;(2)选择和运用恰当的会计政策;(3)作出合理的会计
估计。

三是表明注册会计师的责任,包括:在实施审计工作的基础上对财务报
表发表审计意见。按照中国注册会计师审计准则的规定执行审计工作。审
计工作涉及实施审计程序,以获取有关财务报表金额和披露的审计证据。
选择的审计程序取决于注册会计师的判断,包括对由于舞弊或错误导致的
财务报表重大错报风险的评估。在进行风险评估时,考虑与财务报表编制
相关的内部控制,以设计恰当的审计程序。审计工作还包括评价管理层选
用会计政策的恰当性和作出会计估计的合理性,以及评价财务报表的总体
列报。

四是表明审计意见,包括:该公司财务报表已经按照企业会计准则的规
定编制,在所有重大方面公允反映了公司 2008 年 12 月 31 日的合并财务状
况和财务状况以及 2008 年度的合并经营成果和经营成果以及合并现金流
量和现金流量。

第二部分,该公司集团合并报表和其母公司个别报表

本部分为该集团合并资产负债表、合并利润表、合并现金流量表和合并
所有者权益变动表各项目的数据,以及母公司资产负债表、利润表、现金流
量表和所有者权益变动表各项目的数据。

上述报表的所有项目均符合《企业会计准则第 30 号——财务报表列
报》和《企业会计准则第 33 号——合并财务报表》的列报要求,报表的栏目
为 2008 年的合并数据和母公司数据,以及上年度的相关比较数据。

每张报表之下注明:此财务报表已于 2009 年×月×日获董事会批准,由公司法定代表人、公司财务负责人签名并加盖公司公章。这一做法是《中华人民共和国会计法》的法定要求。公司法定代表人签名,意味着该法定代表人对公司公布的财务报表的真实性和完整性负责。

第三部分,报表附注

该公司报表附注全面充分,资料翔实,全面披露了公司基本情况、财务报表编制基础、主要会计政策和会计估计以及合并范围等,同时对每张报表的数据都按照具体准则规定披露了大量的附表,详细说明财务报表数据的构成和增减变动情况,有助于财务报告使用者阅读和全面理解该公司当年、上年财务状况、经营成果和现金流量相关信息,预测该公司未来发展趋势,从而做出投资等相关决策。

个案分析结果表明,该上市公司 2008 年较好地执行了企业会计准则。

三、企业会计准则得到了国内外广泛认可

企业会计准则所规定的系列会计政策能够促进企业稳健经营和可持续发展,以此形成的财务报告有利于促进投资者投资和完善资本市场,同时实现了会计作为"国际通用的商业语言"的功能,为中国企业进入国际市场投融资奠定了会计基础,也可帮助外国投资者为促进中国经济发展做出贡献。有鉴于此,企业会计准则建设完成并于 2007 年 1 月 1 日起在上市公司实施后,得到了国内外的广泛认可。

(一)企业会计准则得到了国内企业认可,实施范围不断扩大

企业会计准则在上市公司的有效实施,对我国非上市企业起到了很好的示范作用,2008 年实施范围扩大到所有非上市中央国有企业、所有非上市商业银行、有关金融机构以及非上市的所有商业保险公司。2009 年 1 月 1 日起,实施范围进一步扩大,包括农村信用社和全国大部分省(区、市)的国有企业等。

截至 2009 年 5 月 31 日,除所有上市公司外,我国已有 35 个省(区、市)的大中型企业执行了企业会计准则。其中,山西、云南、深圳等省、市的大中型企业全部执行了企业会计准则;北京、江苏、浙江、安徽、江西、山东、湖北、广东、重庆、陕西、宁夏、新疆生产建设兵团、宁波等省(区、市)属国有企业

全部执行了企业会计准则;天津、河北、内蒙古、辽宁、吉林、黑龙江、上海、河南、湖北、广西、贵州、海南、四川、甘肃、青海、新疆、厦门、大连、青岛等省(区、市)的部分大中型企业执行了企业会计准则;其他地区也在为 2010 年全面实施企业会计准则做好相关准备工作。

各省(区、市)积极采取了各种有效措施,认真组织企业会计准则在本地区的实施工作。有些省(区、市)成立了企业会计准则实施联合工作组,加强财政与国资、税务、证券监管等部门的协调配合,共同推进企业会计准则的实施。云南省财政厅与云南财经大学会计学院合作组织进行企业会计准则的培训工作,2006 年—2008 年间累计举办了 60 期培训班,受训会计人员达 2 万余人。黑龙江、广东等省财政厅与国资委联合调研,研究企业会计准则平稳过渡的办法,对省属国有企业进行模拟测试,同时狠抓了人员培训、清理企业户数、清查资产、完善制度、改造财务信息系统等工作。山西省财政厅将国有企业执行企业会计准则的情况列入 2008 年《中华人民共和国会计法》执法检查的重点。河南、上海等省、市组织对 2008 年已执行企业会计准则的国有企业进行财务报告分析和实地调研。浙江省财政厅建立了企业会计准则执行中的紧急援助机制,及时帮助企业解决企业会计准则执行过程中遇到的疑难问题。新疆、广东、湖南、大连等省(区、市)建立了企业会计准则实施联系点制度,及时掌握和解决企业会计准则执行过程中的情况和问题。

根据企业会计准则实施范围不断扩大的情况,到 2010 年左右,基本可以实现我国所有大中型企业全面实施企业会计准则的目标,除小企业执行单独的简易会计制度外,将在全国大中型企业范围内统一企业会计标准,切实解决企业之间会计标准各异和财务报告信息口径不一等问题,从而全面提升我国企业的管理水平和会计信息质量,增强企业的可持续发展能力。

(二)企业会计准则得到了国际社会认可

我国企业会计准则得到了国际会计准则理事会(IASB)认可。

国际会计准则理事会非常关注中国企业会计准则的实施情况,并研究了 2007 年分析报告,2008 年 5 月派专家对我国上市公司执行企业会计准则情况进行了考察,独立召开了若干次上市公司、会计师事务所、证券公司和基金公司等分组座谈会,实地确认了企业会计准则在上市公司有效实施的事实。在此基础上,中国会计准则委员会与国际会计准则理事会建立了会计准则持续趋同的工作机制,签署了相关备忘录。中国企业会计准则的建设和实施,得到国际会计准则理事会的认可,在国际社会产生了深远影响。

四、相关政策建议

我们以上市公司公开披露的 2008 年年度财务报告为基础分析了上市公司执行企业会计准则的情况,涉及的分析对象虽然仅限于上市公司而不是全部企业,但也能够观察到我国当前经济运行中呈现的一些显著特征。针对这些特征和有关情况,提出如下政策建议。

(一)加快产业结构调整,切实解决产能过剩问题,促进我国实体经济可持续发展

2008 年年度财务报告分析表明,上市公司库存积压严重、生产设备技术落后价值减损,有效需求不旺,产品不能适销对路,根源在于产业结构不合理。

我们建议:我们要始终坚持贯彻中央"保增长、扩内需、调结构、促改革、惠民生"等系列方针政策,采取有效措施切实解决结构不合理问题,同时也要防止产生新的结构不合理。在结构调整过程中,既要发挥政府宏观调控的作用,更要充分发挥市场配置社会资源的作用。

(二)重视发展虚拟经济,通过市场配置社会资源,发挥虚拟经济对实体经济发展的促进作用

如前所述,虚拟经济在我国现阶段由基础金融产品和少量衍生金融产品构成,其意义主要在于通过资本市场金融产品交易和投资者理性投资配置社会资源,引导社会资源投向满足社会需求的领域。虚拟经济的成熟是发达国家的重要标志,虚拟经济对实体经济发展具有很强的促进作用。

本次国际金融危机源于美国,美国借助过度金融创新,引导其他国家投资者购买其金融产品,使全球资源不断流向美国。虽然美国国会通过了《2008 年紧急稳定经济法》,白宫也拿出了 8,000 多亿美元救市,并采取了一系列强化金融监管措施,但在金融危机过后,美国不会停止金融创新。我们对此应当有清醒的认识。

2008 年年度财务报告分析和 2007 年分析报告表明,虚拟经济在我国规模较小尚未成熟,对实体经济的促进作用有待提升,商业银行仍然主要从事传统的存贷款业务。我国虚拟经济不很成熟还表现为资本市场总体上没有达到理性投资的程度,机构投资者和个人投资者购买股票不关心企业基本面,也得不到合理的投资回报,主要是为赚取差价。年报分析显示,有 555 家上市公司 2008 年没有进行利润分红,占 1,597 家非金融类上市公司的 34.75%,表明我国实现资本市场理性投资任重道远。尽管按照企业会计准则提供的财务报告反映了企业基本面的情况,但真正使用财务报告进行投资决策可以说还没有成为主流。

我们建议:我国应当高度重视发展虚拟经济,不能因噎废食,在强化监管和控制风险的前提下,加快发展金融创新业务,完善我国证券市场、债券市场、期货市场、衍生品交易市场等多层次资本市场,积极培育机构投资者,同时重视调整和解决商业银行以传统存贷款业务为主体的状况。与此同时,应当正确处理虚拟经济与实体经济的关系,实体经济是经济发展的根本,只有大力提倡自主创新,提升实体企业的核心竞争力,才能真正实现我国经济的可持续发展。实体经济的快速可持续发展又离不开虚拟经济,美国经济高速发展在很大程度上得益于虚拟经济的促进作用。发展虚拟经济,引导机构投资者和社会投资者进行理性投资,通过市场机制合理配置社会资源,促进实体经济发展,企业会计准则在其中具有不可或缺的作用,已成为现代经济发展中的重要市场规则。

(三)实施适度宽松的货币政策,应当关注货币资金投向,防范信贷资金进入股市和房地产市场,助长泡沫和引发通货膨胀

2008 年年度财务报告分析表明,1,597 家非金融类上市公司 2008 年从银行取得借款 38,906.90 亿元,2008 年年末滞留在银行账户的资金达到 12,518.07 亿元,呈现出上市公司资金比较充裕的明显特征。

在上述情况下,企业为了追求短期利益,这些资金很可能流入股市和房地产市场,导致股市和房地产市场虚假繁荣,助长泡沫和引发通货膨胀,造成我国经济发展的不稳定性,增加国家宏观调控的复杂性。与此形成鲜明对照的是,四成左右的中小企业因缺乏资金而破产倒闭,中小企业贷款难的问题始终没有得到根本解决。

我们建议:在继续实施适度宽松的货币政策的同时,结合产业结构调整,适时调整信贷资金投放的对象和领域,加大对中小企业的投放,强化信贷资金监管,切实防范信贷资金进入股市和房地产市场。

五、未来工作计划安排

日趋复杂的国内外经济形势,既是挑战也是机遇,对我们的工作提出了更高的要求,需要我们在巩固已有成果的基础上,继续深化会计改革,开拓创新,为我国的经济发展做出应有贡献。

(一)继续做好企业会计准则在全国范围内的贯彻实施,并根据 G20 峰会对会计准则方面提出的目标要求,深入参与国际规则制定

国际金融危机的影响尚未见底,国企改革进入攻坚阶段,新一轮 IPO 已经启动,创业板市场开始建立,这些都表明了我国企业改革和资本市场进入了关键发展时期。尤其本次金融危机过后,根据 G20 首脑华盛顿峰会宣言,建立全球统一的高质量的国际财务报告准则已成为应对国际金融危机的重要举措之一,我国应当积极参与其中。我们应当从全局高度出发,继续做好与企业会计准则相关的工作。一是巩固企业会计准则在上市公司实施的已有成果,推动企业会计准则在非上市大中型企业全面实施;二是深入参与 IASB 有关金融工具和公允价值计量等重大改革项目;三是建立由我国发起的亚洲——大洋洲地区会计准则制定机构平台,并在其中发挥重要作用,提升我国在未来国际规则制定中的话语权和影响力;四是完成中欧审计公共监管的等效工作,为我国企业和会计师事务所进入欧洲市场创造有利条件;五是加强中美会计合作,积极推进中美会计准则等效认可。

(二)应对金融危机加快相关配套改革,完成我国企业内部控制规范体系,全面提升企业的经营管理水平和防范风险能力

企业内部控制规范体系是在总结我国企业管理实践经验、借鉴国际先进成果的基础上形成的。企业内部控制属于管理范畴,其目标之一是保障财务报告的真实完整,促进会计准则的有效实施。企业董事会应当对内部控制实施的有效性进行全面评估并形成评价报告,同时引入注册会计师审计,这是一项重要的制度安排,也是发达国家的成功经验。

建立企业内部控制规范体系并组织实施,也是我国当前应对国际金融

危机的重要举措,有助于提升企业的经营管理水平和防范风险能力。2008年 5 月 22 日,财政部联合证监会、审计署、银监会、保监会五部委正式发布了《企业内部控制基本规范》。经过一年多艰苦努力,我们完成了若干项《企业内部控制基本规范》的配套指引,不久将来可发布。经与相关部门商定,企业内部控制规范体系首先拟在上市公司实施。实施前需要做好大量的准备工作,取得经验后再扩大到非上市企业和其他单位。

(三)全面有序推进会计信息化工程,促进企业实施科学化、精细化管理

企业会计准则和内部控制规范体系的建设与实施,离不开会计信息化的支撑,会计信息化作为国家信息化发展战略的有机组成部分,也必须进行配套改革。2008 年 11 月 12 日,财政部会同有关部门发起成立会计信息化委员会,旨在全面推进我国会计信息化工作,充分发挥会计在经济社会发展中的重要作用。2009 年 4 月 12 日,财政部发布了《关于全面推进我国会计信息化工作的指导意见》,对会计信息化工作的目标、主要任务、系统构成、职责分工和有关要求等作出了明确规定。

全面推进会计信息化的重点是企业信息化。信息化是企业实施科学化精细化管理的重要手段。企业会计准则和内部控制规范体系的有效实施离不开全面信息化的支撑。在企业信息化的基础上,构建基于企业会计准则和内部控制评价报告的可扩展商业报告语言(XBRL)分类标准,形成"数出一门、资料共享"的统一会计信息平台,以更好地满足投资者、债权人、政府监管部门等有关方面的需要。

(四)印发《关于加快发展我国注册会计师行业的若干意见》,推动我国特大型会计师事务所发展

注册会计师行业是我国社会主义市场经济不可或缺的重要组成部分。改革开放以来,我国注册会计师事业已经取得了显著成就,但根据新形势发展的要求,我国注册会计师行业作为高端服务业和民族产业,出现了前所未有的发展机遇,同时也面临着严峻挑战。会计准则的有效实施促进了注册会计师行业的发展,提升注册会计师的执业水平,而注册会计师行业的发展和能力提升反过来也大大促进准则的有效实施和准则的不断完善发展。

近年来,财政部积极支持、促进我国会计师事务所实现强强联合,已取得明显成效。尤其是 2008 年以来,在稳步推进的基础上实现了跨越式发

展,出现了良好的发展势头。在此过程中,于 2008 年 5 月 7 日和 6 月 11日,财政部先后两次就关于加快发展我国注册会计师行业的意见公开征求意见,明确了加快行业发展的目标、原则、模式以及若干具体措施,在业内引起了良好的反响,有关部门表示赞同和支持,这对注册会计师行业的整合和做大做强,必将发挥重要的实质性推动作用。

(五)打造复合型高端人才队伍,全面提升我国会计人员整体水平和业务素质

我国会计人员队伍达到了一千多万人,在经济建设过程中发挥了重要作用。随着国内外新形势发展要求,特别是金融危机之后,社会对高端型复合人才的需求日趋强烈,必须要培养一大批德才兼备,熟悉和掌握会计准则、内部控制和信息化,尤其是具有现代金融知识的复合型高端会计领军人才队伍。

为满足社会对高端复合型人才的需求,财政部发布了《全国会计领军(后备)人才十年培养规划》,并经过严格的笔试和面试等选拔程序,启动了高级会计人才工程,建立和实施了科学的培养机制,分别企业类、行政事业类、注册会计师类和学术类进行培养。在现有基础上,将加大培养力度,努力实现全国会计领军人才培养目标。一方面,会计领军人才熟练掌握准则体系,这是基本功,领军人才应首先表现为准则方面的领军;另一方面,会计准则的系统性、科学性和完整性十分有利于会计领军人才业务能力和专业能力的提升。

会计领军人才是实施会计准则的领导力量,而专业技术人才则是会计准则有效实施的基础。从 20 世纪 90 年代初开始实施的会计专业技术资格考试评价制度,是会计专业技术人才战略的重要组成部分。全国统一的会计专业技术资格系统已经形成,包括:初级职称、中级职称和高级职称。在现有基础上,根据新形势发展的要求,应当逐步完善会计专业技术资格评价制度和评价标准。截至 2009 年 5 月,财政部正在与有关部门协商建立正高级会计师资格评价制度。

2009 年,财政部与有关部门在现有会计专业硕士(MPAcc)制度的基础上,将共同研究启动实务型会计专业硕士教育改革。这一改革如获成功,也将成为打造高端复合型会计人才的重要渠道,以满足社会的迫切需求。

　　会计准则体系为各类人才的培养和业务素质提高提供了丰富的内容和完整的教材,而各类人才广泛运用和全面掌握准则体系又为准则体系的完善发展提供了不竭的动力。

　　(以上内容主要根据《国际商务财会》2009 年 8 月的《我国上市公司2008 年执行企业会计准则情况分析报告》一文摘录并整理)

重视内控　确保会计准则在
上市公司和非上市企业有效实施

2009 年是上市公司执行会计准则的第三年,除上市公司外,全国已有35 个省、自治区、直辖市、计划单列市(含新疆生产建设兵团)的非上市企业执行了会计准则,实施范围从上市公司扩大到非上市企业。为促进我国各类企业更好地执行会计准则,切实做到会计指标真实可靠、口径可比,全面提升会计信息质量,充分发挥会计准则在企业可持续发展和市场经济运行中的作用,各地财政部门应在巩固 2007 年、2008 年成果的基础上,总结经验,确保做好 2009 年年报工作。

一、各地财政部门应当高度重视、加强领导、统筹协调,认真做好本地区各类企业执行会计准则和 2009 年年报工作

(一)建立联合工作机制。各省级财政部门应当会同财政监察专员办事处、其他监管部门、税务机关等,建立联合工作机制,统一协调和部署本地区执行会计准则和年报工作,制订工作方案,明确工作要求,确保相关工作落实到位。

(二)组织专家工作组。专家工作组应当吸收和聘任有关方面的专家组成,包括:会计中介机构、相关企业和院校等。专家工作组应当认真学习财政部、证监会、国资委等有关部门对上市公司和非上市企业 2009 年年报工作的相关要求,全面掌握企业会计准则及其解释第 1 号、第 2 号、第 3 号和《企业会计准则讲解(2008)》新旧变化,熟悉《企业内部控制基本规范》等相关内容;采用跟踪分析、调查研究和现场检查等方式,了解本地区上市公司和非上市企业执行会计准则情况;分析解决本地区会计准则执行和年报编制工作中的问题,促进会计准则在本地区各类企业有效实施。

（三）总结报告。各省级财政部门在做好上述相关工作的基础上，应当参照财政部会计司上市公司年度分析报告的形式，完成本地区上市公司2009年年报分析报告，同时形成非上市企业执行会计准则情况的工作总结，及时报送财政部会计司。

二、各地财政部门做好对本地区各类企业执行会计准则和2009年年报工作重点关注的问题的工作

（一）应当做好首次执行企业会计准则的新旧衔接。从2009年1月1日起开始执行会计准则的企业，应当根据《企业会计准则第38号——首次执行企业会计准则》及相关规定，编制《新旧会计准则股东权益差异调节表》，做好首次执行日的新旧衔接转换工作，并按照会计准则规定对2009年发生的交易或事项进行确认、计量和编制年报。

（二）会计政策和会计估计应当如实反映企业的交易或事项。企业应当保持会计政策和会计估计的统一性和前后一致，不得滥用会计政策或随意变更会计估计。

（三）职业判断是企业执行会计准则的关键环节。企业需要作出职业判断的交易或事项（包括：收入确认、资产减值、递延所得税、预计负债、债务重组、企业合并、公允价值计量、权益性交易等），直接影响财务状况和经营成果，应当关注判断的结果是否符合会计准则规定。

（四）公允价值计量是会计准则实施中的难点。各类企业应当根据《企业会计准则——基本准则》第四十三条的规定，对会计要素一般采用历史成本计量；采用重置成本、可变现净值、现值、公允价值计量的，应当保证所确定的会计要素金额能够取得并可靠计量。投资性房地产无法持续可靠取得公允价值的，应当采用成本模式；采用公允价值模式的，应当在附注中详细披露公允价值确定的依据和方法以及公允价值变动对损益的影响。

采用估值技术确定公允价值的（包括：企业合并、股权激励、金融工具等），应当充分考虑可观察到的市场数据和交易的实质，并在附注中充分披露所使用的假设、金融工具在汇率、利率等方面的市场风险、信用风险和相关的企业经营风险。

（五）企业合并应当关注是否构成业务。业务是指企业内部某些生产经营活动或资产、负债的组合,该组合具有投入、加工处理过程和产出能力,能够独立计算其成本费用或所产生的收入等,可以为投资者等提供股利、更低的成本或其他经济利益等形式的回报。有关资产或资产、负债的组合具备了投入和加工处理过程两个要素即可认为构成一项业务。

企业合并应当按照《企业会计准则第 20 号——企业合并》和《关于非上市公司购买上市公司股权实现间接上市会计处理的复函》(财会便〔2009〕17 号)进行处理。企业合并如产生巨额商誉,应当予以重点关注。

(六)同一交易或事项在 A 股和 H 股的财务报告中,应当采用相同的会计政策和会计估计,不得在 A 股和 H 股财务报告中采用不同的会计处理。

内地与香港会计准则已经实现趋同等效(长期资产减值转回除外),同时发行 A 股和 H 股公司的财务报告不应当存在差异。在实际执行中,内地与香港处理不一致的(如企业改制资产评估等),应当制定相应措施逐步消除,2009 年年报中仍未消除的,应当在附注中说明原因。

同时发行 A 股和 H 股的保险公司,应当按照《财政部关于印发〈保险合同相关会计处理规定〉的通知》(财会便〔2009〕15 号)的规定,消除保险混合合同和保险合同准备金等产生的差异。

(七)企业应当按照《企业会计准则第 29 号——资产负债表日后事项》的规定,正确区分资产负债表日后调整事项和非调整事项。在确定存货可变现净值时,应当以资产负债表日取得最可靠的证据估计的售价为基础并考虑持有存货的目的,资产负债表日至财务报告批准报出日之间存货售价发生波动的,如有确凿证据表明其对资产负债表日存货已经存在的情况提供了新的或进一步的证据,应当作为调整事项进行处理;否则,应当作为非调整事项。

(八)企业处置对子公司的投资,处置价款与处置投资对应的账面价值的差额,在母公司个别财务报表中应当确认为当期投资收益;处置价款与处置投资对应的享有该子公司净资产份额的差额,在合并财务报表中应当确认为当期投资收益,如果处置对子公司的投资未丧失控制权的,应当按照《关于不丧失控制权情况下处置部分对子公司投资会计处理的复函》(财会便〔2009〕14 号)的规定,将此项差额计入资本公积(资本溢价),资本溢价不足冲减的,应当调整留存收益。

(九)企业发生的辞退福利应当按照《企业会计准则第 9 号——职工薪酬》相关规定处理。辞退工作在 1 年内完成但付款时间超过 1 年的,应当选择同期限国债利率作为折现率,以折现后的金额计入当期损益和应付职工薪酬(辞退福利);不存在与辞退福利支付期相匹配国债利率的,应当以短于辞退福利支付期限的国债利率为基础,并根据国债收益率曲线采用外推法估计超出期限部分的利率,合理确定折现率。

(十)企业应当按照企业会计准则及其解释第 3 号的规定,编制 2009年利润表。所有者权益变动表中删除"三、本年增减变动金额(减少以"-"号填列)"项下的"(二)直接计入所有者权益的利得和损失"项目及所有明细项目;增加"(二)其他综合收益"项目,反映企业当期发生的其他综合收益的增减变动情况。其他综合收益各项目,应当在附注中按以下格式和内容披露:

项目	本期发生额	上期发生额
1. 可供出售金融资产产生的利得(损失)金额		
减:可供出售金融资产产生的所得税影响		
前期计入其他综合收益当期转入损益的净额		
小计		
2. 按照权益法核算的在被投资单位其他综合收益中所享有的份额		
减:按照权益法核算的在被投资单位其他综合收益中所享有的份额产生的所得税影响		
前期计入其他综合收益当期转入损益的净额		
小计		
3. 现金流量套期工具产生的利得(或损失)金额		
减:现金流量套期工具产生的所得税影响		
前期计入其他综合收益当期转入损益的净额		
转为被套期项目初始确认金额的调整额		
小计		
4. 外币财务报表折算差额		

续表

项目	本期发生额	上期发生额
减:处置境外经营当期转入损益的净额		
小计		
5. 其他		
减:由其他计入其他综合收益产生的所得税影响		
前期其他计入其他综合收益当期转入损益的净额		
小计		
合计		

（十一）企业对于上述交易或事项的处理与本通知要求不一致的,应当按照《企业会计准则第 28 号——会计政策、会计估计变更和差错更正》处理。

三、各地财政部门等有关方面应当关注和重视本地区各类企业的内部控制建设与实施工作

（一）财政部、证监会、审计署、银监会和保监会等五部委联合发布的《企业内部控制基本规范》(下称《基本规范》),规定了内部控制目标、原则和要素等内容,要求董事会或类似机构对企业建立健全和有效实施内部控制负责。基本规范将财务报告及相关信息的真实完整作为企业内部控制的目标之一。贯彻落实《基本规范》的各项要求,有助于全面提升企业财务报告的质量、企业经营管理水平和风险防范能力。

（二）上市公司和非上市企业应当按照《基本规范》的要求,梳理业务流程,完善管理制度,开展内部控制评价。有条件的企业,可以聘请证券资格会计师事务所,在做好年报审计工作的同时,开展内部控制审计工作并出具审计意见。会计师事务所不得同时为同一公司提供内部控制审计和内部控制咨询服务。

（三）企业在生产经营过程中如有重大风险,应当在附注中单独披露。

四、会计师事务所及注册会计师应当认真做好各类企业 2009 年年报审计工作

（一）认真学习和领会本通知和会计准则相关规定，切实贯彻风险导向审计理念，密切关注国际金融危机和我国当前经济形势可能对企业造成的影响，谨慎确定重大会计风险领域。严格按照执业准则的规定，实施重要财务报表认定层次的实质性审计，充分履行函证、监盘、减值测试、分析性复核等程序，获取足够的审计证据，保证执业质量，防范执业风险，独立、客观、公正地对年报整体发表审计意见。

（二）涉及整合的会计师事务所，应当保证年报审计的顺利过渡和有序承接，不得由于整合而影响年报审计工作质量。会计师事务所要做好资源的优化配置，在执业标准、人事、财务、业务和信息技术等方面实施一体化管理，稳步提高执业水平。

（三）会计师事务所应当按照财政会计行业管理系统的业务报备要求，指定专门人员做好 2009 年年报审计业务报备工作。

五、各地财政监察专员办事处和财政部门应当加强对各类企业 2009 年年报的监督检查

（一）各地财政监察专员办事处和各省级财政部门要强化和完善会计师事务所执业质量检查与企业会计信息质量检查有机结合的监督模式，充分利用财政会计行业管理系统，创新会计监督方式和手段，坚持把监督执行会计准则作为重要工作。在开展 2010 年会计监督工作时，应将各类企业执行会计准则作为监督检查的重点。

（二）各地财政监察专员办事处应当根据《财政部关于进一步做好证券资格会计师事务所行政监督工作的通知》（财监〔2009〕6 号）的要求，结合对证券资格会计师事务所的监管，重点关注中央企业、上市公司和金融企业执行会计准则情况，进一步强化证券资格会计师事务所 2009 年年报审计的监督检查力度。

（三）各地财政部门应当将地方大中型企业执行会计准则情况作为 2010 年会计信息质量检查的重点，确保会计准则在地方大中型企业得到有效实施。

（四）各地财政监察专员办事处和财政部门应当高度重视，精心组织，加大监督检查力度，严厉查处具有典型性的案件。

（以上内容主要根据本人与司内同志起草的 2009 年《财政部关于执行会计准则的上市公司和非上市企业做好 2009 年年报工作的通知》（财会〔2009〕16 号）摘录并整理）

我国上市公司 2009 年执行企业会计准则情况分析

截至 2010 年 4 月 30 日,沪深两市共计 1,774 家上市公司如期披露了 2009 年年报,其中沪市 873 家,深市主板 485 家,中小板 358 家,创业板 58 家。1,774 家上市公司中,非金融类上市公司 1,744 家,金融类上市公司 30 家。1,774 家上市公司资产总额合计为 618,970.73 亿元,较 2008 年同比(下同)增长 24.32%;净资产合计为 93,544.82 亿元,同比增长 16.60%。实现利润总额合计为 14,466.39 亿元,同比增加 3,135.18 亿元,增长 27.67%;净利润合计为 11,322.25 亿元,同比增加 2,381.55 亿元,增长 26.64%。可见,2009 年上市公司业绩与整体经济运行状况是协调的,体现了我国应对国际金融危机走出低谷和经济企稳回升向好的态势,宏观经济政策发挥了重要作用。同时,企业会计准则在我国上市公司有效实施已有三年历史,会计准则实施的经济效果已经凸显。自上市公司披露了 2009 年首份年报起,我们从会计准则实施的经济效果角度,跟踪并深度分析了上市公司 2009 年年报,形成了本分析报告。

一、通过连续三年的跟踪调查和分析可得出初步结论,企业会计准则规定的系列会计政策,有效地促进了上市公司的可持续发展

上市公司是我国经济社会发展中的重要主体。贯彻落实科学发展观,提升企业发展质量,实现可持续健康发展,是我国一贯坚持的指导方针。企业会计准则的建设实施与趋同等效,始终贯彻了这一重要原则。

(一)企业会计准则规定的相关会计政策,有效地限制了企业的短期行为

资产减值会计准则规定了减值政策,要求企业的各项资产包括流动资

产、固定资产、无形资产等,均应如实反映其真实价值,防止资产价值泡沫导致利润虚增;同时规定,长期资产计提的减值损失不得转回。2006年上市公司计提的资产减值损失为442.70亿元,2007年会计准则实施后,三年计提的资产减值损失分别为1,432.64亿元、3,963.48亿元和1,689.67亿元,三年平均计提的资产减值损失为2,361.93亿元,与会计准则实施前2006年计提的资产减值损失442.70亿元相比,增长了4.34倍,大幅度地挤掉了上市公司各项资产中的水分,为企业发展增强了后劲。沪深两市上市公司三年中基本杜绝了长期资产减值损失转回的情况,有效地扼制了一些企业利用资产减值损失转回操纵利润的行为。

或有事项会计准则规定,企业对于未决诉讼、债务担保、产品质量保证、亏损合同、重组义务等存在的风险,应当根据损失发生的可能性,预计相关损失并冲减当期利润,这在很大程度上避免了企业超前分配利润问题。2009年,1,774家上市公司中有976家公司存在或有事项,确认的预计损失为504.59亿元,三年平均确认的预计损失为180.93亿元,比2006年确认的预计损失69.12亿元增加了111.81亿元,增长了1.62倍。

长期股权投资会计准则将母公司对子公司的投资核算方法统一改为成本法,避免了母公司在没有现金流入的情况下分配利润而导致现金流出,从而有效地防范了企业资金链断裂的风险。分析表明,2006年母公司从子公司取得的投资收益为2,113.98亿元,会计准则改为成本法核算后,三年间母公司从子公司取得的投资收益分别为694.32亿元、1,155.79亿元和1,332.28亿元,投资收益的平均值为1,060.80亿元,比2006年减少了1,053.18亿元,下降了近50%。虽然,投资收益大幅度下降可能有较多因素所致,权益法改为成本法是其中的重要因素,但可以确定的是,会计准则实施后的投资收益是具有实际现金流入的,从而增强了企业的发展后劲。

(二)企业会计准则规定的相关会计政策,从根本上改变了产品成本中人工成本的构成,有效地发挥了人力资源在企业发展中的重要作用

会计准则实施前,企业产品成本构成中的人工成本仅限于工资和福利费,其他属于人工成本的内容没有包括其中。根据职工薪酬会计准则和股份支付会计准则规定,企业产品成本中的人工成本不仅包括工资和福利费,重要的是将凡属于对职工的支付全部计入人工成本,包括劳动报酬、社会保

险、货币性福利与非货币性福利、教育、劳动保护、住房和其他人工费用等。

我国产品成本历来由料、工、费构成,其中原材料成本所占比重最大,一般在70%左右。会计准则实施后,绝大多数企业尤其是科技含量较高、专业技术人员较多的企业,产品成本构成中人工成本翻了一番居于首位,成为产品成本的主要组成部分。2009年沪深两市上市公司实施股份支付计划的已有50家,主要集中在制造业、信息技术业、电子业和医药业等行业,2009年因股票期权公允价值计量确认的费用为8.91亿元。

上述会计政策的应用,贯彻了以人为本的原则和理念,突出了人力资源在企业发展中的重要作用,有助于调动全体员工的积极性和创造性,激发人力资源的潜能,不仅如此,调整后的产品成本构成与发达国家的产品成本构成实现了趋同,为我国企业在国际贸易中防止反倾销调查奠定了产品成本基础。

(三)企业会计准则规定的相关会计政策,促进了石油天然气等资源型企业足额预计弃置费用,为企业履行环境保护和生态恢复义务做出了制度安排

弃置费用通常是指根据国家法律和行政法规、国际公约等规定,企业承担的环境保护和生态恢复等义务所确定的支出,如油气资产、核电设施等的弃置和恢复环境义务。油井、核电设施等弃置支出巨大,有时甚至相当于开采或建设支出。会计准则实施前,石油天然气等资源型企业在生产经营期间不预计弃置费用,而是在实际发生时据实列支,导致此类企业在油井、核电设施弃置前实现巨额利润,在实际弃置时缺乏资金支持,其结果是提前消耗了本属于子孙后代的资源。会计准则实施后,2007年9家上市公司计提弃置费用86.60亿元,2008年12家上市公司计提弃置费用138.56亿元,2009年18家上市公司计提弃置费用115.79亿元,三年合计计提弃置费用340.95亿元。这一制度安排有效地解决了此类企业提前耗费子孙后代资源的问题,为企业履行环境保护和生态恢复义务提供了制度保障。

(四)企业会计准则规定的相关会计政策,支持了企业加大研发投入和自主创新

会计准则实施前,企业的研发支出全部冲减当期利润,企业通常难以承受,直接影响了企业研发投入和自主创新的积极性。无形资产会计准则规

定,企业开发阶段支出符合条件的应当资本化,作为企业的无形资产。企业无形资产的不断增加,体现了企业发展方式的转变,有助于提升企业的发展质量。会计准则实施三年来,上市公司自主开发支出资本化的金额分别为27.21亿元、75.32亿元和104.17亿元,呈现出了逐年增长的趋势,三年平均开发支出达到了68.90亿元,平均增长了153.22%,反映出开发支出资本化政策的积极效果。

(五)企业会计准则坚持以历史成本为基础,谨慎引入公允价值,有效地避免了公允价值计量对我国企业和资本市场的不利影响

企业会计准则引入了公允价值,但是,考虑到我国新兴市场和转型经济的实际情况,坚持了以历史成本为基础,对公允价值的使用规定了严格的限制条件。在我国,企业采用公允价值计量主要集中在股票、债券、基金、投资性房地产和企业并购重组等方面。会计准则实施三年来,上市公司将持有的股票、债券、基金大部分划分为可供出售金融资产或持有至到期投资,划分为交易性金融资产所占比重很小。2007年可供出售金融资产和持有至到期投资的金额分别为32,083.29亿元和41,008.02亿元,占比为94%,交易性金融资产仅有4,894.29亿元,占比为6%。2008年可供出售金融资产和持有至到期投资的金额分别为34,583.74亿元和39,982.11亿元,占比为94%,交易性金融资产仅有5,080.27亿元,占比为6%。2009年可供出售金融资产和持有至到期投资的金额分别为41,641.18亿元和40,564.09亿元,占比为97%,交易性金融资产仅有2,407.96亿元,占比为3%。可供出售金融资产采用公允价值计量,但公允价值的变动计入所有者权益,直到处置时才计入当期损益,从而避免了公允价值波动对企业当期损益的不利影响。三年间,存在投资性房地产的上市公司分别为630家、690家和772家,绝大部分采用成本模式计量,采用公允价值模式计量的极少,三年分别为18家、20家和25家。在非同一控制下的企业合并中,会计准则谨慎地确定合并中的公允价值,有效地扼制了企业确认巨额商誉的行为,避免了非同一控制下的企业合并产生巨额商誉给企业持续经营和发展带来的不利影响。

(六)企业会计准则规定的相关会计政策,为我国金融创新和发展虚拟经济做好了制度准备

金融是现代经济的核心。积极开展金融创新和发展虚拟经济,通过市

场手段合理配置社会资源,发挥虚拟经济对实体经济的促进作用是现代经济社会发展的必然要求。会计准则着力于金融创新和发展虚拟经济,全面系统地规定了金融资产和金融负债、金融资产转移、套期保值、原保险合同、再保险合同、企业年金基金、租赁等各项会计政策。其中,金融资产转移会计准则为我国有序开展资产证券化提供了政策支持;套期保值会计准则为企业合理规避外汇风险、利率风险、商品价格风险、股票价格风险、信用风险等提供了政策支持;保险合同会计准则为促进保险行业的结构调整提供了政策支持;企业年金基金会计准则为发展我国基金业提供了政策支持。会计准则从会计政策方面为我国金融创新和发展虚拟经济做好了制度准备。

二、从三年来准则执行的过程和结果看,企业会计准则统一了财务报告的格式和披露要求,提升了企业会计信息质量,有效地促进了我国资本市场的完善和发展

财务报告是综合反映企业业绩、评估企业价值和预测企业未来的报告文件,有助于财务报告使用者做出相关决策。投资者通过财务报告可以做出投资决策,债权人通过财务报告可以做出信贷决策,企业管理者通过财务报告可以做出管理和企业发展决策,政府部门通过财务报告可以做出宏观经济决策。会计准则全面提升了企业会计信息质量,为完善和发展我国资本市场发挥了重要作用。

(一)企业会计准则统一规范了财务报告体系

在 1 项基本准则、38 项具体准则及其应用指南构成的企业会计准则体系中,每一项确认计量准则都规定了应向财务报告使用者披露的会计信息,同时建立了财务报告列报、现金流量表、中期财务报告、合并财务报表、每股收益、分部报告、关联方披露和金融工具列报等报告类准则。会计准则规定的财务报告体系主要由两大部分构成,一是财务报表格式,包括资产负债表、利润表、现金流量表、所有者权益变动表和合并资产负债表、合并利润表、合并现金流量表、合并所有者权益变动表;二是附注,附注是财务报表的重要组成部分,是对在资产负债表、利润表、现金流量表和所有者权益变动表等报表中列示项目的文字描述或明细资料,以及未能在这些报表中列示项目的说明等,主要包括企业的基本情况、财务报表的编制基础、遵循企业会计准则的声明、重要会计政策和会计估计、会计政策和会计估计变更以及差错更正的说明、报表重要项目的说明、或有事项、资产负债表日后事项和关联方关系及其交易等。存在子公司的母公司应当同时编制合并财务报表和个别财务报表。从而形成纵横交错、结构严谨、格式统一、内涵一致、信息可比的财务报告体系。会计准则实施三年来，所有上市公司都按照会计准则统一规定的财务报告格式和要求向报告使用者公开披露了财务报告。2007 年 1,570 家上市公司、2008 年 1,624 家上市公司和 2009 年 1,774 家上市公司的汇总合并资产负债表、合并利润表、合并现金流量表、合并所有者权益变动表的简表分别见表 1、表 2、表 3 和表 4。除此之外，上市公司基本上能够较好地按照企业会计准则的规定在财务报表附注中披露了相关信息。比如，绝大多数上市公司都按照固定资产会计准则的规定在财务报表附注中披露了固定资产期初余额、期末余额、固定资产构成、固定资产减值准备、累计折旧、处置情况、是否存在固定资产折旧计提方法和折旧年限的会计估计变更等相关信息。财务报表中其他重要项目也都以附表形式在附注中作了充分披露。

（二）财务报告中的数据均以企业会计准则执行为基础，并依照会计法规定由单位负责人签字盖章，对财务报告的真实性和完整性负责

会计准则实施三年来，从 2007 年 1,570 家上市公司、2008 年 1,624 家上市公司到 2009 年 1,774 家上市公司，每一家上市公司的财务报告都是以企业会计准则的执行为基础编报的。从 2007 年 1 月 1 日新旧会计准则实现平稳过渡后，上市公司按照企业会计准则的规定统一了各项确认计量的会计政策。这些会计政策具体落实到企业会计凭证的填制、会计账簿的登记和报表的编制整个账务处理系统的全过程。最终形成的财务报告经过了单位负责人签字盖章，依法要求单位负责人对财务报告的真实性和完整性负责，财务报告正式报出之前，依法经过了注册会计师的审计鉴证。由此可见，按照以上程序形成的财务报告所反映的企业业绩和价值是真实的、可信的、全面的，从内涵上提升了企业会计信息质量。同时也表明，我国执行企业会计准则不是仅限于报表层面，而是贯穿于企业交易和事项会计处理的各个环节。这是我国会计准则实施区别于其他一些国家的重要标志，也是提升企业会计信息质量的根本所在。

（三）上市公司会计政策的应用和财务报告的编制大多通过软件系统得以实现,从手段上提升了会计准则实施的质量和效率

上市公司执行企业会计准则统一规定的各项会计政策和财务报告体系,大多是通过 ERP 等软件系统来实现的,具体固化为各种账务处理模块和子系统,其中包括诸如生产成本的归集与分配、资产减值的核算、摊余成本的计算、实际利率的应用、未来现金流量的折现、企业并购重组的完成、合并财务报表的编制等等,从而将企业发生的全部交易和事项严格按照会计会计准则的规定转化为 ERP 等软件系统中的会计信息,最终自动生成了格式规范、内容完整、数据准确的财务报告,提高了上市公司会计准则实施的质量和效率。

需要进一步说明的是,通过软件系统实现的会计准则的有效实施以及财务报告的指标体系,无论从形式上还是内涵上都具有可比性的特征,从而实现了不同企业之间、金融企业与非金融企业之间、同一企业不同会计期间之间会计信息的相互可比,这也是提升企业会计信息质量的重要体现。

总之,对于在企业会计准则基础上形成的财务报告,财务报告使用者只要认真、全面、深度进行了阅读,就可以综合了解企业的偿债能力、营运能力、盈利能力、发展能力和企业成长性等情况,基本上可以做到理性投资、科学决策和强化管理,有效地促进了资本市场的完善和发展。

表1　汇总合并资产负债表(简表)　　　　　　单位:亿元

项目	2007 年末	2008 年末	2009 年末
拆出资金	7,934.81	8,159.99	5,033.39
交易性金融资产	4,894.29	5,080.27	2,407.96
应收保费	130.53	132.57	141.30
买入返售金融资产	11,527.36	14,485.48	22,526.26
存货	14237.85	17,464.04	22,699.21
流动资产合计	111,450.73	166,119.42	174,416.01
发放贷款及垫款	144,078.08	169,231.87	186,408.74
可供出售金融资产	32,083.29	34,583.74	41,641.18

续表

项目	2007 年末	2008 年末	2009 年末
持有至到期投资	41,008.02	39,982.11	40,564.09
长期股权投资	4,051.32	5,056.07	6,115.65
投资性房地产	835.02	1,180.29	1,611.29
固定资产	36,191.48	42,374.15	50,211.35
无形资产	3,326.10	5,124.05	6,790.51
商誉	326.28	690.28	811.38
非流动资产合计	305,091.44	320,885.79	444,554.72
资产总计	416,542.17	487,005.21	618,970.73
吸收存款及同业存放	255,447.28	306,439.54	393,509.45
交易性金融负债	1,198.71	1,099.90	631.25
应付职工薪酬	1,803.03	1,933.66	2,289.66
流动负债合计	326,673.30	370,062.81	487,628.69
应付债券	4,545.85	5,215.01	9,073.59
非流动负债合计	21,479.16	39,681.62	37,797.22
负债合计	348,152.46	409,744.43	525,425.91
股本	22,571.09	24,261.81	26,302.98
资本公积	22,401.61	22,530.49	27,010.05
盈余公积	5,475.50	6,916.32	8,068.27
一般风险准备	1,573.76	2,330.11	1,048.93
未分配利润	12,129.60	15,517.98	20,746.70
归属于母公司所有者权益合计	63,966.70	71,164.62	83,165.85
少数股东权益	4,423.01	6,096.16	10,378.97
所有者权益合计	68,389.71	77,260.78	93,544.82
负债和所有者权益总计	416,542.17	487,005.21	618,970.73

表2　汇总合并利润表（简表）　　　　单位:亿元

项目	2007 年	2008 年	2009 年
营业总收入	94, 286. 53	119, 134. 75	126, 051. 36
其中:营业收入	78, 511. 99	96, 307. 20	104, 885. 52
利息收入	12, 657. 86	15, 938. 60	14, 961. 71
营业总成本	84, 126. 02	110, 843. 15	114, 439. 75
其中:营业成本	62, 636. 07	78, 783. 56	86, 639. 93
利息支出	4, 823. 09	6, 556. 75	5, 933. 16
营业税金及附加	2, 304. 67	3, 473. 70	4, 639. 76
销售费用	2, 975. 63	3, 328. 72	1, 243. 59
管理费用	7, 520. 91	8, 473. 97	9, 257. 33
财务费用	938. 67	1, 359. 02	1, 247. 88
资产减值损失	1, 432. 64	3, 963. 48	1, 689. 67
公允价值变动收益(损失以"-"号填列)	117. 23	−501. 33	87. 16
投资收益(损失以"-"号填列)	2950. 50	2, 480. 88	2, 269. 12
营业利润(亏损以"-"号填列)	13, 148. 16	10, 057. 90	13, 977. 92
加:营业外收入	739. 14	1, 483. 27	840. 83
减:营业外支出	253. 28	416. 29	352. 36
利润总额(亏损总额以"-"号填列)	13, 634. 02	11, 124. 88	14, 466. 39
减:所得税费用	3516. 38	2, 346. 37	3, 144. 14
净利润(净亏损以"-"号填列)	10, 117. 64	8, 778. 51	11, 322. 25
归属于母公司所有者的净利润	9, 559. 85	8, 208. 29	10, 314. 36
少数股东损益	557. 79	570. 22	1, 007. 89

表3　汇总合并现金流量表（简表）　　　　单位:亿元

项目	2007 年	2008 年	2009 年
销售商品、提供劳务收到的现金	85, 779. 71	103, 506. 23	110, 239. 81
客户存款和同业存放款项净增加额	31, 249. 65	48, 796. 94	55, 973. 51
收取利息、手续费及佣金的现金	12, 689. 89	15, 708. 10	16, 290. 42
收到的税费返还	400. 82	597. 16	460. 09

续表

项目	2007 年	2008 年	2009 年
经营活动现金流入小计	152,779.58	182,275.94	229,822.15
购买商品、接受劳务支付的现金	63,721.76	79,661.52	79,732.01
客户贷款及垫款净增加额	21,952.92	25,921.22	59,793.68
支付给职工以及为职工支付的现金	6,115.35	7,552.02	8,543.24
支付的各项税费	7,744.58	7,236.39	11,480.77
经营活动现金流出小计	134,233.06	156,064.64	201,937.78
经营活动产生的现金流量净额	18,546.52	26,211.30	27,884.37
收回投资收到的现金	78,854.14	124,400.45	93,488.42
取得投资收益收到的现金	1,968.63	2,122.19	1,820.71
处置固定资产、无形资产和其他长期资产收回的现金净额	432.88	437.56	445.99
投资活动现金流入小计	81,798.47	127,997.87	96,980.40
购建固定资产、无形资产和其他长期资产支付的现金	10,455.88	52,029.22	12,676.27
投资支付的现金	89,285.94	90,515.82	113,583.96
投资活动现金流出小计	101,000.99	144,341.34	128,224.39
投资活动产生的现金流量净额	−19,202.52	−16,343.47	−31,243.99
吸收投资收到的现金	6,539.31	3,010.04	12,495.72
取得借款收到的现金	28,578.29	38,945.68	32,827.25
发行债券收到的现金	1,180.49	1,603.93	3,660.82
筹资活动现金流入小计	39,566.22	45,479.46	52,139.36
偿还债务支付的现金	18,234.49	34,444.66	38,902.19
分配股利、利润或偿付利息支付的现金	4,643.34	5,920.78	6,251.08
筹资活动现金流出小计	32,127.16	41,404.99	46,288.44
筹资活动产生的现金流量净额	7,439.06	4,074.47	5,850.92
现金及现金等价物净增加额	6,405.49	11,828.05	2,598.98
期初现金及现金等价物余额	25,568.76	32,374.16	45,997.95
期末现金及现金等价物余额	31,974.25	44,202.21	48,596.93

表4　汇总合并所有者权益变动表（简表）　　　　单位：亿元

项　　目	归属于母公司所有者权益			所有者权益合计		
	2007 年	2008 年	2009 年	2007 年	2008 年	2009 年
一、上年年末余额	47,994.93	48,921.31	64,897.58	51,479.63	52,480.26	70,992.68
加：会计政策变更	1,354.79	452.39	-201.95	2,230.21	679.29	-207.50
二、本年年初余额	49,809.80	49,855.06	73,315.35	54,182.38	54,330.55	80,239.08
三、本年增减变动金额（减少以"-"号填列）	15,983.61	16,389.13	9,382.86	16,783.82	17,183.78	9,985.45
净利润	9,749.91	10,127.76	6,688.50	10,471.65	10,856.21	7,202.25
所有者投入和减少资本	7,471.77	7,410.00	4,317.41	7,859.24	7,827.90	4,775.65
利润分配	-2,937.31	-2,489.23	-2,118.48	-3,259.67	-2,780.74	-2,356.50
所有者权益内部结转	-423.53	-5,017.54	-15.05	-441.53	-5,732.90	-25.80
四、本年年末余额	65,793.41	66,244.19	82,698.01	70,966.20	71,514.33	90,224.53

　　三、企业会计准则在过去三年内中得到了有效实施，不仅经受了上市公司的实践检验，也通过了世界银行、欧盟等国际方面的评估验证，在会计上为促进我国企业"走出去"创造了条件

　　（一）企业会计准则的有效实施和等效认可最初始于我国香港

　　2007 年 1 月 1 日新旧会计准则实现平稳过渡后，我们即与香港启动了两地会计准则等效的工作，因为香港属于直接采用国际准则的地区。经过双方近一年的共同努力，2007 年 12 月 6 日，中国会计准则委员会与香港会计师公会签署了《内地准则与香港准则等效的联合声明》，随即两地又联合国际会计准则理事会建立了三方会计准则持续等效工作机制，不断巩固会计准则国际趋同等效成果。从 2007 年年报分析看，同时发行 A 股和 H 股的上市公司执行企业会计准则后在内地与香港披露的年报差异基本消除，2007 年 A+H 股上市公司按照两地会计准则报告的净利润、净资产差异率分别为 4.69% 和 2.84%。从 2008 年年报分析看，同时发行 A 股和 H 股的上市公司在内地与香港披露的年报差异接近于完全消除，2008 年 A+H 股上市公司按照两地会计准则报告的净利润、净资产差异率分别仅为 2.39% 和 0.96%，并且差异主要是保险公司的保费收入、保单取得成本和保险合同准备金差异。为此,财政部于 2009 年 12 月 22 日印发了《保险合同相关会计处理规定》(财会[2009]15 号),对这三个问题进行了规范,取得了良好效果。2009 年 1,774 家上市公司中共有 61 家 A+H 股上市公司。2009 年年报分析表明,A+H 股上市公司按照两地会计准则报告的净利润、净资产差异完全消除。内地准则与香港准则的等效,大幅度地降低了内地企业赴香港上市的财务报告编报成本和融资成本,有效地促进了内地企业赴港上市融资和两地资本市场的共同发展。

(二)中国企业会计准则得到了欧盟的等效认可

早在 2005 年 2 月,中欧会计准则等效就列入了中欧财金对话议题,并于当年 11 月中国财政部与欧盟委员会签署了《会计准则国际趋同及双边合作联合声明》,在之后的 2006 年第二次中欧财金对话和 2007 年第三次中欧财金对话中都取得了实质性进展。在此期间,财政部会计司与欧盟内部市场和服务总司举行了若干次深入的高层次技术讨论和协商。欧盟委员会多次独立组织赴中国实地调研,考察企业会计准则在我国上市公司的执行情况,并研究了财政部会计司发布的《我国上市公司 2007 年执行新会计准则情况分析报告》,认为中国企业会计准则执行情况良好。2008 年 4 月 22 日,欧盟委员会就欧盟第三国会计准则等效问题发布正式报告,在 2011 年年底前,欧盟委员会允许中国证券发行者在进入欧洲市场时使用中国会计准则,不需要根据欧盟境内市场采用的国际财务报告准则调整财务报表。中国企业进入欧盟市场可以直接采用中国会计准则编制财务报告,有力地推动了我国企业贯彻落实中央"走出去"战略。我国沿海地区一些企业进入欧盟市场的实践表明,已经从我国企业会计准则得到欧盟等效认可中直接受益。

(三)世界银行对中国企业会计准则的有效实施给予了充分肯定

截至 2010 年 5 月,世界银行已对全球 100 多个国家进行了会计和审计评估,世界银行会计和审计评估的最终目的是为各国的会计和审计工作提出政策建议,以提高各国财务报告的质量、构建完善的财务报告体系;增强各国财务报告的透明度,维护市场秩序,增强金融部门稳定性;为发展资本市场、创造良好的投资环境、更有效地配置资源提供帮助,从而促进全球经济发展。世界银行会计和审计评估的基准是国际认可的标准,即国际财务报告准则和国际审计准则。评估主要包括两个层面：一是将被评国所采用的会计和审计标准与国际认可的标准进行比较，为缩小其与国际标准的差距提供改进建议；二是重点评估被评国会计和审计实务与该国所采用的会计和审计标准的符合程度。评估涉及该国的法律框架、会计和审计标准的制定与实施、会计职业界、会计人员的教育和培训等诸多方面，评估内容非常丰富，涉及的人员和单位众多。财政部高度重视世界银行中国会计和审计评估项目。2008年11月，由财政部牵头成立了评估国家指导委员会（NSC），财政部会计司承担了整个评估过程的协调和辅助工作，协助世界银行独立进行评估。世界银行经过为期一年的问卷调查和实地调研等系列评估工作，于2009年10月29日完成并在北京正式发布了《中国会计审计评估报告》，充分肯定了我国会计审计准则改革的成就，并称为可供其他国家仿效的良好典范。这是第一次由权威国际组织对我国会计审计准则建设、国际趋同以及有效实施情况独立进行的全面系统评估得出的结论。

四、企业会计准则的有效实施和国际趋同等效极大地促进了我国注册会计师行业的加快发展

注册会计师行业是市场经济发展中不可或缺的重要力量，对于鉴证会计信息质量、维护市场经济秩序具有至关重要的作用。会计准则是注册会计师重要的执业标准，企业会计准则的有效实施和国际趋同等效，促进了我国注册会计师行业的加快发展。

（一）企业会计准则有效实施，促进了我国注册会计师队伍整体素质的全面提升

截至2009年12月31日，我国会计师事务所有7,600多家，会计师事务所中拥有执业资格的注册会计师达到了9万人。随着企业会计准则在上市公司和非上市大中型企业的有效实施，要求广大注册会计师要掌握和运用会计准则，对上市公司和非上市企业进行审计鉴证和相关服务，并出具审计报告。其中，为上市公司审计的会计师事务所在我国实行特别准入和许可制度。到2010年5月31日为止，特许为上市公司审计的会计师事务所有54家。从2007年至2009年，我国具有证券、期货相关业务资格的会计师事务所中，注册会计师人数从12,659增加至18,851人，由国内会计师事

务所审计的上市公司数量逐渐增加,从 1,471 家上升至 1,676 家,占上市公司总数的 94.48%。会计师事务所在执行审计业务时,严格遵循企业会计准则,坚持应有的职业谨慎,对上市公司的年报进行了系统而翔实的审计。2007 年至 2009 年三年来我国注册会计师对上市公司出具的审计报告情况(参见表 5)表明,企业会计准则的有效实施,促进了我国注册会计师队伍的整体素质的全面提升,为我国注册会计师行业的发展奠定了人才基础。

表 5　会计师事务所对我国上市公司年报出具的审计报告一览表

单位:家

项目 ＼ 年份	2007	2008	2009
审计报告总数	1,570	1,624	1,774
其中:由国内所审计家数	1,471	1,513	1,676
由"四大"审计家数	99	111	98
非标准审计报告数	106	113	119
其中:由国内所出具家数	105	112	119
由"四大"出具家数	1	1	0

(二)企业会计准则的有效实施与国际趋同,促进取消上市公司双重审计政策,实现了我国注册会计师行业的公平竞争和加快发展

从 2000 年开始,基于我国会计准则体系尚未建成,也没有实现与国际趋同,认为我国注册会计师不懂国际准则,有关部门陆续出台了双重审计政策,规定金融类上市公司、一次发行量超过 3 亿(含 3 亿)股以上的公司以及发行境内上市外资股(B 股)的公司,在法定审计之外应聘请国际会计师事务所进行补充审计。按照该项政策,上述公司即使聘请国内会计师事务所承接其审计业务,仍须由国际会计师事务所按照国际通行的会计审计准则进行补充审计,事实上使国际会计师事务所成为该类上市公司的首选,对国内会计师事务所的发展带来了不利的影响。

2005 年我国建成了与国际趋同的企业会计准则体系,2006 年 2 月 15 日正式发布,2007 年 1 月 1 日起开始在我国所有上市公司和非上市大中型企业实施。在这一过程中,我国注册会计师奋起直追,不仅掌握了与国际趋

同的会计准则,而且有能力运用会计准则开展审计业务。至此,双重审计政策已失去了继续存在的基础。在财政部的积极推动下,有关部门在 2007 年分步取消了双重审计政策。随着该项政策的消除,我国注册会计师行业实现了公平竞争,国内会计师事务所开始了 B 股业务和金融类上市公司的审计,执业范围得到了有力拓展,审计收入实现了大幅度增长,事务所实力得到了显著增强。从 2007 年至 2009 年,国内会计师事务所的审计业务收入从 48.19 亿元上升至 80.21 亿元,平均每年增长近 33.23%。2007 年后上市的金融类公司均聘请了国内会计师事务所进行审计。企业会计准则的有效实施与国际趋同,取消了双重审计政策,有力地促进了我国注册会计师行业的加快发展。

(三)企业会计准则的有效实施和等效认可,加快了我国会计师事务所的强强联合和优化整合

在《关于内地企业会计准则与香港财务报告准则等效的联合声明》的推动下,财政部加快推进了符合认可要求的内地会计师事务所从事 H 股企业审计业务的进程,力求实现与香港注册会计师行业双赢,促进两地资本市场更加繁荣。2009 年 10 月,国务院办公厅转发了《财政部关于加快发展我国注册会计师行业若干意见》(国办发[2009]56 号),提出了会计师事务所做大做强的目标。根据上述政策,国内会计师事务所加大了整合力度。此次优化整合呈现出与以往不同的显著特征:一是自愿整合,事务所之间的整合是完全自愿的,都能够从战略高度和长远发展出发,求大同、存小异,发挥各自的专业优势,务求真正融合,没有一家是通过政府主导的"拉郎配",这就为会计师事务所优化整合奠定了扎实的基础;二是强强联合,近期的整合更多体现为证券所与证券所或百强所之间的合并;三是彻底合并,整合后被合并的事务所均交回了证券许可证和会计师事务所执业证书,并由财政部、证监会发布相关公告,不能再以原有资格执业,开弓没有回头箭,这是以往历次整合中没有过的。

截至 2010 年 5 月 31 日,我国证券资格会计师事务所由 2002 年的 105 家减少至 54 家,其中年收入达到 5 亿元的国内会计师事务所有 5 家,达到 3 亿—5 亿元的约有 7 家,极大地促进了会计师事务所整体实力的提升,这一切都是以企业会计准则的有效实施和等效认可为重要前提的。会计准则的

等效认可成为注册会计师行业优化整合、做大做强的助推器。没有会计准则的等效认可,就无法实现国内外市场的互认融通,也就难以促成注册会计师行业的优化整合。

企业会计准则的有效实施和趋同等效为注册会计师行业的健康快速发展扫清了障碍、拓宽了道路,为注册会计师执业质量的不断优化升级提供了坚实的基础,也使国内会计师事务所与国际会计师事务所站在了同一起跑线上公平竞争,更为我国注册会计师行业"走出去"提供了先决条件与制度平台。可以预见,随着企业会计准则有效实施与趋同等效的不断深入,我国注册会计师行业规模和整体实力将得到进一步提升与发展。

五、企业会计准则的持续平稳有效实施,使我国会计准则国际趋同向纵深发展,为我国参与建立全球统一的高质量财务报告准则奠定了基础

2005 年以来,我国企业会计准则建设实施和趋同等效等工作取得了突破性进展,不仅实现我国企业会计准则国际趋同,而且从 2007 年开始在上市公司和几乎所有大中型企业得到了持续平稳有效实施,受到了 IASB、世界银行等国际组织的认可和高度评价。但是,2008 年国际金融危机的爆发对会计国际趋同及其发展产生了较大影响。为全球协同应对国际金融危机而成立的二十国集团(G20)峰会和金融稳定理事会(FSB)在系统研究金融危机成因和应对策略后,倡议建立全球统一的高质量会计准则,并希望 G20 各成员国及其他有关国家或地区加快趋同步伐。在这一背景下,美国、日本、巴西、加拿大、印度、韩国等国家或地区纷纷表态,支持趋同大势,提出路线图或者行动计划。会计准则国际趋同已经成为世界各国的共识,并正在转化为实际行动。我国作为世界最大的发展中国家和新兴市场经济国家,顺应会计国际趋同大势,推动会计准则持续国际趋同,是全球化背景下做出的理性选择和潮流所向。

根据国际形势的最新变化,在我国会计准则三年平稳有效实施和趋同等效的基础上,2010 年 4 月 2 日,财政部发布了《中国企业会计准则与国际财务报告准则持续趋同路线图》(以下简称路线图)。路线图的发布意义重大,影响深远:一是我国的经济已经与世界经济紧密相连,我国的发展已经牵涉到各方面的利益,我国企业会计信息的质量已经为全球所关注,发布路线图有助于提升我国会计信息透明度,增强我国企业的国际竞争力;二是发布路线图有助于及时向 IASB 反映我国特殊会计问题,使国际财务报告准则在制定过程中充分考虑我国的实际情况,尤其是在市场经济初创及转型过程中所涉及的特殊会计问题,从而提升国际财务报告准则公认性、权威性和实务可操作性;三是发布路线图有助于完善和提升我国企业会计准则的质量,促进我国企业和资本市场的健康发展,维护我国国家利益。

会计准则及其国际趋同已经超越了会计专业领域,成为一个涉及公共受托责任的政治议题。中国作为 G20 和 FSB 的重要成员,响应其倡议,全力推进我国企业会计准则与国际财务报告准则的持续趋同,已是义不容辞的责任。我国企业会计准则与国际财务报告准则持续趋同将与 IASB 的进度保持同步,力争在 2011 年年底前完成对中国企业会计准则相关项目的修订。财政部将广泛动员我国各方面积极参与会计准则的讨论与制定,在做好国际准则的跟踪研究与意见反馈的同时,扎扎实实做好我国企业会计准则的进一步完善工作。

综上所述,企业会计准则三年来在上市公司得到了持续平稳有效实施,在防止企业的短期行为、实现企业可持续发展、提升企业会计信息质量、完善和发展资本市场、推动我国企业贯彻落实中央"走出去"战略、促进注册会计师行业加快发展以及会计准则持续趋同等方面,充分体现了我国企业会计准则实施的经济效果。但是,也应当认识到,企业会计准则实施过程中仍有一些值得关注和研究的问题,如需要进一步提升对相关会计准则实施的职业判断能力、加强公允价值应用的研究、关注债务重组准则实施中存在的利润操纵现象等。下一步,我们将随着路线图的贯彻实施,积极解决这些问题,为促进我国经济持续平稳较快发展做出更大贡献。

(以上内容主要根据《中国会计报》2010 年 5 月的《我国上市公司 2009 年执行企业会计准则情况分析报告》一文摘录并整理)

全面提升财务报告质量　认真履行社会责任

　　财务报告是全面反映企业财务状况、经营成果和现金流量的综合性文件，既是企业执行会计准则情况的总结，也是投资者、债权人、政府及其有关部门和社会公众等有关各方关注的焦点，同时也构成各级财政、其他有关监管部门实施会计监管的重要组成部分。认真编报年度财务报告是企业应当履行的重要社会责任。为此，财政部作为全国会计工作的主管部门，一直十分重视企业财务报告工作。2009 年 12 月 24 日，财政部印发了《财政部关于执行会计准则的上市公司和非上市企业做好 2009 年年报工作的通知》(财会〔2009〕16 号，下称财政部 16 号文件)；证监会、国资委等部门也印发了相关文件，从不同角度对上市公司和各类非上市企业提出做好年报工作的要求。现结合财政部 16 号文件，就做好年度财务报告相关工作谈谈个人的认识。

一、财务报告具有决策有用、受托责任双重目标和公共产品的特征，属于企业对社会承担的法律责任

　　《企业会计准则——基本准则》第四条规定，"企业应当编制财务报告。财务报告的目标是向财务报告使用者提供与企业财务状况、经营成果和现金流量等有关的会计信息，反映企业管理层受托责任履行情况，有助于财务报告使用者作出经济决策"。财务报告使用者主要包括投资者、债权人、政府及其有关部门和社会公众等。根据决策有用理论，满足投资者的信息需求是企业财务报告的首要出发点，投资者通过财务报告，正确评价企业的现状并预测未来发展趋势，从而作出投资决策；债权人通过财务报告，正确评价企业的偿债能力和财务风险，从而作出信贷决策；政府及其有关部门作为经济管理和监管机关通过财务报告，正确评价经济运行，从而作出宏观经济

决策。

现代企业制度强调企业所有权和经营权分离。根据受托责任理论,企业管理层是受委托人之托经营管理企业及其各项资产,负有受托责任。企业管理层对投资者负责,应当做到资产保值增值,实现企业价值最大化;对债权人负责,应当按期支付利息并到期归还欠款;对政府及其有关部门负责,应当遵纪守法,确保会计信息真实、完整,维护、规范市场经济秩序。广义而言,企业管理层应当履行的受托责任还包括扩大就业、安全生产、资源节约和环境保护等,为国家宏观经济运行和社会发展作出贡献。企业管理层按照会计准则编报的年度财务报告,反映了企业管理层受托责任的履行情况,如果企业管理层未能履行受托责任,就有可能被辞退、罢免或遭受法律制裁。

需要强调的是,企业年度财务报告是一种公共产品。通常情况下,国有企业属于国家投资建立并发展而来的,国家投资的来源是纳税人的税收。上市公司的股票价格在很大程度上反映企业价值,上市公司的广大中小投资者涉及社会公众。各类企业通过有效执行会计准则编报年度财务报告,并经注册会计师审计鉴证,从而吸引投资者通过分析财务报告进行投资。企业和投资者是完善和发展资本市场或市场经济的关键要素,两者相辅相成,相互促进。企业只有稳健经营和可持续发展,才能不断吸引投资者,从而通过市场手段实现社会资源的合理配置和结构调整;投资者只有不断对企业投资,才能促进企业做强做大乃至进入国际市场。如果企业的财务报告不真实、不公允,或者是虚假财务报告,就会误导投资者,严重损害投资者权益,甚至导致投资者血本无归。因此,高质量的财务报告才是社会真正需要的公共产品。

基于财务报告具有决策有用和受托责任双重目标以及公共产品的特征,在我国,确保财务报告真实完整已上升为法律要求。《会计法》第二十一条明确规定:财务报告应当由单位负责人和主管会计工作的负责人、会计机构负责人(会计主管人员)签名并盖章;设置总会计师的单位,还须由总会计师签名并盖章。单位负责人应当保证财务报告真实、完整。这一法律要求不仅仅是一种会计手续,而是单位负责人向财务报告使用者等有关各方作出的法律承诺,即对本单位编报的财务报告的真实性和完整性负责。

在此基础上,聘请注册会计师对企业编报的财务报告进行审计并出具审计报告。审计报告经注册会计师签字,也属于对财务报告使用者等有关各方作出的法律承诺,表明被审计的财务报告符合会计准则要求,真实、公允地反映了企业的财务状况、经营成果和现金流量。

二、企业根据会计准则编报高质量财务报告,应当重点关注和把握的几大领域

(一)随着会计准则实施范围的不断扩大,做好首次执行会计准则的新旧衔接,构成了编报高质量财务报告需要关注的重要事项

截至 2009 年年底,除我国所有上市公司 2007 年开始执行会计准则外,已有 35 个省、自治区、直辖市、计划单列市(含新疆生产建设兵团)的非上市企业执行了企业会计准则,实施范围从上市公司大幅度扩大到非上市企业。我们的目标是,力争 2010 年除小企业外,所有大中型企业全面执行会计准则,2011 年扫尾。届时,将全面废止行业会计制度、企业会计制度等原有规定,从而实现在全社会范围内统一会计标准和指标口径,促进企业可持续发展并完善资本市场。为了实现上述目标,从 2009 年 1 月 1 日及以后开始执行会计准则的企业,应当做好首次执行会计准则的新旧衔接工作。

三年来,实施会计准则的实践证明,企业首次执行会计准则应当做好新旧衔接,这是执行会计准则的起点和基础。结束旧账转入新账并进行账务处理只是新旧制度转换结果的表现形式,核心是核定企业资产价值、确认各项负债和所有者权益,夯实基础。企业首次执行会计准则,要做好人员培训,确保会计人员团队掌握会计准则体系中的若干政策规定,以及新旧会计政策变更对财务状况和经营成果的影响;要做好软件系统的改造,确保财务系统按照会计准则规定进行转换;要按照《企业会计准则——应用指南》中的附录要求,确定执行会计准则后的新旧会计科目余额对照表,根据《企业会计准则第 38 号——首次执行会计准则》及相关规定,编制《新旧会计准则股东权益差异调节表》。

企业编制《新旧会计准则股东权益差异调节表》,应当重点关注长期股权投资、金融资产、预计负债、所得税、企业合并等项目对期初数的影响,确保新旧会计准则平稳过渡。《新旧会计准则股东权益差异调节表》如表 1

所示:

表1 新旧会计准则股东权益差异调节表

单位:元

序号	项目名称	金额
	2008 年 12 月 31 日股东权益(现行会计准则)	
1	长期股权投资差额 其中:同一控制下企业合并形成的长期股权投资差额 其他采用权益法核算的长期股权投资贷方差额	
2	拟以公允价值模式计量的投资性房地产	
3	因预计资产弃置费用应补提的以前年度折旧等	
4	符合预计负债确认条件的辞退补偿	
5	股份支付	
6	符合预计负债确认条件的重组义务	
7	企业合并 其中:同一控制下企业合并商誉的账面价值 根据新准则计提的商誉减值准备	
8	以公允价值计量且其变动计入当期损益的金融资产 以及可供出售金融资产	
9	以公允价值计量且其变动计入当期损益的金融负债	
10	金融工具分拆增加的权益	
11	衍生金融工具	
12	所得税	
13	其他	
	2009 年 1 月 1 日股东权益(新会计准则)	

(二)职业判断是企业执行会计准则的关键环节,要求会计及相关人员掌握会计准则规定并具备良好的职业道德

会计准则有原则导向和规则导向之分。国际财务报告准则为原则导向,我国会计准则与国际财务报告准则实现趋同,体现了原则为导向。美国会计准则属于规则导向,震惊世界的安然事件,涉及的会计问题反映出美国以规则为导向会计准则的不足,那些具有重大风险的特殊目的实体因此没有并入安然公司的合并财务报表,结果是安然公司的重大风险被掩盖,从而构成安然公司崩塌的原因之一。美国从此开始反思,迈出了与国际准则趋

同的步伐。

原则导向的会计准则通常要求企业根据会计准则规定的原则,结合实际情况作出职业判断。比如收入确认、资产减值、递延所得税、预计负债、债务重组、企业合并、公允价值计量、权益性交易等交易或事项的会计处理,均涉及职业判断。而在规则导向下,企业的交易或事项通常可以直接根据会计准则规定的相关量化标准确认和计量会计要素的金额。

职业判断的恰当与否直接关系到企业的财务状况和经营成果,是一把"双刃剑",恰当的判断所确认和计量的结果就是真实公允的;反之,就成为调节和操控利润的手段。在实际工作中,对企业财务状况和经营成果影响重大的职业判断,还应当由公司董事会或类似机构作出决定。

如何做好会计职业判断呢?职业判断对会计人员、公司董事会或类似机构、注册会计师以及监管部门等提出了较高的要求。在专业方面,除具备较扎实的专业基础外,职业判断的基本要求是熟练掌握和准确运用会计准则的概念框架,主要是基本准则中会计要素的定义、内涵和确认、计量要求。比如,何为资产?在确认和计量资产价值时,应当判断是否属于企业拥有或控制的资源,预期能否给企业带来经济利益,是否由过去的交易或事项形成等;再如,何为负债?在确认和计量负债价值时,应当判断是否属于企业承担的现时义务,履行该义务是否会导致经济利益流出企业,是否由过去的交易或事项形成等。职业判断的最高层次是诚信,会计人员、企业管理层以及注册会计师等在根据会计准则和企业实际交易或事项进行职业判断过程中,应当坚持诚信为本,遵循良好的职业道德,本着对社会负责的态度,确保会计信息的高质量。

近年来,企业合并会计已经成为会计准则执行中较为普遍的热点难点问题,其核心是涉及大量的职业判断。比如,如何认定同一控制下的企业合并与非同一控制下的企业合并,主要是看其是否完全按照公平公正的市场交易规则自愿达成,如果交易实质上属于符合市场交易规则自愿达成的,通常属于非同一控制下的企业合并;反之,如果交易不属于自愿达成的,就属于合并双方资产、负债的简单整合,一般应当认定为同一控制下的企业合并。非同一控制下的企业合并涉及相关资产、负债的公允价值确定问题,应当按照会计准则的规定并结合实际作出正确的职业判断,获得合理的公允价值金额。如果非同一控制下的企业合并产生巨额商誉的,要予以重点关注。合并成本的确定、相关资产公允价值的计量等方面要关注是否如实反映了交易的实质,商誉确认后是否及时按照会计准则规定进行了减值测试等。企业合并是否构成业务,企业应当根据财政部16号文件结合实际情况进行正确职业判断。判断构成业务的,应当提供确凿的证据。一些较为复杂的企业合并,既涉及上市公司,又涉及非上市公司;既涉及一般购买,又涉及反向购买,其中的某些问题不是会计所能解决的,企业不得利用会计准则规定构造交易。

注册会计师在对企业职业判断结果进行审计时,涉及再判断问题,需要恪守客观、独立、公正的原则,按照会计准则和独立审计准则的要求进行判断。

监管部门在实施会计监管工作中,如发现企业和注册会计师利用职业判断操纵利润、虚构交易、干扰市场秩序的行为,应当强化监管并加大处罚力度。

(三)A+H股上市公司不得在A股和H股财务报告中采用不同的会计处理

我国内地会计准则与香港会计准则已经实现等效,并建立了持续等效机制,因此,同时发行A股和H股公司的财务报告不应当存在差异。目前,存在的差异主要是执行问题,比如企业改制资产评估产生的差异,与《国际会计准则第16号——不动产、厂场和设备》没有关系,不能以此认定存在差异,相关企业应当加以消除,2009年年度财务报告中仍未消除的,应当制定相应措施逐步消除,并在附注中说明原因。再如,保险合同保费收入和保险合同准备金计提办法的差异,财政部和保监会高度重视。为了解决此项差异,财政部印发了《企业会计准则解释第2号》(财会[2008]11号)和《保险合同相关会计处理规定》(财会[2009]15号),保监会印发了《关于保险业实施〈企业会计准则解释第2号〉有关事项的通知》(保监发[2009]1号)。保险公司应当在2009年年度财务报告中消除这一差异。

(四)保险公司应当按照企业会计准则和《保险合同相关会计处理规定》编制年度财务报告

2009年12月22日,财政部印发了《保险合同相关会计处理规定》,要求保险公司自编制 2009 年年度财务报告时开始实施。《保险合同相关会计处理规定》主要规范了保险混合合同分拆、重大保险风险测试和保险合同准备金计量三个方面的内容：一是要求保险混合合同在满足条件时应当进行分拆；二是要求认定保险合同时引入重大保险风险测试；三是要求以合理估计金额为基础计量保险合同准备金，不再以保险监管部门有关保险监管规定为依据计量财务报告目的的保险合同准备金。

《保险合同相关会计处理规定》的发布实施，对我国现行保险会计进行了重大改革，有助于促进我国保险行业结构调整和可持续健康发展，增强保险业的核心竞争力；有助于更加公允地反映保险公司的财务状况和经营成果，增强保险会计信息的透明度，提升投资者对保险公司的价值评估和监管部门的风险监管水平；有助于适当分离会计规定与监管要求，维护保险会计的独立性；有助于提高我国保险会计地位，增强国际影响力和话语权。

各保险公司应当认真学习、深刻领会《保险合同相关会计处理规定》的主要内容和实质，尤其是新旧会计政策和会计估计变化比较大的方面，要扎实做好宣传培训和学习理解工作；要做好有关业务流程再造、系统改造和制度修订的工作，将新规定涉及的保险合同认定、重大保险风险测试和保险合同准备金计量所需的参数和数据落实到位；要建立健全以董事会为最高负责机构，管理层、职能部门和经办岗位分级授权、权责分明、分工合作、相互制约的保险合同准备金计量内部控制，确保保险合同准备金计量的科学性、严肃性和透明度，有效防范准备金计量的随意性和人为操纵；要强化与投资者、债权人和有关监管部门等之间的沟通协调，确保《保险合同相关会计处理规定》能够得到持续、平稳、有效的实施。

（五）正确理解和编制其他综合收益项目

我国会计准则与国际准则实现了趋同，在 IASB 发布财务报表列报准则的征求意见稿后，我们对其进行了深入的研究分析，认为在我国财务报表中引入综合收益是可取的，而且随着我国会计准则持续三年的平稳有效实施，引入综合收益的时机已渐成熟。在财务报表中引入综合收益指标，有助于投资者等财务报告使用者分析企业的全面收益情况。比如，直接计入资本公积的可供出售金融资产公允价值变动，原先在利润表中没有反映，不利于财务报告使用者全面分析企业收益。2009 年 6 月，财政部印发了《企业会计准则解释第 3 号》(财会[2009]8 号),在我国正式引入综合收益概念。综合收益总额反映企业净利润与其他综合收益的合计金额,其他综合收益反映企业根据企业会计准则规定未在损益中确认的各项利得和损失扣除所得税影响后的净额。同时,为了保持会计准则的基本稳定,我国没有单独增加综合收益表,而是在利润表中直接增加两个项目,分别是"其他综合收益"和"综合收益总额"。财政部 16 号文件对在附注中需详细披露的其他综合收益项目规定了统一的格式。

企业在编制 2009 年度利润表(合并利润表)和所有者权益变动表(合并所有者权益变动表)时,应当严格按照《企业会计准则解释第 3 号》和财政部 16 号文件的规定,正确界定其他综合收益的构成内容,并在附注中对其他综合收益按照财政部统一的格式作出详细披露。

三、深入贯彻落实《企业内部控制基本规范》,促进年报质量不断提升

(一)充分认识建立健全内部控制体系的现实意义

伴随着我国企业较快的增速和迅猛发展,各种潜在风险也日益显现,尤其是在遭遇百年罕见的国际金融危机背景下,类似中航油新加坡公司因内部控制缺失或失效引发的巨额资产损失、财务舞弊、会计造假、经营失败,甚至破产倒闭等案例时有发生。据了解,截至 2008 年 10 月底,央企从事金融衍生品业务合约市值为 1,250 亿元,形成了 114 亿元的浮动净亏损。虽不能说加强企业内部控制就完全能够杜绝类似案例的发生,但缺乏有效的内部控制是万万不能的。企业只有建立和有效实施科学的内部控制体系,才能夯实内部管理基础、提升风险防范能力。在后金融危机时代,我国大中型企业进入国际市场、投资国际资本市场将成为不可逆转的趋势。面对国际市场经济竞争日趋激烈的复杂环境,我国企业要真正实现"走出去"战略,必须苦练内功、强化内部控制,构筑"安全网"和"防火墙"。从维护企业投资者合法权益、确保财务报告目标实现的角度看,有必要加强内部控制,尤其与确保财务报表数据真实可靠的财务报告内部控制。总之,我国企业要实现可持续发展战略,必须重视和强化内部控制。

（二）深刻理解《基本规范》的丰富内涵

早在 2006 年，财政部就遵照国务院领导重要指示精神，联合证监会、审计署、银监会、保监会、国资委等部门，着手研究制定企业内部控制规范体系，并取得重要阶段性成果。2008 年 5 月 22 日，财政部等五部委对外正式发布了《企业内部控制基本规范》。

《基本规范》可以概括出"五个五"，即"五个部门联合发布"、"五个目标"、"五个原则"、"五个要素"、"五十条"。其中，"五个目标"是指"合理保证企业经营管理合法合规、资产安全、财务报告及相关信息真实完整、提高经营效率和效果、促进企业实现发展战略"。这里，"合理保证财务报告及相关信息真实完整"与公司年度财务报告密切相关，表明加强企业内部控制建设，对于合理保证年报质量是极为重要的。美国《萨班斯—奥克斯利法案》（SOX）404 条款主要是基于这方面的考虑设立的。"五个原则"是指内部控制建设应当遵循的原则，即"全面性、重要性、制衡性、适应性、成本效益"原则。"五个要素"是企业建立与实施有效的内部控制应当包括的要素，即"内部环境、风险评估、控制活动、信息与沟通、内部监督"。

我国企业内部控制规范体系包括：基本规范和配套指引（应用指引、评价指引和审计指引）。《基本规范》发布后，我们随即组织力量投入到配套指引的起草工作中。在各方面的参与和支持下，会计司和中国会计学会秘书处这支专业团队，在对大半个中国的各类企业进行广泛深入调研后，集中办公，大兵团作战，连续奋战 45 天，数易其稿，终于完成了配套指引。在起草过程中，我们每每遇到难题或有争议之处，总不会忘记邀请企业总会计师、总经理、会计师事务所资深专家一同参与讨论，寻求解决方案。这大大地提升了配套指引的可操作性。

应用指引作为配套指引的重要组成部分，在内部控制规范体系中居于主体地位，可以帮助企业更好地贯彻落实《基本规范》。它广泛地涵盖了企业治理、业务管理等方方面面，既涉及组织架构、发展战略、企业社会责任、企业文化等内部环境层面的问题，也涉及工程项目、全面预算、采购、销售等具体业务事项。为确保财务报告的真实完整，应用指引专设了"财务报告"项目。评价指引是为企业管理层对本企业进行内部控制自我评价提供的指引和要求，包括评价内容和标准、评价程序和方法、评价报告的出具和披露等。审计指引是会计师事务所执行内部控制审计业务的执业准则。

（三）采取有效措施，认真贯彻落实《基本规范》

《基本规范》要求自 2009 年 7 月 1 日起在上市公司范围内执行，鼓励非上市的其他大中型企业执行。执行《基本规范》的企业，可聘请证券资格会计师事务所对内部控制建设的有效性进行审计。

各上市公司和相关企业应当统筹规划，缜密安排，根据基本规范及其配套指引规定，结合经营特点和管理要求，建立健全适合本单位实际的内控制度；应当将内控制度与企业治理结构、组织机构、业务流程和管理制度相衔接、相融合，确保内控制度执行的适用性和有效性；应当加大对企业信息系统的改造或新建投入，将内控制度要求嵌入信息系统，实现对各类业务事项的自动控制，减少或消除人为操纵因素。

各上市公司和相关企业的总经理、总会计师和其他高级管理人员，要进一步强化法制意识、风险意识和责任观念，主动关心、亲身参与、大力支持内控规范的学习培训和贯彻执行，自愿担当起本单位内控制度建设的推动者和实践者，确保内控规范在本单位的顺利实施。

四、会计师事务所不得因整合而影响或降低对年度财务报告的审计质量

企业会计准则的有效实施和国际趋同等效极大地促进了我国会计师行业的发展，会计师事务所也加快了整合步伐。整合是为了扶持我国会计师事务所做大做强、加快发展。此次整合后，被合并的事务所均交回了证券许可证和会计师事务所执业证书，并由财政部、证监会发布相关公告，不能再以原有资格执业，开弓没有回头箭，这是以往历次整合中没有过的。

但是，涉及整合的会计师事务所，应当确保 2009 年年度财务报告审计的顺利过渡和有序承接，不得由于整合而影响年度财务报告审计工作质量。会计师事务所要做好资源的优化配置，在执业标准、人事、财务、业务和信息技术等方面实施一体化管理，充分利用整合后的人才资源；加快整合后的利益调整，控制年度财务报告审计风险，提升职业判断能力，坚持风险导向审计，确保年度财务报告审计质量再上新台阶。

内部控制审计是顺利贯彻实施内控规范的重要制度保障。会计师事务

所和注册会计师要继续抓好内控规范的学习培训工作,将内控规范与审计理念、方法和程序密切结合起来,将内部控制审计与财务报表审计密切协同起来;要强化内部控制审计的独立性,保持应有的职业谨慎态度,遵守职业道德规范,不得同时为同一企业提供内部控制咨询服务和内部控制审计服务;要合理调配资源,优化业务结构,改善内部管理,加强质量控制,全面提升内部控制审计和相关咨询服务的质量。

五、各地财政监察专员办事处和财政部门应当认真履行职责,加强对财务报告质量的监督检查

根据会计法的规定,国务院财政部门主管全国的会计工作,地方各级财政部门管理本地区的会计工作,财政部门负责对各单位会计核算是否符合会计法和国家统一的会计制度的规定实施监督检查。因此,加强对各上市公司和非上市企业贯彻执行企业会计准则的情况,尤其是年度财务报告质量的监督检查,维护市场经济秩序,是财政部门的法定职责,也是财政部门贯彻落实科学发展观、全面推进科学化精细化管理、确保财务报告这一公共产品质量的重要举措。在财政部统一制定企业会计准则并做好监督检查部署的基础上,各地财政监察专员办事处和财政部门要积极行动起来,深刻领会财政部 16 号文件精神,以贯彻落实财政部 16 号文件为契机,继续强化队伍建设,扎扎实实,周密部署,履行职责,努力把执行企业会计准则和年度财务报告编制相关工作抓紧、抓好、抓实。

各地财政监察专员办事处和财政部门,要把抓好这项工作提升到维护法律法规权威、充分发挥财政职能作用的高度来认识和把握;要统筹兼顾,抓大放小,在抓好日常会计管理事务工作的同时,突出重点做好会计技术基础工作;要着力锻造一支相对稳定的专业技术团队,专门负责会计准则的研究、跟踪、宣讲和指导工作;要吃透弄懂各项会计准则和相关规定的精髓,使自身成为相关领域的专家,对各企业执行会计准则和编制财务报告提供必要的、及时的、高质量的专业技术指导,切实树立起会计准则管理方面的权威。

各地财政监察专员办事处和财政部门要制定年报跟踪分析的实施方案和具体措施;要采取多种形式,既兼顾一般,又解剖麻雀,分别上市公司和非

上市公司、金融企业和非金融企业,建立执行企业会计准则和年度财务报告编制的经常性联系点;要通过实地考察、深入调研、问卷调查、电话咨询等途径,及时掌握年报编制和准则执行过程中的情况与问题;要在企业年报编制完成后做好系统分析和总结工作,把年报分析中发现的有关会计、审计、监管乃至经济运行中的问题进行归纳提升,上报财政部会计司和监督检查局。

各地财政监察专员办事处和财政部门要坚持会计准则是企业进行会计处理和编制年度财务报告的唯一依据,做好企业会计准则执行层面的监管,尤其是年报监管和有关会计信息质量的监督检查工作。有关监管部门可以就企业如何贯彻执行企业会计准则编制好财务报告提出监管要求,但是涉及会计确认、计量和报告的内容应当严格遵循企业会计准则的规定。只有这样,才能维护企业会计准则的权威性和统一性,否则将会引起混乱。各地财政监察专员办事处和财政部门在监管工作中发现与会计准则确认、计量和列报规定不一致的要求和问题,应当通过有关联系机制,及时反馈给财政部会计司。

（以上内容主要根据《会计之友》2010 年 2 月的《严格遵守会计准则提供高质量财务报告　认真履行社会责任》一文摘录并整理）

编者注：随着企业会计准则的深入贯彻实施和扩大实施范围,新情况、新问题时有发生,各类企业在准则实施中提出的问题,客观上要求财政部及时作出解释。不仅如此,企业会计准则实现了国际趋同,国际会计准则理事会(IASB)不时发布新准则和解释公告或修改准则,也需要结合国情作出相应处理。但是,在巩固企业会计准则实施已有成果和逐步扩大实施范围的背景下,企业会计准则体系应当保持相对稳定,不能朝令夕改。综合各方面因素,财政部采取了发布《企业会计准则解释》的方式,能够较好地解决企业的实际问题。财政部分别在 2007 年、2008 年、2009 年和 2010 年印发了《企业会计准则解释第 1 号》、《企业会计准则解释第 2 号》、《企业会计准则解释第 3 号》和《企业会计准则解释第 4 号》。上述《企业会计准则解释》与具体会计准则具有同等效力。

《企业会计准则解释第 1 号》

一、企业在编制年报时,首次执行日有关资产、负债及所有者权益项目的金额是否要进一步复核? 原同时按照国内及国际财务报告准则对外提供财务报告的 B 股、H 股等上市公司,首次执行日如何调整?

答:企业在编制首份年报时,应当对首次执行日有关资产、负债及所有者权益项目的账面余额进行复核,经注册会计师审计后,在附注中以列表形式披露年初所有者权益的调节过程以及作出修正的项目、影响金额及其原因。

原同时按照国内及国际财务报告准则对外提供财务报告的 B 股、H 股等上市公司,首次执行日根据取得的相关信息,能够对因会计政策变更所涉及的交易或事项的处理结果进行追溯调整的,以追溯调整后的结果作为首次执行日的余额。

二、中国境内企业设在境外的子公司在境外发生的有关交易或事项,境内不存在且受相关法律法规等限制或交易不常见,企业会计准则未作规范的,如何进行处理?

答:中国境内企业设在境外的子公司在境外发生的交易或事项,境内不存在且受法律法规等限制或交易不常见,企业会计准则未作出规范的,可以将境外子公司已经进行的会计处理结果,在符合《企业会计准则——基本准则》的原则下,按照国际财务报告准则进行调整后,并入境内母公司合并财务报表的相关项目。

三、经营租赁中出租人发生的初始直接费用以及融资租赁中承租人发生的融资费用应当如何处理?出租人对经营租赁提供激励措施的,如提供免租期或承担承租人的某些费用等,承租人和出租人应当如何处理?企业(建造承包商)为订立建造合同发生的相关费用如何处理?

答:(一)经营租赁中出租人发生的初始直接费用,是指在租赁谈判和签订租赁合同过程中发生的可归属于租赁项目的手续费、律师费、差旅费、印花税等,应当计入当期损益;金额较大的应当资本化,在整个经营租赁期间内按照与确认租金收入相同的基础分期计入当期损益。

承租人在融资租赁中发生的融资费用应予资本化或是费用化,应按《企业会计准则第17号——借款费用》处理,并按《企业会计准则第21号——租赁》进行计量。

(二)出租人对经营租赁提供激励措施的,出租人与承租人应当分别下列情况进行处理:

1. 出租人提供免租期的,承租人应将租金总额在不扣除免租期的整个租赁期内,按直线法或其他合理的方法进行分摊,免租期内应当确认租金费用;出租人应将租金总额在不扣除免租期的整个租赁期内,按直线法或其他合理的方法进行分配,免租期内出租人应当确认租金收入。

2. 出租人承担了承租人某些费用的,出租人应将该费用自租金收入总额中扣除,按扣除后的租金收入余额在租赁期内进行分配;承租人应将该费用从租金费用总额中扣除,按扣除后的租金费用余额在租赁期内进行分摊。

（三）企业（建造承包商）为订立合同发生的差旅费、投标费等，能够单独区分和可靠计量且合同很可能订立的，应当予以归集，待取得合同时计入合同成本；未满足上述条件的，应当计入当期损益。

四、企业发行的金融工具应当在满足何种条件时确认为权益工具？

答：企业将发行的金融工具确认为权益性工具，应当同时满足下列条件：

（一）该金融工具应当不包括交付现金或其他金融资产给其他单位，或在潜在不利条件下与其他单位交换金融资产或金融负债的合同义务。

（二）该金融工具须用或可用发行方自身权益工具进行结算的，如为非衍生工具，该金融工具应当不包括交付非固定数量的发行方自身权益工具进行结算的合同义务；如为衍生工具，该金融工具只能通过交付固定数量的发行方自身权益工具换取固定数额的现金或其他金融资产进行结算。其中，所指的发行方自身权益工具不包括本身通过收取或交付企业自身权益工具进行结算的合同。

五、嵌入保险合同或嵌入租赁合同中的衍生工具应当如何处理？

答：根据《企业会计准则第22号——金融工具确认和计量》的规定，嵌入衍生工具相关的混合工具没有指定为以公允价值计量且其变动计入当期损益的金融资产或金融负债，同时满足有关条件的，该嵌入衍生工具应当从混合工具中分拆，作为单独的衍生工具处理。该规定同样适用于嵌入在保险合同中的衍生工具，除非该嵌入衍生工具本身属于保险合同。

按照保险合同约定，如果投保人在持有保险合同期间，拥有以固定金额或是以固定金额和相应利率确定的金额退还保险合同选择权的，即使其行权价格与主保险合同负债的账面价值不同，保险人也不应将该选择权从保险合同中分拆，仍按保险合同进行处理。但是，如果退保价值随同某金融变量或者某一与合同一方不特定相关的非金融变量的变动而变化，嵌入保险合同中的卖出选择权或现金退保选择权，应适用《企业会计准则第22号——金融工具确认和计量》；如果持有人实施卖出选择权或现金退保选择权的能力取决于上述变量变动的，嵌入保险合同中的卖出选择权或现金退保选择权，也适用《企业会计准则第22号——金融工具确认和计量》。

嵌入租赁合同中的衍生工具，应当按照《企业会计准则第22号——金融工具确认和计量》进行处理。

六、企业如有持有待售的固定资产和其他非流动资产,如何进行确认和计量?

答:《企业会计准则第 4 号——固定资产》第二十二条规定,企业对于持有待售的固定资产,应当调整该项固定资产的预计净残值,使该固定资产的预计净残值反映其公允价值减去处置费用后的金额,但不得超过符合持有待售条件时该项固定资产的原账面价值,原账面价值高于调整后预计净残值的差额,应作为资产减值损失计入当期损益。

同时满足下列条件的非流动资产应当划分为持有待售:一是企业已经就处置该非流动资产作出决议;二是企业已经与受让方签订了不可撤销的转让协议;三是该项转让将在一年内完成。

符合持有待售条件的无形资产等其他非流动资产,比照上述原则处理,但不包括递延所得税资产、《企业会计准则第 22 号——金融工具确认和计量》规范的金融资产、以公允价值计量的投资性房地产和生物资产、保险合同中产生的合同权利。

持有待售的非流动资产包括单项资产和处置组,处置组是指作为整体出售或其他方式一并处置的一组资产。

七、企业在确认由联营企业及合营企业投资产生的投资收益时,对于与联营企业及合营企业发生的内部交易损益应当如何处理? 首次执行日对联营企业及合营企业投资存在股权投资借方差额的,计算投资损益时如何进行调整? 企业在首次执行日前持有对子公司的长期股权投资,取得子公司分派现金股利或利润如何处理?

答:(一)企业持有的对联营企业及合营企业的投资,按照《企业会计准则第 2 号——长期股权投资》的规定,应当采用权益法核算,在按持股比例等计算确认应享有或应分担被投资单位的净损益时,应当考虑以下因素:

投资企业与联营企业及合营企业之间发生的内部交易损益按照持股比例计算归属于投资企业的部分,应当予以抵销,在此基础上确认投资损益。投资企业与被投资单位发生的内部交易损失,按照《企业会计准则第 8 号——资产减值》等规定属于资产减值损失的,应当全额确认。投资企业对于纳入其合并范围的子公司与其联营企业及合营企业之间发生的内部交易损益,也应当按照上述原则进行抵销,在此基础上确认投资损益。

投资企业对于首次执行日之前已经持有的对联营企业及合营企业的长期股权投资,如存在与该投资相关的股权投资借方差额,还应扣除按原剩余期限直线摊销的股权投资借方差额,确认投资损益。

投资企业在被投资单位宣告发放现金股利或利润时,按照规定计算应分得的部分确认应收股利,同时冲减长期股权投资的账面价值。

(二)企业在首次执行日以前已经持有的对子公司长期股权投资,应在首次执行日进行追溯调整,视同该子公司自最初即采用成本法核算。执行新会计准则后,应当按照子公司宣告分派现金股利或利润中应分得的部分,确认投资收益。

八、企业在股权分置改革过程中持有的限售股权如何进行处理?

答:企业在股权分置改革过程中持有对被投资单位在重大影响以上的股权,应当作为长期股权投资,视对被投资单位的影响程度分别采用成本法或权益法核算;企业在股权分置改革过程中持有对被投资单位不具有控制、共同控制或重大影响的股权,应当划分为可供出售金融资产,其公允价值与账面价值的差额,在首次执行日应当追溯调整,计入资本公积。

九、企业在编制合并财务报表时,因抵销未实现内部销售损益在合并财务报表中产生的暂时性差异是否应当确认递延所得税?母公司对于纳入合并范围子公司的未确认投资损失,执行新会计准则后在合并财务报表中如何列报?

答:(一)企业在编制合并财务报表时,因抵销未实现内部销售损益导致合并资产负债表中资产、负债的账面价值与其在所属纳税主体的计税基础之间产生暂时性差异的,在合并资产负债表中应当确认递延所得税资产或递延所得税负债,同时调整合并利润表中的所得税费用,但与直接计入所有者权益的交易或事项及企业合并相关的递延所得税除外。

(二)执行新会计准则后,母公司对于纳入合并范围子公司的未确认投资损失,在合并资产负债表中应当冲减未分配利润,不再单独作为"未确认的投资损失"项目列报。

十、企业改制过程中的资产、负债,应当如何进行确认和计量?

答:企业引入新股东改制为股份有限公司,相关资产、负债应当按照公允价值计量,并以改制时确定的公允价值为基础持续核算的结果并入控股股东的合并财务报表。改制企业的控股股东在确认对股份有限公司的长期股权投资时,初始投资成本为投出资产的公允价值及相关费用之和。

《企业会计准则解释第 2 号》

一、同时发行 A 股和 H 股的上市公司,应当如何运用会计政策及会计估计?

答:内地企业会计准则和香港财务报告准则实现等效后,同时发行 A 股和 H 股的上市公司,除部分长期资产减值损失的转回以及关联方披露两项差异外,对于同一交易事项,应当在 A 股和 H 股财务报告中采用相同的会计政策、运用相同的会计估计进行确认、计量和报告,不得在 A 股和 H 股财务报告中采用不同的会计处理。

二、企业购买子公司少数股东拥有对子公司的股权应当如何处理? 企业或其子公司进行公司制改制的,相关资产、负债的账面价值应当如何调整?

答:(一)母公司购买子公司少数股权所形成的长期股权投资,应当按照《企业会计准则第 2 号——长期股权投资》第四条的规定确定其投资成本。

母公司在编制合并财务报表时,因购买少数股权新取得的长期股权投资与按照新增持股比例计算应享有子公司自购买日(或合并日)开始持续计算的净资产份额之间的差额,应当调整所有者权益(资本公积),资本公积不足冲减的,调整留存收益。

上述规定仅适用于本规定发布之后发生的购买子公司少数股权交易,之前已经发生的购买子公司少数股权交易未按照上述原则处理的,不予追溯调整。

(二)企业进行公司制改制的,应以经评估确认的资产、负债价值作为认定成本,该成本与其账面价值的差额,应当调整所有者权益;企业的子公司进行公司制改制的,母公司通常应当按照《企业会计准则解释第1号》的相关规定确定对子公司长期股权投资的成本,该成本与长期股权投资账面价值的差额,应当调整所有者权益。

三、企业对于合营企业是否应纳入合并财务报表的合并范围?

答:按照《企业会计准则第33号——合并财务报表》的规定,投资企业对于与其他投资方一起实施共同控制的被投资单位,应当采用权益法核算,不应采用比例合并法。但是,如果根据有关章程、协议等,表明投资企业能够对被投资单位实施控制的,应当将被投资单位纳入合并财务报表的合并范围。

四、企业发行认股权和债券分离交易的可转换公司债券,其认股权应当如何进行会计处理?

答:企业发行认股权和债券分离交易的可转换公司债券(以下简称分离交易可转换公司债券),其认股权符合《企业会计准则第22号——金融工具确认和计量》和《企业会计准则第37号——金融工具列报》有关权益工具定义的,应当按照分离交易可转换公司债券发行价格,减去不附认股权且其他条件相同的公司债券公允价值后的差额,确认一项权益工具(资本公积)。

企业对于本规定发布之前已经发行的分离交易可转换公司债券,应当进行追溯调整。

五、企业采用建设经营移交方式(BOT)参与公共基础设施建设业务应当如何处理?

答:企业采用建设经营移交方式(BOT)参与公共基础设施建设业务,应当按照以下规定进行处理:

(一)本规定涉及的BOT业务应当同时满足以下条件:

1. 合同授予方为政府及其有关部门或政府授权进行招标的企业。

2. 合同投资方为按照有关程序取得该特许经营权合同的企业(以下简称合同投资方)。合同投资方按照规定设立项目公司(以下简称项目公司)进行项目建设和运营。项目公司除取得建造有关基础设施的权利以外,在基础设施建造完成以后的一定期间内负责提供后续经营服务。

3. 特许经营权合同中对所建造基础设施的质量标准、工期、开始经营后提供服务的对象、收费标准及后续调整作出约定,同时在合同期满,合同投资方负有将有关基础设施移交给合同授予方的义务,并对基础设施在移交时的性能、状态等作出明确规定。

(二)与 BOT 业务相关收入的确认

1. 建造期间,项目公司对于所提供的建造服务应当按照《企业会计准则第 15 号——建造合同》确认相关的收入和费用。基础设施建成后,项目公司应当按照《企业会计准则第 14 号——收入》确认与后续经营服务相关的收入。

建造合同收入应当按照收取或应收对价的公允价值计量,并分别以下情况在确认收入的同时,确认金融资产或无形资产:

(1)合同规定基础设施建成后的一定期间内,项目公司可以无条件地自合同授予方收取确定金额的货币资金或其他金融资产的;或在项目公司提供经营服务的收费低于某一限定金额的情况下,合同授予方按照合同规定负责将有关差价补偿给项目公司的,应当在确认收入的同时确认金融资产,并按照《企业会计准则第 22 号——金融工具确认和计量》的规定处理。

(2)合同规定项目公司在有关基础设施建成后,从事经营的一定期间内有权利向获取服务的对象收取费用,但收费金额不确定的,该权利不构成一项无条件收取现金的权利,项目公司应当在确认收入的同时确认无形资产。

建造过程如发生借款利息,应当按照《企业会计准则第 17 号——借款费用》的规定处理。

2. 项目公司未提供实际建造服务,将基础设施建造发包给其他方的,不应确认建造服务收入,应当按照建造过程中支付的工程价款等考虑合同规定,分别确认为金融资产或无形资产。

(三)按照合同规定,企业为使有关基础设施保持一定的服务能力或在移交给合同授予方之前保持一定的使用状态,预计将发生的支出,应当按照《企业会计准则第 13 号——或有事项》的规定处理。

(四)按照特许经营权合同规定,项目公司应提供不止一项服务(如既提供基础设施建造服务又提供建成后经营服务)的,各项服务能够单独区分时,其收取或应收的对价应当按照各项服务的相对公允价值比例分配给所提供的各项服务。

（五）BOT 业务所建造基础设施不应作为项目公司的固定资产。

（六）在 BOT 业务中,授予方可能向项目公司提供除基础设施以外其他的资产,如果该资产构成授予方应付合同价款的一部分,不应作为政府补助处理。项目公司自授予方取得资产时,应以其公允价值确认,未提供与获取该资产相关的服务前应确认为一项负债。

本规定发布前,企业已经进行的 BOT 项目,应当进行追溯调整;进行追溯调整不切实可行的,应以与 BOT 业务相关的资产、负债在所列报最早期间期初的账面价值为基础重新分类,作为无形资产或是金融资产,同时进行减值测试;在列报的最早期间期初进行减值测试不切实可行的,应在当期期初进行减值测试。

六、售后租回交易认定为经营租赁的,应当如何进行会计处理?

答:企业的售后租回交易认定为经营租赁的,应当分别以下情况处理:

（一）有确凿证据表明售后租回交易是按照公允价值达成的,售价与资产账面价值的差额应当计入当期损益。

（二）售后租回交易如果不是按照公允价值达成的,售价低于公允价值的差额,应计入当期损益;但若该损失将由低于市价的未来租赁付款额补偿时,有关损失应予以递延(递延收益),并按与确认租金费用相一致的方法在租赁期内进行分摊;如果售价大于公允价值,其大于公允价值的部分应计入递延收益,并在租赁期内分摊。

《企业会计准则解释第3号》

一、采用成本法核算的长期股权投资，投资企业取得被投资单位宣告发放的现金股利或利润，应当如何进行会计处理？

答：采用成本法核算的长期股权投资，除取得投资时实际支付的价款或对价中包含的已宣告但尚未发放的现金股利或利润外，投资企业应当按照享有被投资单位宣告发放的现金股利或利润确认投资收益，不再划分是否属于投资前和投资后被投资单位实现的净利润。

企业按照上述规定确认自被投资单位应分得的现金股利或利润后，应当考虑长期股权投资是否发生减值。在判断该类长期股权投资是否存在减值迹象时，应当关注长期股权投资的账面价值是否大于享有被投资单位净资产（包括相关商誉）账面价值的份额等类似情况。出现类似情况时，企业应当按照《企业会计准则第8号——资产减值》对长期股权投资进行减值测试，可收回金额低于长期股权投资账面价值的，应当计提减值准备。

二、企业持有上市公司限售股权，对上市公司不具有控制、共同控制或重大影响的，应当如何进行会计处理？

答：企业持有上市公司限售股权（不包括股权分置改革中持有的限售股权），对上市公司不具有控制、共同控制或重大影响的，应当按照《企业会计准则第22号——金融工具确认和计量》的规定，将该限售股权划分为可供出售金融资产或以公允价值计量且其变动计入当期损益的金融资产。

企业在确定上市公司限售股权公允价值时，应当按照《企业会计准则第22号——金融工具确认和计量》有关公允价值确定的规定执行，不得改变企业会计准则规定的公允价值确定原则和方法。

本解释发布前未按上述规定确定所持有限售股权公允价值的，应当按照《企业会计准则第28号——会计政策、会计估计变更和差错更正》进行处理。

三、高危行业企业提取的安全生产费,应当如何进行会计处理?

答:高危行业企业按照国家规定提取的安全生产费,应当计入相关产品的成本或当期损益,同时记入"4301专项储备"科目。

企业使用提取的安全生产费时,属于费用性支出的,直接冲减专项储备。企业使用提取的安全生产费形成固定资产的,应当通过"在建工程"科目归集所发生的支出,待安全项目完工达到预定可使用状态时确认为固定资产;同时,按照形成固定资产的成本冲减专项储备,并确认相同金额的累计折旧。该固定资产在以后期间不再计提折旧。

"专项储备"科目期末余额在资产负债表所有者权益项下"减:库存股"和"盈余公积"之间增设"专项储备"项目反映。

企业提取的维简费和其他具有类似性质的费用,比照上述规定处理。

本解释发布前未按上述规定处理的,应当进行追溯调整。

四、企业收到政府给予的搬迁补偿款应当如何进行会计处理?

答:企业因城镇整体规划、库区建设、棚户区改造、沉陷区治理等公共利益进行搬迁,收到政府从财政预算直接拨付的搬迁补偿款,应作为专项应付款处理。其中,属于对企业在搬迁和重建过程中发生的固定资产和无形资产损失、有关费用性支出、停工损失及搬迁后拟新建资产进行补偿的,应自专项应付款转入递延收益,并按照《企业会计准则第16号——政府补助》进行会计处理。企业取得的搬迁补偿款扣除转入递延收益的金额后如有结余的,应当作为资本公积处理。

企业收到除上述之外的搬迁补偿款,应当按照《企业会计准则第4号——固定资产》、《企业会计准则第16号——政府补助》等会计准则进行处理。

五、在股份支付的确认和计量中,应当如何正确运用可行权条件和非可行权条件?

答:企业根据国家有关规定实行股权激励的,股份支付协议中确定的相关条件,不得随意变更。其中,可行权条件是指能够确定企业是否得到职工或其他方提供的服务,且该服务使职工或其他方具有获取股份支付协议规定的权益工具或现金等权利的条件;反之,为非可行权条件。可行权条件包括服务期限条件或业绩条件。服务期限条件是指职工或其他方完成规定服务期限才可行权的条件。业绩条件是指职工或其他方完成规定服务期限且企业已经达到特定业绩目标才可行权的条件,具体包括市场条件和非市场条件。

企业在确定权益工具授予日的公允价值时,应当考虑股份支付协议规定的可行权条件中的市场条件和非可行权条件的影响。股份支付存在非可行权条件的,只要职工或其他方满足了所有可行权条件中的非市场条件(如服务期限等),企业应当确认已得到服务相对应的成本费用。

在等待期内如果取消了授予的权益工具,企业应当对取消所授予的权益性工具作为加速行权处理,将剩余等待期内应确认的金额立即计入当期损益,同时确认资本公积。职工或其他方能够选择满足非可行权条件但在等待期内未满足的,企业应当将其作为授予权益工具的取消处理。

六、企业自行建造或通过分包商建造房地产,应当遵循哪项会计准则确认与房地产建造协议相关的收入?

答:企业自行建造或通过分包商建造房地产,应当根据房地产建造协议条款和实际情况,判断确认收入应适用的会计准则。

房地产购买方在建造工程开始前能够规定房地产设计的主要结构要素,或者能够在建造过程中决定主要结构变动的,房地产建造协议符合建造合同定义,企业应当遵循《企业会计准则第 15 号——建造合同》确认收入。

房地产购买方影响房地产设计的能力有限(如仅能对基本设计方案做微小变动)的,企业应当遵循《企业会计准则第 14 号——收入》中有关商品销售收入的原则确认收入。

七、利润表应当作哪些调整?

答:(一)企业应当在利润表"每股收益"项下增列"其他综合收益"项目和"综合收益总额"项目。"其他综合收益"项目,反映企业根据企业会计准则规定未在损益中确认的各项利得和损失扣除所得税影响后的净额。"综合收益总额"项目,反映企业净利润与其他综合收益的合计金额。"其他综合收益"和"综合收益总额"项目的序号在原有基础上顺延。

(二)企业应当在附注中详细披露其他综合收益各项目及其所得税影

响,以及原计入其他综合收益、当期转入损益的金额等信息。

(三)企业合并利润表也应按照上述规定进行调整。在"综合收益总额"项目下单独列示"归属于母公司所有者的综合收益总额"项目和"归属于少数股东的综合收益总额"项目。

(四)企业提供前期比较信息时,比较利润表应当按照《企业会计准则第30号——财务报表列报》第八条的规定处理。

八、企业应当如何改进报告分部信息?

答:企业应当以内部组织结构、管理要求、内部报告制度为依据确定经营分部,以经营分部为基础确定报告分部,并按下列规定披露分部信息。原有关确定地区分部和业务分部以及按照主要报告形式、次要报告形式披露分部信息的规定不再执行。

(一)经营分部,是指企业内同时满足下列条件的组成部分:

1. 该组成部分能够在日常活动中产生收入、发生费用;

2. 企业管理层能够定期评价该组成部分的经营成果,以决定向其配置资源、评价其业绩;

3. 企业能够取得该组成部分的财务状况、经营成果和现金流量等有关会计信息。

企业存在相似经济特征的两个或多个经营分部,同时满足《企业会计准则第35号——分部报告》第五条相关规定的,可以合并为一个经营分部。

(二)企业以经营分部为基础确定报告分部时,应当满足《企业会计准则第35号——分部报告》第八条规定的三个条件之一。未满足规定条件,但企业认为披露该经营分部信息对财务报告使用者有用的,也可将其确定为报告分部。

报告分部的数量通常不应超过10个。报告分部的数量超过10个需要合并的,应当以经营分部的合并条件为基础,对相关的报告分部予以合并。

(三)企业报告分部确定后,应当披露下列信息:

1. 确定报告分部考虑的因素、报告分部的产品和劳务的类型;

2. 每一报告分部的利润(亏损)总额相关信息,包括利润(亏损)总额组成项目及计量的相关会计政策信息;

3. 每一报告分部的资产总额、负债总额相关信息,包括资产总额组成项目的信息,以及有关资产、负债计量的相关会计政策。

(四)除上述已经作为报告分部信息组成部分披露的外,企业还应当披露下列信息:

1. 每一产品和劳务或每一类似产品和劳务组合的对外交易收入;

2. 企业取得的来自于本国的对外交易收入总额以及位于本国的非流动资产(不包括金融资产、独立账户资产、递延所得税资产,下同)总额,企业从其他国家取得的对外交易收入总额以及位于其他国家的非流动资产总额;

3. 企业对主要客户的依赖程度。

附录四:

《企业会计准则解释第 4 号》

一、同一控制下的企业合并中,合并方发生的审计、法律服务、评估咨询等中介费用以及其他相关管理费用,应当于发生时计入当期损益。非同一控制下的企业合并中,购买方发生的上述费用,应当如何进行会计处理?

答:非同一控制下的企业合并中,购买方为企业合并发生的审计、法律服务、评估咨询等中介费用以及其他相关管理费用,应当于发生时计入当期损益;购买方作为合并对价发行的权益性证券或债务性证券的交易费用,应当计入权益性证券或债务性证券的初始确认金额。

二、非同一控制下的企业合并中,购买方在购买日取得被购买方可辨认资产和负债,应当如何进行分类或指定?

答:非同一控制下的企业合并中,购买方在购买日取得被购买方可辨认资产和负债,应当根据企业会计准则的规定,结合购买日存在的合同条款、经营政策、并购政策等相关因素进行分类或指定,主要包括被购买方的金融资产和金融负债的分类、套期关系的指定、嵌入衍生工具的分拆等。但是,合并中如涉及租赁合同和保险合同且在购买日对合同条款作出修订的,购买方应当根据企业会计准则的规定,结合修订的条款和其他因素对合同进行分类。

三、企业通过多次交易分步实现非同一控制下企业合并的,对于购买日之前持有的被购买方的股权,应当如何进行会计处理?

答:企业通过多次交易分步实现非同一控制下企业合并的,应当区分个别财务报表和合并财务报表进行相关会计处理:

(一)在个别财务报表中,应当以购买日之前所持被购买方的股权投资的账面价值与购买日新增投资成本之和,作为该项投资的初始投资成本;购买日之前持有的被购买方的股权涉及其他综合收益的,应当在处置该项投资时将与其相关的其他综合收益(例如,可供出售金融资产公允价值变动计入资本公积的部分,下同)转入当期投资收益。

(二)在合并财务报表中,对于购买日之前持有的被购买方的股权,应当按照该股权在购买日的公允价值进行重新计量,公允价值与其账面价值的差额计入当期投资收益;购买日之前持有的被购买方的股权涉及其他综合收益的,与其相关的其他综合收益应当转为购买日所属当期投资收益。购买方应当在附注中披露其在购买日之前持有的被购买方的股权在购买日的公允价值、按照公允价值重新计量产生的相关利得或损失的金额。

四、企业因处置部分股权投资或其他原因丧失了对原有子公司控制权的,对于处置后的剩余股权应当如何进行会计处理?

答:企业因处置部分股权投资或其他原因丧失了对原有子公司控制权的,应当区分个别财务报表和合并财务报表进行相关会计处理:

(一)在个别财务报表中,对于处置的股权,应当按照《企业会计准则第2号——长期股权投资》的规定进行会计处理;同时,对于剩余股权,应当按其账面价值确认为长期股权投资或其他相关金融资产。处置后的剩余股权能够对原有子公司实施共同控制或重大影响的,按有关成本法转为权益法的相关规定进行会计处理。

(二)在合并财务报表中,对于剩余股权,应当按照其在丧失控制权日的公允价值进行重新计量。处置股权取得的对价与剩余股权公允价值之和,减去按原持股比例计算应享有原有子公司自购买日开始持续计算的净资产的份额之间的差额,计入丧失控制权当期的投资收益。与原有子公司股权投资相关的其他综合收益,应当在丧失控制权时转为当期投资收益。企业应当在附注中披露处置后的剩余股权在丧失控制权日的公允价值、按照公允价值重新计量产生的相关利得或损失的金额。

五、在企业合并中,购买方对于因企业合并而产生的递延所得税资产,应当如何进行会计处理?

答:在企业合并中,购买方取得被购买方的可抵扣暂时性差异,在购买日不符合递延所得税资产确认条件的,不应予以确认。购买日后12个月内,如取得新的或进一步的信息表明购买日的相关情况已经存在,预期被购买方在购买日可抵扣暂时性差异带来的经济利益能够实现的,应当确认相关的递延所得税资产,同时减少商誉,商誉不足冲减的,差额部分确认为当期损益;除上述情况以外,确认与企业合并相关的递延所得税资产,应当计入当期损益。

本解释发布前递延所得税资产未按照上述规定处理的,应当进行追溯调整,追溯调整不切实可行的除外。

六、在合并财务报表中,子公司少数股东分担的当期亏损超过了少数股东在该子公司期初所有者权益中所享有的份额的,其余额应当如何进行会计处理?

答:在合并财务报表中,子公司少数股东分担的当期亏损超过了少数股东在该子公司期初所有者权益中所享有的份额的,其余额仍应当冲减少数股东权益。

本解释发布前子公司少数股东权益未按照上述规定处理的,应当进行追溯调整,追溯调整不切实可行的除外。

七、企业集团内涉及不同企业的股份支付交易应当如何进行会计处理?

答:企业集团(由母公司和其全部子公司构成)内发生的股份支付交易,应当按照以下规定进行会计处理:

(一)结算企业以其本身权益工具结算的,应当将该股份支付交易作为权益结算的股份支付处理;除此之外,应当作为现金结算的股份支付处理。

结算企业是接受服务企业的投资者的,应当按照授予日权益工具的公允价值或应承担负债的公允价值确认为对接受服务企业的长期股权投资,同时确认资本公积(其他资本公积)或负债。

(二)接受服务企业没有结算义务或授予本企业职工的是其本身权益工具的,应当将该股份支付交易作为权益结算的股份支付处理;接受服务企业具有结算义务且授予本企业职工的是企业集团内其他企业权益工具的,应当将该股份支付交易作为现金结算的股份支付处理。

本解释发布前股份支付交易未按上述规定处理的,应当进行追溯调整,追溯调整不切实可行的除外。

八、融资性担保公司应当执行何种会计标准?

答:融资性担保公司应当执行企业会计准则,并按照《企业会计准则——应用指南》有关保险公司财务报表格式规定,结合公司实际情况,编制财务报表并对外披露相关信息,不再执行《担保企业会计核算办法》(财会〔2005〕17 号)。

融资性担保公司发生的担保业务,应当按照《企业会计准则第 25 号——原保险合同》、《企业会计准则第 26 号——再保险合同》、《保险合同相关会计处理规定》(财会〔2009〕15 号)等有关保险合同的相关规定进行会计处理。

本解释发布前融资性担保公司发生的担保业务未按照上述规定处理的,应当进行追溯调整,追溯调整不切实可行的除外。

九、企业发生的融资融券业务,应当执行何种会计标准?

答:融资融券业务,是指证券公司向客户出借资金供其买入证券或者出借证券供其卖出,并由客户交存相应担保物的经营活动。企业发生的融资融券业务,分为融资业务和融券业务两类。

关于融资业务,证券公司及其客户均应当按照《企业会计准则第 22 号——金融工具确认和计量》有关规定进行会计处理。证券公司融出的资金,应当确认应收债权,并确认相应利息收入;客户融入的资金,应当确认应付债务,并确认相应利息费用。

关于融券业务,证券公司融出的证券,按照《企业会计准则第 23 号——金融资产转移》有关规定,不应终止确认该证券,但应确认相应利息收入;客户融入的证券,应当按照《企业会计准则第 22 号——金融工具确认和计量》有关规定进行会计处理,并确认相应利息费用。

证券公司对客户融资融券并代客户买卖证券时,应当作为证券经纪业务进行会计处理。

证券公司及其客户发生的融资融券业务,应当按照《企业会计准则第 37 号——金融工具列报》有关规定披露相关会计信息。

本解释发布前融资融券业务未按照上述规定进行处理的,应当进行追溯调整,追溯调整不切实可行的除外。

十、企业根据《企业会计准则解释第 2 号》(财会〔2008〕11 号)的规定,对认股权和债券分离交易的可转换公司债券中的认股权,单独确认了一项权益工具(资本公积——其他资本公积)。认股权持有人没有行权的,原计入资本公积(其他资本公积)的部分,应当如何进行会计处理?

答:企业发行的认股权和债券分离交易的可转换公司债券,认股权持有人到期没有行权的,应当在到期时将原计入资本公积(其他资本公积)的部分转入资本公积(股本溢价)。

本解释发布前认股权和债券分离交易的可转换公司债券未按照上述规定进行处理的,应当进行追溯调整,追溯调整不切实可行的除外。

十一、本解释中除特别注明应予追溯调整的以外,其他问题自 2010 年 1 月 1 日起施行。

企业会计准则等效认可篇

篇首语

等效是指具有同等效力。中国会计准则等效是指其他国家和地区在会计准则内容和实施与中国相互认可对方的准则,使得中国企业会计准则与其他国家或地区会计准则具有同等效力,并获得对方资本市场和监管机构的认可。从2005年开始,我国陆续与中国香港、欧盟、美国等国家和地区,开展了一系列会计准则等效相关活动,并取得了积极的进展。

会计准则等效认可工作的顺利推进,将大大降低中国企业财务报告的转换成本,提升国际社会对中国企业国际形象的认可度,使中国企业在同一平台上参与国际资本市场竞争,促进对外贸易和国际资本流动,实现我国经济社会的健康发展。

以下部分构成了本书的"企业会计准则等效认可篇"。相关内容主要收集整理了本人近年来在《会计研究》以及《中国会计报》等期刊杂志发表的与我国会计准则等效相关的文章,概括反映了中国会计准则国际等效认可情况。

中国会计准则国际等效:中国香港

　　随着经济全球化深入发展,跨区跨境资本流动频繁,全球各国地区经济相互依存度加深,作为国际资本流动商业语言的会计审计准则,实现国际趋同和资本市场间的等效,已成为大势所趋。目前,世界主要经济体美国、欧盟、日本等都在朝这一方向加大努力。如美国已宣布自 2007 年起接纳外国在美上市公司按照国际财务报告准则编制的财务报表。又如,欧盟正在积极推进会计准则与第三国会计准则的等效认可工作等等。可以说,准则趋同和等效,构筑衡量公司业绩的同一平台,已成为促进资本市场提高效率,降低投资风险,节约交易成本的国际共识。

　　在中国会计准则体系建设过程中,在符合中国的经济、法律环境的前提下,财政部积极与国际会计准则理事会合作,实现了中国会计准则与国际财务报告准则的实质性趋同。无论对于中国,还是对世界而言,趋同都是一件大事,它对中国经济融入经济全球化的潮流将起到重要的推动作用。然而,趋同只是第一步,等效是目标。中国企业会计准则走国际趋同道路的最终目标,是为了实现与其他已采用国际财务报告准则的国家实现等效互认,降低我国企业海外上市的成本,并解决我国完全市场经济地位问题。中国会计准则与国际财务报告准则实现趋同后,财政部就开始研究并启动与那些实施国际财务报告准则国家和地区会计准则等效问题的相关工作,而且进展较为顺利。2007 年,中国企业会计准则首先与中国香港财务报告准则实现了等效。

一、财政部积极推进两地会计准则等效工作的原因

　　2006 年 2 月发布的中国会计准则与国际财务报告准则实现趋同后,财政部就开始研究并启动与那些实施国际财务报告准则国家和地区会计准则

等效问题的相关工作。内地和香港的准则等效工作,从 2006 年开始筹备,经过 6 次技术会谈,到 2007 年 12 月签署等效协议,经过双方努力,历时一年多。

(一)两地会计准则的等效,能够降低我国企业海外上市成本,促进我国企业"走出去"

香港是全球经济最具活力的地区之一,香港有关机构欢迎、支持两地签署等效联合声明,还表示要进一步采取包括会计审计合作在内的一系列积极行动,促进更好吸引世界更多国家的企业来港上市。这充分体现了香港"自由开放、公平竞争"的国际理念,必将有助于香港金融中心地位的巩固和繁荣,有助于香港会计行业的发展和经济的振兴。同时,两地会计审计准则等效声明的签署,也将有利于降低内地企业来港上市的成本,有利于吸引更多内地企业来港投资,从而也有利于内地会计审计及经济的发展,充分展示了内地维护和促进香港金融中心地位发展的态度,表明了内地进一步深化改革、扩大开放的决心。

中国内地企业会计准则得到中国香港交易所的认可后,内地企业到香港上市,可以直接采用中国会计准则编制财务报表,不再需要按照国际财务报告准则提供另外一套报表或者按照国际准则进行调整,这将大大减少企业的报表编制成本和审计成本,为我国企业走入国际市场创造良好的会计环境。按照内地会计准则编制的财务报告和香港会计准则编制的财务报告具有同等效力,也就是说内地和香港会计准则是等效的。这是个基本原则,但是还涉及很多具体工作需要进一步做好。比如说,会计准则等效以后,内地和香港的注册会计师考试科目互免问题,还需要研究进一步扩大豁免人员的范围等。这都是和等效相关联的内容。更为重要的是,等效以后,内地企业按照内地会计准则编制的财务报告、内地的注册会计师按照内地的审计准则进行审计所出具的审计结果,到香港以后应该被认同,应该被香港的监管机构接纳而不需进行双重审计,出具两套报告。相应地,香港的企业到内地来也应享受同样的政策。

作为世界主要资本市场之一的中国香港能够接受中国内地企业会计准则,这在国际上将起到很好的示范作用,这一良好的开端,有助于推进我国与欧美等其他国家和地区的会计准则等效谈判工作的进展,促使其他国家和地区认同我国准则等效,进一步扩大会计国际趋同和等效的成果,为企业"走出去"和吸引外资等创造良好的会计环境。

(二)准则等效将有利于两地会计行业加强合作

在共同建设高质量准则体系和提供高水平会计服务的同时,积极参与国际合作与交流,在经济一体化的国际舞台上,提高两地共同的话语权,提高中国内地和香港会计审计行业的国际竞争力,进而提高中国的整体经济实力。

从现实来看,内地与香港会计审计准则实现等效,对内地和香港的会计行业和企业是一个很好的机遇,可以降低转换成本,有利于企业更好地走出去,更好地发展,有利于企业在欧美和国际市场上市;对于注册会计师行业来说,也是一个新的发展机遇。但是机遇和挑战是并存的。首先要对具备这样条件的注册会计师、事务所进行严格评估和严格审查,也就是说注册会计师、事务所审计的结果首先要被香港的监管机构、投资者和公众接纳,接下来要被欧盟和美国的监管机构、投资者和公众接纳,这就是注册会计师行业即将面临的新一轮挑战。所以要严格把关,苦练内功。这就是等效协议签署以后所要进行的大量而具体的工作。

(三)有利于解决我国完全市场经济地位问题

中国香港、欧美等国家和地区接受我国企业会计准则,不仅是对我国会计准则制定的肯定,同时也是对我国会计准则得到良好执行的认可。因此,这将有助于促进欧美国家等 WTO 成员对我国完全市场经济地位的认定,改善我国企业的出口环境,促进我国对外经贸的发展。

企业会计准则的国际趋同只是第一步,等效才是目标。我国会计准则实现与其他国家或地区会计准则等效,有利于贯彻中央提出的"走出去"战略,有利于提升中国企业的国际竞争力,有利于中国注册会计师行业做强做大,能够为完善社会主义市场经济体制和顺应经济全球化趋势做出应有的贡献。

二、内地企业会计准则与香港财务报告准则等效的过程

2005 年 11 月 8 日,中国会计准则委员会与国际会计准则理事会在北京签署了联合声明,确认了中国企业会计准则与国际财务报告准则的趋同。

国际会计准则理事会主席戴维·泰迪爵士于 2006 年 2 月 15 日在北京举行的中国企业会计准则体系发布会上,对中国所取得的成就进行了评论:采用新的中国企业会计准则体系已为内地企业会计准则与国际财务报告准则带来了实质性趋同。

中国香港会计师公会认同中国会计准则委员会与国际会计准则理事会签署的联合声明以及戴维·泰迪主席对中国企业会计准则体系与国际财务报告准则的趋同方面的评论。2006 年 5 月 12 日,本人作为中国会计准则委员会办公室主任,与中国香港会计师公会行政总裁兼注册主任张智媛签署了一项联合声明,宣布内地企业会计准则与香港财务报告准则实现了实质性趋同,同时,双方表示进一步加强交流,增进关于财务报告准则事务的未来合作,尽力支持高质量的国际财务报告准则的建立。

此后,根据双方进一步加强交流与合作的承诺,2007 年年初,成立了中国会计准则委员会与中国香港会计师公会等效联合工作组,全面启动了内地企业会计准则和香港财务报告准则的具体比较工作。经过为期 1 年多的 6 次技术会谈,双方在准则等效上达成了一致。财政部会计司即与香港会计师公会开展了会计准则等效技术会谈。在内地和香港进行多次商讨之后,2007 年 12 月 6 日,财政部副部长、中国会计准则委员会秘书长王军带团去香港,和香港特区的证监会、财务汇报局、会计师公会、交易所等有关方面进行了深入研究、讨论,达成共识,并与香港会计师公会会长方中签署了《中国会计准则委员会与中国香港会计师公会关于内地企业会计准则与香港财务报告准则等效的联合声明》,宣布:

双方自 2006 年 5 月就内地企业会计准则与香港财务报告准则的实质性趋同情况发表联合声明后,即对两地准则进行了逐项比较,并一致同意:

1. 2007 年 12 月 6 日有效的内地企业会计准则与同日有效的香港财务报告准则,除资产减值损失的转回以及关联方披露两项准则相关内容需调节差异外,已经实现等效。内地企业根据 2007 年 12 月 6 日有效的内地会计准则编制的财务报表,在对上述两项差异作出相关的调整后,与根据同日有效的香港财务报告准则编制的财务报表具有同等效力。

2. 双方承诺为消除以上两项差异以及未来继续保持两地准则的等效,制定了持续等效机制。

3. 双方已与有关方面协商并达成共识,自声明签署后,立即开展工作,落实两地注册会计师专业资格考试会计科目的相互豁免,尽快研究扩大符合两地考试科目互免条件的中国注册会计师协会会员和香港会计师公会会员的范围。

4. 在两地准则等效技术磋商过程中,双方已与两地监管机构协商并达成共识,在两地准则等效声明签署后,立即开展工作,尽快研究解决两地在对方上市的企业,以其当地的会计准则编制、并由当地具备资格的会计师事务所按照当地审计准则审计的财务报表,可获对方上市地监管机构接纳。

三、企业会计准则与香港财务报告准则等效的内容

(一)等效联合声明对双方准则的比较范围

比较的基础包括中国财政部发布的企业会计准则、应用指南和解释,香港会计师公会发布的所有规范财务报表编制的法定和强制性的公告,即内地企业会计准则和香港财务报告准则。

1. 比较项目所涵盖的内地企业会计准则

比较项目所涵盖的企业会计准则项目包括:

(1)企业会计准则——基本准则;

(2)企业会计准则具体准则第1—38号;

(3)企业会计准则应用指南;

(4)企业会计准则解释。

以上文件的结构和关系如下图所示:

在内地企业会计准则体系中,基本准则统驭准则体系中的其他部分,具体准则、应用指南和解释具备相同的法律地位。当产生冲突时,以较晚发布的文件为准。

财政部会计司于2007年4月公布的《企业会计准则讲解》,未作为比较的基础,但其中涉及与准则等效相关内容的调整和补充,已经进行了复核确认。

2. 比较项目所涵盖的香港财务报告准则

比较项目所涵盖的香港财务报告准则项目包括所有香港会计师公会理事会批准的香港财务报告准则及解释公告,即:

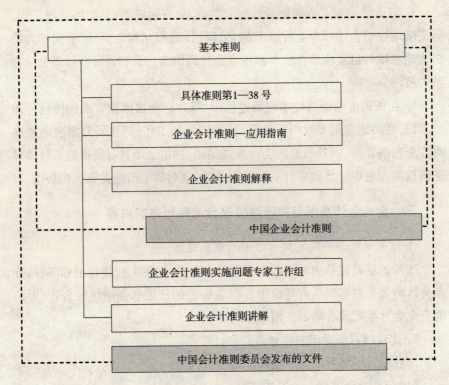

图1 中国内地企业会计准则结构和关系图

（1）编制和呈报财务报表的框架；

（2）香港财务报告准则；

（3）香港会计准则；

（4）香港（国际财务报告解释委员会）解释公告；

（5）香港（常设解释委员会）解释公告；

（6）香港解释公告。

中国香港财务报告准则与国际财务报告准则逐字完全趋同。香港财务报告准则的等级结构如下图所示：

大部分香港财务报告准则包含的非强制性材料，如应用指南及作说明用的例子等，均不涵盖于比较项目的范围内。

（二）准则等效比较过程

1. 比较方法

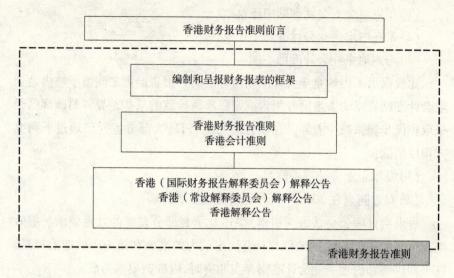

图2 香港财务报告准则结构和关系图

比较项目所采用的方法为基于结果的比较法,该方法对内地企业会计准则与香港财务报告准则之间的差异进行识别,并评价这些差异是否会导致财务报告编制者以不同的方式对财务报表中的重要项目进行确认和计量。根据两套准则的不同情况,香港财务报告准则被作为基准,与内地企业会计准则进行比较,但忽略不重要的文字差异。在进行比较时:

(1)准则中如涉及财务报表编制者的选择权不被视为差异;

(2)内地《企业会计准则第38号——首次执行企业会计准则》和《香港财务报告准则第1号——首次采用香港财务报告准则》是基于新旧准则转换而制定的。首次执行准则日的影响取决于企业所处的具体情况,因为此项比较并无实际意义;

(3)比较还不包括《香港会计准则第26号——退休福利计划的会计和报告》与《企业会计准则第10号——企业年金基金》,因为退休福利计划不是上市公司。

2. 差异识别

双方统计了所有相关的香港财务报告准则的要求,并研究了内地企业会计准则是否已经做出相应的要求,以确定香港财务报告准则的要求是否:

（1）在内地企业会计准则中述及；

（2）未在内地企业会计准则中述及；或

（3）与内地企业会计准则不同。

比较揭示了内地企业会计准则与香港财务报告准则之间由于被内地企业会计准则省略的香港财务报告准则要求所导致的某些差异。财政部已经采取积极步骤来减少差异。在联合声明签署日，大部分差异已通过下列方式得以消除：

（1）发布企业会计准则解释；

（2）双方同意在2008年4月底前修改出版讲解。

香港会计师公会认为，《讲解》中述及了对部分差异的处理要求。等效联合声明接受《讲解》的地位与具有法定效力的准则和指南等效的前提是，在准则讲解和内地企业会计准则存在冲突时，以准则要求为准。

此外，香港会计师公会认为在有活跃市场情况下，生物资产在其寿命周期内，内地《企业会计准则第5号——生物资产》的要求符合《香港财务报告准则第41号——农业》的规定。然而，在无法获得足够市场信息的情况下，内地《企业会计准则第5号》对企业使用公允价值的限制更加严格。香港会计师公会同意在内地市场不可能通过估值技术可靠获得公允价值，因而同意不将其列为一项需调节差异。

（三）需调节差异的持续消除机制与等效的维持机制

中国会计准则委员会与香港会计师公会承诺支持高质量的国际财务报告准则，并一致认为趋同是一个持续过程。双方在等效联合声明中表达了基于持续基础与国际财务报告准则趋同，并进行持续的等效维持的意向。双方也表达了就其与国际财务报告准则的趋同工作维持密切交流与合作的意向，并详细说明了需调节差异的持续消除机制与等效的维持机制。

1. 香港会计师公会应遵循的适当程序

香港会计师公会将采取下列步骤，将所有新的或修订的香港财务报告准则的发布情况告知中国会计准则委员会，并投入力量以监督调节状态：

（1）当发布关于国际财务报告准则或国际财务报告解释委员会解释公告的国际会计准则理事会征求意见稿的新评议邀请时，中国香港会计师公会将向中国会计准则委员会提供征求意见文件的副本。

(2)当发布关于国际财务报告准则的国际会计准则理事会征求意见稿的意见时,香港会计师公会将向中国会计准则委员会提供公会意见的副本。

(3)当向国际会计准则理事会或国际财务报告解释委员会征求任何技术意见时,香港会计师公会将向中国会计准则委员会提供技术意见的副本。

(4)当香港会计师公会采用一项新的或修订的国际财务报告准则或国际财务报告解释委员会的解释公告作为一项新的或修订的香港财务报告准则时,中国香港会计师公会将向中国会计准则委员会提供新的或修订的香港财务报告准则副本。新的或修订的香港财务报告准则在任何情况下将与相应的国际财务报告准则保持一致。

2. 中国会计准则委员会应遵循的适当程序

中国会计准则委员会将采取下列步骤,将发布新的或修订的内地企业会计准则的情况告知中国香港会计师公会,并将在发布新的或修订的内地企业会计准则之前,考虑国际财务报告准则的要求,以确保准则的趋同:

(1)制定新的内地企业会计准则时,中国财政部将考虑国际财务报告准则的要求。

(2)当发布内地企业会计准则的新征求意见稿时,中国会计准则委员会将向中国香港会计师公会提供征求意见稿的副本。

(3)当发布新的或修订的内地企业会计准则时,中国会计准则委员会将向中国香港会计师公会提供新的或修订的准则、应用指南和解释的副本。

(4)当从中国香港会计师公会收到按照新的或修订的国际财务报告准则或国际财务报告解释委员会解释公告所发布的新的或修订的香港准则时,中国会计准则委员会将就内地是否将采用该准则以及何时将采用该准则提供反馈,并根据要求更新可能需调节的差异。

(5)当制定意在与国际财务报告准则趋同的新的内地企业会计准则时,中国会计准则委员会将保留新的内地企业会计准则与相应国际财务报告准则的比对记录,并将比对记录提供给香港会计师公会。中国会计准则委员会和中国香港会计师公会将讨论新准则对等效的影响。

（6）当向国际会计准则理事会提供关于国际财务报告准则征求意见稿的意见时,中国会计准则委员会将向香港会计师公会提供中国会计准则委员会意见的副本。

（7）当向国际会计准则理事会或国际财务报告解释委员会征求任何技术意见时,中国会计准则委员会将向香港会计师公会提供征求技术意见的副本。

四、两地会计准则的差异

2007 年,香港组织了一批强有力的技术力量,对国际会计准则、审计准则进行系统深入研究,而财政部会计司、中注协也组织了精干力量,进行纵横向对比、研究并最后形成结论:在会计准则问题上,内地准则和香港准则认同的实质性差异只有两项需要调整,这同 2005 年与国际会计准则理事会签署的趋同联合声明的结论是一致的。第一是关于长期资产减值的不得转回问题;第二是关联方披露准则中关于国家控制的企业的确认关联方的范围问题。其他方面也有一些不同,如,内地在公允价值准则中关于公允价值的使用上,采取的是比较谨慎的做法,香港方面也认为我国更严格,但这并不作为差异。还有企业退休福利计划,涉及的是企业年金,而企业年金是一个独立的会计主体,我国的企业年金基金类似于国际准则中的设定提存计划,跟企业、上市公司的联系不直接,所以这一部分也没有作为比较的基础。此外,包括首次采用会计准则的一些处理,因为涉及企业具体的情况,也不宜作为准则体系的比较基础,意义也不大。这些做法基本上和国际准则2005 年的趋同结论是一致的。

总体而言,内地企业会计准则与香港财务报告准则的差异产生,主要是因为国际财务报告准则每年的变动,使得香港财务报告准则随之变动,我国在不改变现有准则框架和体系的前提下,每年发布年报通知,并通过改进《企业会计准则讲解》来解决这些差异,以下归纳整理了两地准则差异以及相应的解决方法,如下表所示:

（一）通过改述《企业会计准则讲解》能够解决的确认和计量差异

No.	香港财务报告准则的要求	内地财务报告准则的要求	财政部对《讲解》的修订
	《香港财务报告准则第2号》——以股份为基础的支付	《企业会计准则第11号》——股份支付	
3.1	《香港财务报告准则第2号》适用于主体本身、主体的权益工具或同集团其他主体的权益工具。[《香港财务报告准则第2号》第3段]。	《企业会计准则第2号》适用于主体本身的权益工具[《企业会计准则第11号》第2条]。	在《讲解》第179页第一段后补充：股份支付准则中的"企业自身权益工具"，是指企业的母公司或同集团其他主体的权益工具。
3.2	《香港财务报告准则第2号》包含一项概括性假设，从主体而不是雇员收到的物品和服务能够可靠计量[《香港财务报告准则第2号》第13段]。	《企业会计准则第2号》没有作出类似的假设[《企业会计准则11号》第8条]。	在《讲解》第180页第二段后另起一段补充：一般而言，职工之外的其他方所提供的服务能够可靠计量，应当优先采用其他方所提供的服务在取得日的公允价值。只在极少数情况下，其他方所提供服务的公允价值无法可靠计量下，其他方所提供服务的公允价值无法可靠计量。
6.1	补充说明： • 股份和股票期权权益公允价值的计量。[《香港财务报告准则第2号》第22、24—29段，附录一]。 • 香港财务报告准则第4号[《香港财务报告准则解释公告第8号》]。	未作规定。	2. 在讲解第180页第二节、（一）2后补充3 3. 权益工具公允价值确定中相关具体问题的处理 对于具有再授予特征的股票期权，确定其公允价值应作为考虑其再授予特征。当发生再授予期权的后续授予时，应作为一项新授予的股份期权权进行处理。在极少数情况下，当授予权益工具的公允价值的内在价值计量时，应当以该权益工具的内在价值计量。企业如果回购其职工可行权的权益工具，应当借记所有者权益，回购价付的金额高于该权益工具在回购日公允价值的部分，计入当期费用。 在讲解第180页第二节、（一）2开头补充：换取其他方提供服务，是指企业以自身权益工具换取职工以外其他有关方面为企业提供服务。在某些情况下这些难以辨认，但仍有迹象显示企业是否取得了该服务，应当按照股份支付准则处理。
	《香港财务报告准则第4号》——保险合同	《企业会计准则第25号》——原保险合同 和《企业会计准则第26号》——再保险合同	
2.1	保险合同包括满足保险合同定义的由保险公司和其他主体共同签发的合同[《香港财务报告准则第4号》第5段]。	《企业会计准则第25号》和《企业会计准则第26号》阐明了保险合同，并且将其规定在由保险公司签发的满足保险合同定义的合同范围内。	内地准则保险准则不局限于保险公司，还包括符合保险人定义的担保公司等（详见准则指南第70页倒数第六行）。尽管如此，为避免误解，我们同意在《讲解》第400页和第412页的第一段中删除有关子保险公司的描述。

续表

No.	香港财务报告准则的要求	内地财务报告准则的要求	财政部对《讲解》的修订
5.1	《香港会计准则第 2 号——存货》/《企业会计准则第 1 号——存货》		
	所有存货都以成本及可变现净值孰低计量 [《香港会计准则第 2 号》第 8—9 段]。	摊销低值易耗品和包装材料 [《企业会计准则第 1 号》第 20 条]。	低值易耗品和包装材料是指价值较小、易于损坏、可供多次使用的物品和包装材料,但不能归类为固定资产,从简化的角度,通常价值一次转销或五五摊销计入当期损益,本质上属于存货,与 HKAS2.8 相一致。我们认为,从分类的角度不存在差异,在《讲解》中不作进一步解释。
6.6	《香港会计准则第 12 号——所得税》/《企业会计准则第 18 号——所得税》		
	详细指南和示例: • 所得税包括预扣所得税。[《香港会计准则第 12 号》第 2 段,第 65A 段]。 • 直接借记或贷记入权益的项目。[《香港会计准则第 12 号》第 62—65 段]。	未作规定。	• 在《讲解》P267 第 4 段和第 5 段之间增加一段,反映下列内容: 企业应交所得税包括以应纳税的所得额为基础计算实现的境内及境外纳税款。如有为投资者扣代缴的所得税,也作为应缴所得税,同时减记所得者权益。 • 在《讲解》P267 第 9 段已明确了与直接计入所有者权益的交易或事项相关的所得税的处理原则且进行了举例说明,在第 9 段之后增加下列内容: 直接计入所有者权益的交易或事项包括对会计政策变更采用追溯调整法或对前期差错更正采用追溯重述法对期初留存收益、可供出售金融资产公允价值变动计入当期所得税递延所得税难以明确区分时,可以按合理的基础进行分配,确定计入所有者权益的部分。 由于内地所得税影响不存在,如果境外子公司存在此类交易事项,应按照专家工作组意见对此问题作出处理。

续表

No.	香港财务报告准则的要求	内地财务报告准则的要求	财政部对《讲解》的修订
	• 企业合并中产生的递延所得税。[《香港会计准则第 12 号》第 67—68 段]。 • 股份支付交易中产生的现行和递延所得税。[《香港会计准则第 12 号》第 68A—68C 段]。 • 所得税资产和所得税负债的抵消。[《香港财务报告准则第 12 号》第 71—76 段]。		• 在《讲解》P265 第 7 段下增加一段，反映下列内容：企业合并发生后，购买方对于在合并前本企业已经存在的可抵扣暂时性差异及未弥补亏损等，由于合并后预计很可能产生足够的应纳税所得额，从而确认相关的递延所得税资产，即冲减所得税资产的商誉或确认企业合并成本中取得的被购买方可辨认净资产公允价值的份额应计入合并当期损益的部分。HKFRS12 第 68 段的内容已体现在《讲解》第 312 页，拟调整至《讲解》P265 上述内容之后。 • 在内地税法中不允许与股份支付相关的费用在税前扣除，讲解中不予作出解释。境外子公司发生的此类交易的处理按照与当期所得税与递延所得税资产的原则处理。 • 在《讲解》P266 第 8 段后增加"四、所得税资产与递延所得税资产与当期所得税资产与当期所得额列示。 "抵销"，反映下列内容： (一)同时满足下列条件时，企业应当净额后净额列示： 1. 拥有以净额结算的法定权利； 2. 以净额结算者取得资产，清偿负债同时进行。 (二)同时满足下列条件时，企业应当将当期所得税资产与递延所得税资产与当期所得额列示： 1. 拥有以净额结算当期所得税资产和当期所得税负债的法定权利； 2. 递延所得税主体或和当期所得税主体相同，纳税主体相同，但在未来将以净额以净额结算且纳税主体将在每个未来将以净额结算或同时收回资产、清偿负债时进行。 通常情况下，在个别财务报表中，上述当期所得税资产与当期所得税负债的净额以净额列示，递延所得税资产和递延所得税负债可以抵销后的净额列示。在合并范围内的各方的当期所得税资产或递延所得税资产与另一方的当期所得税负债或递延所得税负债不能相互抵销。

续表

No.	香港财务报告准则的要求	内地财务报告准则的要求	财政部对《讲解》的修订
《香港财务报告准则第16号——不动产、厂场和设备》/《企业会计准则第4号——固定资产》			
6.7	详细指南： • 由于安全性和环境原因而取得的不动产、厂场和设备的项目［《香港财务报告准则第16号》第11段］。 • 重要检查的成本［《香港财务报告准则第16号》第14段］。 • 减值补偿［《香港财务报告准则第16号》第65—66段］。	未作规定。	在《讲解》P63第1段后面增加下列内容： • 企业由于安全或环保的要求购入其他设备等，虽然不能直接给企业带来未来经济利益，但有助于企业从其他相关资产获得未来经济利益或者获得更多的未来经济利益，也应确认为固定资产。 • 由于重要检查的成本的内容已体现在《企业会计准则——应用指南》P8"二、固定资产"的后续支出"和《讲解》P73—75"二、固定资产"的后续支出，且与HKFRS16.14相一致。在《讲解》中不作进一步解释。 • 由于减值补偿的内容已体现在《企业会计准则——应用指南》P202"固定资产清理"科目的"三、（二）"中，且与HKFRS16.65—66相一致。在《讲解》中不作进一步解释。
《香港会计准则第17号——租赁》/《企业会计准则第21号——租赁》			
4.3	《香港会计准则第17号》要求承租人以融资租赁方式租入的生物资产和出租人以经营性租赁方式出租的生物资产，按照《香港会计准则第41号——农业》的有关规定进行会计处理［《香港会计准则第17号》第2段（c）和（d）］。	未作规定。	在《讲解》P326页作出如下补充： 在"二、承租人对经营租赁的处理"之前增加下列内容："承租人以融资租赁方式取得的生物资产的计量，按照《企业会计准则第5号——生物资产》的相关规定进行处理。" 在《讲解》P332页"四、售后租回会计处理"之前的内容"三、出租人以经营租赁方式提供的生物资产的计量，按照《企业会计准则第5号——生物资产》的相关规定进行处理。"
3.3	《香港会计准则第17号》在最低租赁付款额的定义中，明确排除了出租人支付和退还给出租人的税金［《香港会计准则第17号》第4段］。	《企业会计准则第21号》未排除这些。［《企业会计准则第21号》第8条］。	在《讲解》P319页作出如下补充： 在"二、租赁的分类"之前增加下列内容： "（六）最低租赁付款额，指在租赁期内，承租人应当支付或可能被要求支付各种款项（不包括或有租金和履约成本），出租人支付和退还的税金可退还的税金也不包括在内。"

续表

No.	香港财务报告准则的要求	内地财务报告准则的要求	财政部对《讲解》的修订
6.9	详细指南： •售后租回交易见[《香港会计准则第17号》第60—64段]。	未作规定。	•将《讲解》P333页倒数第二段进行如下补充： "售后租回交易认定为经营租赁的，在没有确凿证据表明售后租回交易是按照公允价值达成的情况下，售价低于市价的未来租金予以递延，并在预计使用期限内摊销。售价高于公允价值的，其高出公允价值的部分应予递延，并在预计使用期限内摊销。售后租回资产公允价值低于账面价值的差额确认为当期损益。 •在《讲解》P320页"租赁准则着重解决三个方面的问题"之前补充下列内容： "对于一项土地和建筑物租赁进行分类时，企业通常应当将土地和建筑物分开考虑。将最低租赁付款额现值按照公允价值的租赁权益和建筑物部分的租赁权益对应相对的比例做出分配。在我国，由于土地的所有权归国家所有，不能转移，土地租赁不能归类为融资租赁。对于建筑物的租赁按本准则的规定标准能进行可靠计量的，应视同一项租赁。如果土地和建筑物无法分离分割和不能可靠计量的，应视同一项租赁。" •在《讲解》P332页"二、出租人对经营租赁的处理"之前补充下列内容： "制造商或经销商出租人出租的融资租赁资产，在租赁期开始日，应将该资产公允价值与最低租赁收款额现值二者较低者确认为销售收入，将最低租赁收款额与现值之间的差额确认为未实现融资收益。最低租赁收款额折现时应当采用市场利率。制造商或经销商出租人发生与协商和安排租赁的相关费用应在确认销售利润时确认为费用。"

《香港会计准则第18号——收入》《企业会计准则第14号》

217

续表

No.	香港财务报告准则的要求	内地财务报告准则的要求	财政部对《讲解》的修订
6.11	详细指南： • "完成阶段"收入的估计［《香港会计准则第 18 号》第 23、25 段］。 • 香港财务报告准则的附录包含更多的会计准则讲解包含更多的操作示例。	未作规定。	• 《讲解》216 页（一）之前补充一段："通常，企业与其他交易方就以下方面达成协议后，便能作出可靠的估计：（1）提供服务一方和获得劳务一方的强制执行权；（2）进行交换的对价；（3）结算的方式和条件。" 《讲解》216 页（一）3（3）后补充一段："在实务中，如果特定时期内提供劳务的完工进度不能可靠地确定，该期间可以采用直线法表明其他方法能更好地反映完工程度。某项特定作业相比其他作业都更重要时，应当详能项重要作业完成之后确认收入。" • 虽然香港财务报告准则的附录载比企业会计准则讲解包含更多的操作示例，而内地准则则在《收入》准则应用指南已有，此差异并不存在。
《香港会计准则第 19 号——雇员福利》/《企业会计准则第 9 号——职工薪酬》			
4.4	将带薪缺勤明确为职工薪酬［《香港会计准则第 19 号》第 11—16 段］。	未作规定。	在《讲解》第 154—156 页对带薪缺勤的处理提供了详细的指南，不需要再补充。
6.10	对辞退福利和长期雇员福利计量的详细指南（除退休后福利计划）［《香港会计准则第 19 号》第 126—130、133—140 段］。	未作规定。	在《讲解》第 150—154 页对辞退福员福利、其他长期雇员福利提供了详细指南不需要再补充。对于其他长期雇员福利，目前内地企业没有提供养老金外其他长期雇员福利的情形，海外子公司如存在此类福利，该问题按照专家工作组意见第二条的原则处理。
《香港会计准则第 21 号——汇率变动的影响》/《企业会计准则第 19 号——外币折算》			
6.12	选用功能货币的顺序（并不意味着国内货币最可能为功能货币）的详细指南［《香港会计准则第 21 号》第 12 段］。	未作规定。	在《讲解》P273 页"二、记账本位币的变更"之前加入下列内容： （三）企业确定记账本位币时，在多种因素混合在一起本位币不明显的情况下，应当优先选择最能反映企业经营所处主要经济环境的货币，然后考虑其他影响因素。因为经营所处主要经济环境货币的因素更具代表性，能够提供更多支持证据。

续表

No.	香港财务报告准则的要求	内地财务报告准则的要求	财政部对《讲解》的修订
	《香港财务报告准则第28号——联营者和联营企业》/《企业会计准则第2号——长期股权投资》		
6.16	消除投资者和联营企业之间"顺流"和"逆流"交易的详细指南[《香港会计准则第28号》第22段]。	未作规定。	该问题已在专家工作组意见中解决，不在讲解中解释。
	《香港财务报告准则第31号——合营中的权益》/《企业会计准则第2号——长期股权投资》		
6.17	详细指南：当被投资者处于法定重组或破产，或者向合营者的能力受到严格的长期限制时的会计处理[《香港会计准则第31号》第48~50段]。	未作规定。	• 在《讲解》P30 第4段之后增加下列内容：当被投资单位处于法定重组或破产中，或者在向投资方转移资金的能力方受到严格期限制情况下经营时，通常投资方对被投资单位可能无法按照共同控制。但如果能够证明存在共同权益……股权投资准则规定采用成本法核算。 • 合营者与合营之间的交易，已专家工作组意见中解决，不在讲解中解释。
	《香港财务报告准则第32号——金融工具：列报》/《企业会计准则第37号——金融工具：列报和披露》		
6.18	详细指南：涉及购买和出售非金融项目的合同[《香港会计准则第32号》第9~10段]。	《讲解》提供了更多指南。《讲解》第23章第一节第337页部分涉及。	• 在《讲解》第336页第一节第"一"，后补充以下内容： 企业能够以现金净额或其他金融资产或通过交换金融工具结算买入或支出非金融项目的合同有多种表现形式： (1)合同条款允许以用现金净额结算或通过其他金融工具进行净额结算； (2)合同条款中没有明确规定可以用现金净额结算，但企业按惯例通常用现金净额结算； (3)对于类似合同，企业按惯例在收到非金融项目的后短期内出售以获取因价格短期波动而产生的利润； (4)作为合同标的的非金融项目可以非常方便地转换为现金。

续表

No.	香港财务报告准则的要求	内地财务报告准则的要求	财政部对《讲解》的修订
	● 如果一项金融工具将可能导致发行方自身权益工具的转移,则应分类为权益工具[《香港会计准则32号》第17—24段]。	● 未作规定。	在上述这些合同当中、(2)或(3)所述的合同并不是根据企业的预定购买、销售或使用要求以获取或交付非金融项目为目的而签订的,因此,这类合同在金融工具确认和计量准则的适用范围之内。对于(1)、(4)和(5)所述的合同,需要进一步判断,视情况不同,确定是否采用金融工具确认和计量准则进行处理。比如,对于上述(1)或(4)所述合同,如果企业它属于用现金或其他金融工具进行净额结算或通过交换金融工具结算的非金融项目的已签出期权合同(written option),则该合同应按金融工具确认和计量准则进行处理。 ● 在《讲解》第603页[例38—1]前补充说明: 某项合同是一项权益工具并不仅仅因为它可能导致企业获得或交付现金或其他金融资产。企业可能拥有的合同或义务,该数量或变动数量或该权益票据或其他权益工具的公身股票或其他权益工具的公允价值恰好等于合同义务的金额。该合同权利或义务的金额,也可以部分或全部基于企业自身权益工具的市场价格以外的变量的变化(比如利率,某种商品的价格或某项金融工具的价格)而波动。这种合同不是权益工具,因为企业用变动权益自身权益工具来结算该合同。 如果在一个合同中,企业通过交付(或获取)固定数额的自身权益工具以获取或交付固定金额的现金或其他金融资产,则该合同是一项权益工具。 如果一项合同使企业承担以现金或其他金融资产回购本身权益工具的义务,则该合同形成企业的一项金融负债,其入账价值为该回购款的现值,远期回购价格的现值等于赎回时所需支付价款的现值(比如,远期回购价格的现值,期权执行价格的现值及其他可赎回金额的现值等)。 如果一项合同要求企业交付或收取固定数量的自身权益工具交换变动数量现金或其他金融资产,则该合同形成企业的一项金融资产或金融负债。

续表

No.	香港财务报告准则的要求	内地财务报告准则的要求	财政部对《讲解》的修订
	●复合金融工具【《香港会计准则32号》第30段】。 ●金融资产和金融负债的抵消【《香港会计准则32号》第43—49段】。	●未作规定。 ●《讲解》第38章第三节—第607—608页部分涉及。	●在《讲解》第606页"（一）混合工具的分拆原则"中的第一段后补充：可转换工具（如可转换公司债券）的负债和权益的可能性发生变化的区分，不能因行使可转换期权的可能性发生变化而改变。 ●在《讲解》第608页顺数第2段后补充： （1）抵销权是债务人根据合同或其他协议，以应收债权人的金额抵销应付债权人的法定权利，本身并不足以构成或部分抵销应付债务的金额的协议。在少数情况下，债务人可能拥有以应收第三方的金额抵销应付债权人的金额的协议。 （2）抵销金融资产和金融负债有明确权利的存在，是相互抵销的基础。在企业确实打算行使这项权利或在净额结算时，以净额为基础列报资产和负债更恰当地反映预期未来现金流量的金额和时间以及这些现金流量将要承受的风险。企业拥有相互抵销权但不打算以净额结算或同时变现资产和清偿负债的，该项权利对企业信用风险的影响应有关规定予以披露。
	●准则实施指南【《香港会计准则32号》附录】。	●未作规定。	●在《讲解》第336页"二、衍生工具"之前补充： 1. 行使合同权利的能力或履行合同义务的要求尚未确定的，也可能依某一未来事项是否发生来确定。由此能形成金融工具，应作金融负债的定义。 2. 融资租赁是一项金融资产，而经营租赁不是一项金融工具（因经营租赁形成的应收、应付租金除外）。 3. 预付费用形成类似资产不是金融资产；递延收益和大多数预付保证义务也不是金融负债。 应交所得税等非合同义务不是金融义务的义务，或有事项准则涉及的推定义务不是因合同而产生的义务，也不是金融负债。

《香港会计准则第36号——资产减值》/《企业会计准则第8号——资产减值》

续表

No.	香港财务报告准则的要求	内地财务报告准则的要求	财政部对《讲解》的修订
6.19	未达到可使用状态的无形资产每年进行减值测试[《香港会计准则第36号》第10段(1)]。	未作规定。	将《讲解》第9章中所有"使用寿命不确定的无形资产",改为"使用寿命不确定到尚未达到可使用状态的无形资产"。
6.20	香港财务报告准则包含关于商誉分配到单元的详细指南[《香港会计准则第36号》第86段]。	未作规定。	在《讲解》140页[例9—11]后增加一段:"如果企业处置资产组中的某项资产,与该项资产相关的商誉处置损益时,商誉应当包括在该项资产的账面金额中:(1)确定资产处置损益;(2)按照该项资产和该资产组剩余部分的比例进行分摊。"
6.21	详细指南: • 减值迹象[《香港会计准则第36号》第12,14段]。 • 使用现值技术计量使用价值[《香港会计准则第37号》附录]。	《讲解》提供了更多指南。《企业会计准则讲解》第9章第一节,第124页,缺失的迹象——净资产的账面价值高于其市场价值[香港会计准则第36号第12段(2)]。《讲解》第9章第二节三(四)(4),第128—131页。企业会计准则讲解包括运用传统和预期现金流量计算法的举例。然而,它不体现香港现金流量现值的方法A,A1,A3段中提出的现值技术的原则。	• 在《讲解》124页第4段中"均属于资产可能发生减值的迹象"之前补充一句"企业净资产"的账面价值高于其市场价值。 • 《讲解》126页—131页、第9章第二节(一)(二)所述内容均体现了《香港会计准则第36号》附录《讲解》进行重复描述。
《香港会计准则第37号——准备、或有资产和或有负债》《企业会计准则第13号——或有事项》			
3.8	所有亏损性合同都确认为负债[《香港会计准则第37号》第66段]。	只将待执行的亏损性合同确认为负债[《企业会计准则第13号》第8条]。	将待执行《讲解》第十四章中所有"待执行的亏损性合同"修改为"亏损合同"。
6.22	折现率是税前的,反映当前市场对货币时间价值以及负债特定风险的评价[《香港会计准则第37号》第47段]。	未作规定。	不存在差异,详见《讲解》200页(三)2.货币时间价值第二段中的(1)。

No.	香港财务报告准则的要求	内地财务报告准则的要求	财政部对《讲解》的修订
6.23	将准备的使用限制于最初为该支出确认准备的支出［《香港会计准则第37号》第61—62段］。	未作规定。	在《讲解》第203页"四"对预计负债账面价值的复核"中的第一句改为"企业应当在资产负债表日对预计负债的应用范围进行复核"，并且补充加入"预计负债的应用范围应当仅限于最初为某项支出确认预计负债的那部分支出。只有与该项预计负债有关的支出才能冲减该项预计负债，否则将会混淆预计负债不同事项的影响。"
6.24	只有当主体决定出售时它才有义务销售其经营，例如通过签订了约束性出售协议［《香港会计准则第37号》第78—79段］。	未作规定。	在《讲解》第202页"（二）重组义务"第三段之前补充"企业只有在承诺出售部分业务即签订了约束性出售协议时，才能确认因该重组而承担了重组义务。"
3.7	重组负债的确认要求已经开始 或向受其影响的各方通告的重组的那些受其影响的各方［《香港会计准则第37号》第72段（b）］。	重组负债的确认要求在确认重组负债前对外公告重组的各方重组计划［《企业会计准则第13号》第10条（2）］。	将《讲解》第202页"（二）重组义务"第三段中（2）改为"该重组计划已经开始实施，或已向受其影响的各方通告了该计划的主要内容。"
6.25	详细指南： ●准备和其他负债的区分［《香港会计准则第37号》第11段］。	●未作规定。	《讲解》第196页"（二）或有资产"之上补充一段： "或有负债应当与应付账款、预计负债进行严格区分；应付账款是与已收到或已提供的货物或劳务相关的未来支出的时间确定或金额不确定的负债；应付账款是为供应商或已收到或已提供的货物或劳务协议的货物或劳务支付的负债，并已开出发票或与供应商达成正式协议的；预计负债是为已收到或已提供的货物或劳务支付的负债，但还未支付的负债或未开出发票或未与供应商达成正式协议的。应对项目经营者作为应付账款和其他应付款的一部分进行报告，而预计负债则单独进行报告。"

续表

No.	香港财务报告准则的要求	内地财务报告准则的要求	财政部对《讲解》的修订
	●现时义务的存在[《香港会计准则第37号》第15—16段]。	●未作规定。	●《讲解》第197页"（一）该义务是企业承担的现实义务"下补充一段："在几乎所有情况下,过去事项是否已导致了一项现实义务是显而易见的。只有在极少情况下如法律诉讼,特定事项是否已发生或这些事项是否已产生了一项现时义务可能难以确定。当存在这种情况时,企业应当考虑包括资产负债表日后所有可获得的证据,以此确定资产负债表日是否存在现时义务。"
	●过去事项的涵义[《香港会计准则第37号》第17—22段]。 ●对于相似的义务可将其视为一个整体[《香港会计准则第37号》第24段]。	●《讲解》第14章第二节第196页部分包含。 ●未作规定。	●不存在差异,《讲解》"过去事项"都作了详细的解释。 ●《讲解》第198页"（二）履行该义务很可能导致经济利益流出企业"之后补充一段："存在很多类似义务,如产品保证类似合同,履行时要求经济利益流出。对于某一项目而言,虽然经济利益流出的可能性较小,但包括该类项目的该类义务很可能导致经济利益流出,应当确认该项预计负债。"

《香港会计准则第38号—无形资产》《企业会计准则第6号—无形资产》

No.	香港财务报告准则的要求	内地财务报告准则的要求	财政部对《讲解》的修订
6.26	不允许确认包括在内生资产中的客户名单。[《香港会计准则第38号》第63段《企业会计准则第1号》第11段]。	未作规定。	在《讲解》第97页第一行后增加一段内容：内部产生的品牌、报刊名、客户名单和实质上类似的项目的支出不能与整个业务开发成本区分开来。因此,这类项目不应确认为无形资产。
6.27	详细指南： ●整制,未来经济利益与计量[《香港会计准则第38号》第13—20、23段]。 ●包含在无形资产成本中或排除在无形资产成本外的成本[《香港会计准则第38号》第25—26、28—31段]。	未作规定。	●在《讲解》第三十四章《合并财务报表》和第一章《基本准则》中已有。 ●在《讲解》第98页无形资产的初始计量（一）外购的无形资产的初始计量中已有。

续表

No.	香港财务报告准则的要求	内地财务报告准则的要求	财政部对《讲解》的修订
	• 计量企业合并中取得的资产的公允价值[《香港会计准则》第38号第35—41段]。 • 当无法确定研发活动的阶段的情况下,将内生无形资产产发生的支出归入研究阶段[《香港会计准则》第38号第53段]。 • 与新技术相关的开发活动举例[《香港会计准则》第38号第59段]。 • 内生无形资产产的成本举例[《香港会计准则》第38号第65—67段]。 • 残值的确定[《香港会计准则》第38号第102—103段]。		• 在《讲解》第99页(五)企业合并中取得的无形资产成本中已有。 • 在《讲解》第102页四,内部研究开发费用的账务处理(一)中已有。 • 在《讲解》第100页(二)开发阶段中已有。 • 在《讲解》第102页三,内部开发的无形资产的计量中已有。 • 在《讲解》第105页(二)残值的确定中已有。
《香港会计准则》第39号——金融工具:确认和计量/《企业会计准则第22号——金融工具:确认和计量》			
3.10	香港财务报告准则包括一项假设,即一组类似金融工具的现金流量可靠估计或存续期同能够可靠地估计,然后,如果现金流量或采用预计存续期无法可靠估计下,应采用合同现金流量[《香港会计准则》第9段——实际利率法]。	内地财务报告准则[仅涉及现金流量或预计存续期无法可靠估计的情况[《企业会计准则第22号第14条]。	在《讲解》第344页第四段第二句之后补充:在计算实际利率时,通常存在一种假定,即一组类似金融工具的现金流量和预计存续期同能够可靠地估计。 在《讲解》第344页第四段末尾补充:企业持有金融资产过程中对预期现金流量作出修改的,应当按原先确定的实际利率对修改后的预期现金流量进行折现,调整该金融资产的账面价值,调整数计入当期损益。
6.29	详细指南: • 定义[《香港会计准则第39号》AG4B—AG12A,AG14,AG15,AG17—AG21,AG24,AG26]。	•《讲解》第23章第二节337—342页部分涉及。	(一)在《讲解》第339页"二、持有至到期投资"之前补充:企业持有一些金融资产和金融负债,且这些金融资产和负债承担一种或多种相同的风险。按照书面正式文件载明的资产和负债管理政策,企业或一种或多种相同的风险评价。在这种情况下,企业通常可以对这些金融资产和金融负债进行公允价值指定。

续表

No.	香港财务报告准则的要求	内地财务报告准则的要求	财政部对《讲解》的修订
	• 以净现金或其他金融工具结算或交换金融工具的非金融项目的购买和出售〔《香港会计准则第39号》第6—7段〕。	• 未作规定。	保险人持有一组金融资产，并通过管理该组金融资产（使总回报（即股权利息或公允价值变动等）最大化，其在对该组金融资产的业绩表现进行评价时，以公允价值为基础。保险人持有该组金融资产可能是为了对应持定的金融负债，通常情况下，权益对管理和评价，否将对应的金融负债以公允价值计量。如果对应持定的金融负债公允价值计量。以上提到的风险管理或投资策略的书面文件不需要针对单个金融工具进行评价或投资组合，可以仅针对金融工具组合以符合公允价值指定。 （二）持有至到期投资 在《讲解》第339页"（二）有明确意图将持有至到期"之前补充： 企业持有的浮动利率债券投资通常符合划分为持有至到期投资的条件。 • 已通过同题6.18中的第一点补充。
	• 购买和销售的日常方式〔《香港会计准则第39号》第38段和应用指南53—56段〕。	• 未作规定。	• 在《讲解》第353页第五节之前补充： 第四节 惯例方式购买或出售 惯例方式购买或出售，是指一项金融资产的购买或销售，该金融资产的交付须在市场规定或惯例规定要求的期间内购买方式或按惯例方式购买或出售须交付结算购买的日期；结算日是指企业是向购买开始取得或采用交付金融资产的日期。 如果采用交易日会计，企业应当按该以下原则处理： 1. 在交易日确认将收到的金融资产和应付的债务； 2. 在交易日终止确认出售的金融资产及相关损益，并确认向购买方收取的应收款项。但是，通常在结算日才才开始确认相关资产和负债的利息。

No.	香港财务报告准则的要求	内地财务报告准则的要求	财政部对《讲解》的修订
	•嵌入衍生工具的计量［《香港会计准则第39号》第13段，AG27—AG33B］。	•《讲解》第23章第五节第353—356页部分涉及。	如采用结算日会计，企业应当按以下原则处理： 1. 金融资产在结算日（收到日）予以确认； 2. 在结算日终止确认时，对于企业将支付的金融资产，企业采用结算日会计止确认时，对于企业将收到的金融资产于交易日和结算日之间的公允价值计量且其变动收益的情况处理。该金融资产将来划分以公允价值变动计入当期损益；该金融资产未划分为可供出售的金融资产的，该公允价值变动计入其他综合收益；该金融资产未划分以公允价值变动计入当期损益类金融资产的，该公允价值变动不予确认。
	•嵌入衍生工具重新评估［《香港财务报告解释公告第9号》］。	未作规定。	•《讲解》第23章第354页顺数第四段"第二、嵌入衍生工具的处理原则"之后补充： 企业根据嵌入衍生工具的条款和条件不能可靠地估计该嵌入衍生工具价值（比如，嵌入衍生工具以没有市场报价的权益合价工具为基础，如按金融资产的公允价值确认和计量准则可以确定混合工具的公允价值时，嵌入衍生工具确认，嵌入衍生工具之间的差额，应将该混合工具划分为以公允价值计量且其变动计入当期损益的金融资产或金融负债。
	•计量［《香港会计准则第39号》AG64—AG71, AG73—AG74, AG78, AG81—AG82］。	未作规定。	•《讲解》第355页倒数第二段已有相关规定。 •内地第22号准则专设第五章规范计量问题，在《讲解》中也有大量关于计量问题的规范，不再进行补充。
	•金融资产减值［《香港会计准则第39号》第60、62段，AG85—AG92］。	•《讲解》第23章第六节第356—360页部分涉及。	•《讲解》第357页顺数第二段之后补充： 某项金融资产由于不再公开交易使得不存在活跃市场时，不足以说明该金融资产发生了减值。其次，金融资产发行方信用等级下降本身也不足以说明该金融资产发生了减值。再者，某项金融资产的公允价值降至其成本或摊余成本以下也不一定就该表明该金融资产发生了减值损失。

续表

No.	香港财务报告准则的要求	内地财务报告准则的要求	财政部对《讲解》的修订
			在某些情况下，估计金融资产减值损失金额所要求的可观察数据可能受到当前情况的限制或与当前减值损失金额。在这种情况下，企业应运用经验判断估计减值损失金额。类似地，企业应运用经验判断调整一组金融资产的可观察数据以反映当前情况。企业应估计金融资产减值损失的过程中，要参考总所有的信用用敞口（exposure），而不仅仅是低信用质量的信用敞口——估计金融资产减值时每一金额——金额，也可能形成一个金额范围。在后一种情况下，企业应当考虑财务报表对所有可获得信息，以确定代表减值损失的最佳估计数。
	《香港财务报告准则第 39 号——金融工具：确认和计量》/《企业会计准则第 22 号——金融工具：确认和计量》		
6.30	符合或不符合终止确认的转移的详细指南 [《香港会计准则第 39 号》AG45—AG47]。	《讲解》第 24 章第二节第 365—377 页部分涉及。	在《讲解》第 371 页倒数第 2 行前补充：企业可能保留收取所转移金融资产部分分利息的权利，作为对这些资产提供服务的补偿。企业终止或转让相关放弃这部分利息，应将该部分利息分摊记作服务资产或服务负债。否则应作为本金剥离应收收款（interest-only strip）。
	《香港会计准则第 39 号——金融工具：确认和计量》/《企业会计准则第 24 号——套期保值》		
6.31	套期保值的附加指南 [《香港会计准则第 39 号》AG94—AG104，AG107—AG132]。	《讲解》第 25 章部分涉及。	除利率风险组合套期的公允价值套期外，IAS39 中关于套期保值的指南基本上都在套期保值指南和讲解中体现。利率风险组合套期的套期业务在实务中很罕见，如果境外子公司存在此类业务，应按照专家工作组意见第二个问题的原则处理。
	《香港会计准则第 40 号——投资性房地产》/《企业会计准则第 3 号——投资性房地产》		

续表

No.	香港财务报告准则的要求	内地财务报告准则的要求	财政部对《讲解》的修订
6.32	持有以备在一项或多项经营租赁下租出的空置建筑物投资性房地产的举例[《香港会计准则第40号》第8段和第40号》第3段]。	持有以备经营租赁下租出的空置建筑物不符合投资性房地产的定义[《企业会计准则第3号》第3段]。	在《讲解》第51页"三、不属于投资性房地产"的项目"之前增补一段：董事会或管理当局、董事会或类似机构)作出书面决议明确表明将其用于经营出租的房地产。这里将有空置建筑物，包括企业新购入、自行建造或开发完成后经整理且经营活动尚未使用的建筑物，以及不再用于日常生产经营后准备用于经营出租且已达到可经营出租状态的建筑物。
4.6	以公允价值计量的投资性房地产转为存货的成本是转换使用日房地产的公允价值[《香港会计准则第40号》第57段(b)和第60段]。	未作规定。	在《讲解》第59页"(五)投资性房地产转为自用房地产"之下补充如下内容：企业进行房地产开发因市场原因将有经营出租的房地产，从存货转换为投资性房地产；将利用于经营出租的房地产转换为存货时，应当以其转换当日的公允价值计量的投资性房地产的账面价值作为存货的入账价值，公允价值与原账面价值的差额计入当期损益。
6.33	投资性房地产的再次开发作为投资性房地产处理[《香港会计准则第40号》第9段(4)]。	未作规定。	在《讲解》第54页倒数第二段末尾补充：企业对某项投资性房地产进行改扩建等再开发且将来仍作为投资性房地产的，在再开发期间应继续将其作为投资性房地产。
6.34	香港财务报告准则对于初始确认后"投资性房地产"的公允价值的涵义提供了详细解释[《香港会计准则第40号》第38—44段]。	未作规定。	在《讲解》第57页"二、采用公允价值模式计量的投资性房地产"之下第二段改写为：投资性房地产的公允价值，是指在公平交易中，熟悉情况的当事人之间自愿进行房地产交换的公允价值的，应当反映资产负债表日的市场状况。确定投资性房地产的公允价值时，可以参照活跃市场上同类或类似房地产的现行市场价格(市场公开报价)；无法取得同类或类似房地产现行市场价格的，可以参照活跃市场上同类或类似房地产的最近期交易价格，并考虑交易发生时、交易日期、所在区域等因素，在此基础上估计。也可以基于预计未来相关现金流量的现值，以评估投资性房地产的公允价值。企业可以采用其具有相关资质和经验的资产评估师评估确定投资性房地产的公允价值。

续表

No.	香港财务报告准则的要求	内地财务报告准则的要求	财政部对《讲解》的修订
《香港财务报告准则第41号——农业》/《企业会计准则第5号——生物资产》			
6.35	关于确定公允价值的详细指南[《香港会计准则第41号》第15—25段]。	未作规定。	在《讲解》第89页第二段之后，补充以下内容： 3.生物资产不存在活跃的交易市场但有确凿证据表明采用下列一种或多种方法确定的公允价值是可靠的，也可以采用公允价值计量： (1)从交易日至资产负债表日间经济环境没有发生重大变化的情况下最近期的市场交易价格； (2)对资产差别进行调整的类似资产的市场价格； (3)行业基准，比如以每亩苗表示的果园价值，千克肉品表示的牲畜价值等； (4)采用预期现金流量法确定反映该生物资产当前状况的公允价值，不包括由进一步生物转化活动可能增加的价值。
《框架》/《企业会计准则——基本准则》			
6.36	对于会计信息质量特征和会计要素的解释广泛（资产、负债、收入、费用等）[《香港财务报告准则概念框架》第24—81段]。	《讲解》提供了更多指南。[《讲解》第1章第3节，第5—8页]。	在《讲解》第1章第4节(8—15页)的内容涵盖了《香港财务报告准则概念框架》第47—101段的内容，不存在差异。
6.37	包括中立性（无偏性）在内的可靠性的指南[《香港财务报告准则概念框架》第36段]。	未作规定。	在《讲解》第6页"一、可靠性"后补充一段： "(三)会计信息要可靠就必须是中立的，而不带偏向。如果财务报表通过选取和判断信息去影响决策或预定的效果和结果，这种会计信息就是不中立的。"
缺失的解释公告			
6.38	《香港解释公告（SIC）第12号——合并：特殊目的主体》。	《企业会计准则第33号》应用指南中没有的详细指南。	对《讲解》P523中4的内容进行改写和补充如下： 4.判断母公司能否控制特殊目的主体应当考虑的主要因素 (1)母公司为融资、销售商品或劳务等特定经营业务的需要直接或间接设立持殊目的主体。

续表

No.	香港财务报告准则的要求	内地财务报告准则的要求	财政部对《讲解》的修订
			这是从经营活动方面判断母公司能否控制特殊目的主体： 一是设立特殊目的主体主要是为了向母公司提供长期资本，或者向母公司融资以支持母公司的主要经营活动或核心经营活动。 二是设立特殊目的主体主要是为了向母公司提供与母公司主要经营活动或核心经营活动相一致的商品或劳务，如果本不设立特殊目的的主体，这些商品或劳务必须由母公司自己提供。但是，特殊目的主体对母公司的经济依赖，比如供应商与客户之间的关系，并不一定形成控制。 (2) 母公司具有控制或获得特殊目的主体或资产的决策权。 这是从决策方面判断母公司能否控制特殊目的主体： 一是母公司拥有终止特殊目的主体的权力。 二是母公司拥有变更特殊目的主体的主体章程的权力。 三是母公司对变更特殊目的主体章程拥有否决权。 (3) 母公司通过章程、合同、协议等具有获取特殊目的主体大部分利益的权力。 这是从经济利益方面判断母公司能否控制特殊目的主体： 一是以未来净现金流量、收益、净资产或其他经济利益的方式，获取由特殊目的主体分配大部分经济利益的权力。 二是从特殊目的主体的预期剩余权益分配中或在清算中获取大部分分剩余权益的权力。 (4) 母公司通过章程、合同、协议等承担了特殊目的主体的主体的大部分风险。 这是从风险方面判断母公司能否控制特殊目的主体： 一是资本提供者对特殊目的主体的净资产不享有重大利益。 二是资本提供者不具有获取特殊目的主体的净资产的主体未来经济利益的权力。 三是资本提供者在实质上没有承受特殊目的主体净资产产变营经营活动的固有风险。 四是资本提供者获取的对价基本上类似于贷款人通过贷款或股权益获取的回报。

续表

No.	香港财务报告准则的要求	内地财务报告准则的要求	财政部对《讲解》的修订
			比如，母公司通过特殊目的主体直接或间接对向特殊目的主体提供大部分资本的其他投资者保证一定的回报率的信用风险或回报率风险，这种保证使母公司保留了特殊目的主体剩余权益风险，因为其他投资者实质上只是贷款人，因为其他投资者获得付收益或者获得收益或遭受的损失是有限制的。
6.39	香港解释公告（SIC）第 13 号——《共同控制主体：合营者的非货币性投入人》。	在内地财务报告准则下没有等效的公告。	在《讲解》P41（六）之后增加"（七）合营方向合营企业投出非货币性资产损益的处理"，以反映下列内容： 照以下原则处理： 1. 符合下列情况之一的，合营方不应确认该类交易的损益： (1)与投出货币性资产所有权相关的损益无法可靠计量。 (2)投出非货币性资产的损益不具有商业实质。 (3)投出非货币性资产交易不具有商业实质。 2. 合营方为转移了与投出资产所有权有关的重大风险和报酬并且投出资产不留给合营方的利得和损失，应在该项交易中确认或出售出售的非货币性资产企业的利得和损失。交易表明投出或售出资产部分损失。 3. 在投出非货币性资产的过程中，合营方应当全额确认该部分损失。长期股权投资外还取得了其他非货币性资产或非货币性资产，合营方应当对合营企业的非货币性或非货币性资产所确认的损益。
6.40	香港解释公告（SIC）第 15 号——《经营租赁：激励措施》。	在内地财务报告准则下没有等效的公告。	该项交易中与购买得了所取得所取得的非货币性资产。已在 2007 年 4 月 3 日发出的会计准则专家组专家意见中明确。

续表

No.	香港财务报告准则的要求	内地财务报告准则的要求	财政部对《讲解》的修订
6.41	香港解释公告（SIC）第27号——《评价涉及租赁法律形式的交易的实质》。	缺失的规定与一系列交易相联系。	在《讲解》P319页末补充"之前加入： 在"二、租赁的分类"之前加入： 企业应当正确确定一项协议是否包含租赁。某些情况下，企业签署的交易所包含的交易虽然未采取租赁的法律形式，但该交易或交易的组成部分构成包含租赁业务。确定一项协议是否属于或是否包含租赁业务，重点考虑以下两个因素：一是履行该协议是否依赖某特定资产；二是协议是否转移了资产的使用权。属于租赁业务的，按本准则进行会计处理；其他部分按相关会计准则处理。
6.42	香港解释公告（SIC）第31号——《收入：涉及广告服务的易货交易》。	在内地财务报告准则下没有等效的公告。	在《讲解》219页"第四节 让渡资产使用权"之前补充一段： "四、涉及广告服务的易货交易 企业如果通过提供广告服务以换取其他不同类的广告服务，涉及广告易货交易，按照其易货交易中提供广告服务，可以参照广告易货交易中提供的广告服务的公允价值的广告，可靠地计量收入：（1）非易货交易与易货交易频繁发生；（3）与提供（与易货交易中同类的）广告，非易货交易代表大多数交易数额或金额；（4）非易货交易涉及现金或数及现金金额，非货币性资产以及其他对价（如有证券、非货币性资产）具有可靠计量其他对价（如有证券、非货币性资产）具有可靠计量的公允值；（5）非易货交易不涉及易货交易中的同一对方）"

（二）通过改进《企业会计准则讲解》能够解决的披露差异

No.	《香港财务报告准则》的要求	内地财务报告准则的要求	财政部对《讲解》的修订
	《香港财务报告准则第14号——分部报告》/《企业会计准则第35号——分部报告》		
7.1	当且仅当与资产相关的收入和费用用做被分配到该分部时，多个分部共用的资产才分配到这些分部[《香港会计准则第14号》第47~48段]。	未作规定。	讲解590页"（四）分部资产"第一句后插入"共同使用的资产，只有两个或多个分部共同使用的资产相关的收入和费用也分配给分部时，资产才应分摊给这些分部。如，共同资产相关的折旧费或摊销费在计量分部经营成果时被扣减的，该项资产才应包括在分部资产中。"
	《香港会计准则第20号——政府补助会计和政府援助的披露》/《企业会计准则第16号——政府补助》		
4.5	当披露政府补助的性质、程度和持续性对于保证财务报表不存在误导而言是必要时，企业应像香港财务报告准则那样要求披露那样要求披露政府补助[《香港会计准则第20号》第34~38段]。	未作规定。	在讲解第239页"第三节"之上第二段"新旧比较与衔接"之上第二段末尾补充：对于不能合理确定价值的政府补助，可能会使财务报表存在误导的，应当在附注中披露该政府补助的性质、范围和期限。
	《香港会计准则第24号——关联方披露》/《企业会计准则第36号——关联方披露》		
7.3	将关联计划作为关联方[《香港会计准则第24号》第9段(7)]。	未作规定。	按照中国的法律规定，企业没有离职后福利计划，该问题按照专家工作组意见见第二条的原则处理。
	《香港会计准则第33号——每股收益》/《企业会计准则第34号——每股收益》		
	披露持续经营和终止经营损益中的基本每股收益和稀释每股收益金额[《香港会计准则第33号》第9,30条]。	未作规定。	在《讲解》P577第2段之下增加一段，反映下列内容：企业如有终止经营的情况，应当在附注中单独披露按照终止经营净利润计算的基本每股收益和稀释每股收益。
	《香港会计准则第34号——中期财务报告》/《企业会计准则——中期财务报告》		

No.	香港财务报告准则的要求	内地财务报告准则的要求	财政部对《讲解》的修订
	如果主体最近的财务报表是合并的财务报表,中期财务报告要求编制合并中期财务报告。[《香港会计准则第34号》第14段]。	如果主体在当年年中处置了纳入合并范围的子公司,即使其可比信息是以合并为基础,企业合并中期财务报告不要求编制合并中期财务报告[《企业会计准则第32号》第4段]。	说明:内地企业会计准则规定,上年度编制合并财务报表的,中期期末应当编制合并财务报表。这与香港财务报告准则是一致的。企业在本中期内处置所有子公司,在这种情况下,已不存在差异,《讲解》不予补充。此处不存在差异的基础。

《香港财务报告准则第6号——矿产资源的勘探与评价》/《企业会计准则第27号——石油天然气开采》

No.	香港财务报告准则的要求	内地财务报告准则的要求	财政部对《讲解》的修订
Int 6	石油天然气:《香港财务会计报告第6号》规定了石油天然气勘探与评价活动的会计处理。其他活动(开发、生产等)根据其他相关准则进行会计处理。	石油天然气:《企业会计准则第27号》规定了石油天然气(很多方面的会计处理。《企业会计准则第27号》一些方面的规定和香港财务报告准则的有关规定相矛盾。例如,矿产资源的运输遵循美国公认会计原则而非《香港会计准则第16号》或者《企业会计准则第38号》)。	在《讲解》第426页第4段后另起一段补充: 石油天然气资产中的矿区权益在勘探活动中的,应当按照石油天然气开采准则进行处理;在勘探活动开始前和结束后,应按其他相关企业会计准则处理。
2.3	采掘:《香港财务会计报告第6号》规定了采掘活动的会计处理。其他活动(开发、生产等)根据其他相关准则进行会计处理。	采掘: 未作规定。即使是采掘业企业也是遵循一般企业会计准则,这种情况下,两地财务报告准则之间无差异(这极其不可能基于全球惯例)。或者采掘业企业应该遵循《企业会计准则第27号》,这种情况下两地财务报告准则之间存在明显差异。	在《讲解》第427页第1段后另起一段补充: 石油天然气以外的采掘业的勘探活动应当执行相关企业会计准则,其他活动按照相关企业会计准则处理。

五、企业会计准则与香港财务报告准则等效的后续进展

两地会计准则等效联合声明签署后,双方积极落实相关要求,取得了如下进展:

（一）注册会计师考试科目互免

联合声明签署后,内地与香港正在开展落实两地注册会计师专业资格考试会计科目的相互豁免,研究扩大符合两地考试科目互免条件的中国注册会计师协会会员和香港会计师公会会员的范围。

（二）建立持续等效机制

从 2008 年 1 月起,双方建立了等效联合声明所规定的持续等效机制,每年定期举行两次技术会谈。最近的一次（第三次）等效会谈于 2009 年 10 月 13 日在北京举行。财政部会计司与香港会计师公会三方在会谈上分析了我国内地会计准则与香港会计师公会编制的企业会计准则和香港财务报告准则持续趋同的现状,决定根据 2007 年以后两地会计准则在公认会计原则方面产生的新差异,对相关准则进行修订。

（三）监管机构采纳等效成果

2009 年 8 月,香港交易所就香港交易发布咨询文件,公开征求意见,以确定是否应接受内地会计师事务所根据内地审计准则对按照企业会计准则编制的内地在港上市公司财务报表发表的审计意见。

（以上内容主要根据《会计研究》2007 年 3 月 15 日的《企业会计准则体系的等效》、中国财经报 2007 年 11 月 30 日的《趋同是基础　等效是目标》、《中国会计准则委员会与香港会计师公会关于内地企业会计准则与香港财务报告准则等效的联合声明》（包括附件 1 和附件 2）、香港交易所《咨询文件:关于接受在香港上市的内地注册成立公司采用内地的会计及审计准则以及聘用内地会计师事务所》等文章和相关资料摘录并整理）

中国会计准则委员会与中国香港会计师公会
联合声明

2006年5月12日,中国会计准则委员会和中国香港会计师公会在香港召开了会计准则趋同会议。中国会计准则委员会秘书长王军先生、办公室主任刘玉廷先生和中国香港会计师公会会长陈茂波先生、行政总裁张智媛女士参加了会议。会议就中国内地企业会计准则与香港会计准则趋同问题进行了深入讨论。双方认为,会计准则国际趋同是适应经济全球化发展趋势的必然要求,中国内地与香港近年来在会计准则国际趋同方面均取得了实质性进展。

中国香港会计师公会认同中国会计准则委员会秘书长王军先生和国际会计准则理事会主席戴维·泰迪爵士于2005年11月8日在北京签署的《联合声明》以及戴维·泰迪爵士于2006年2月15日在中国会计审计准则发布会上对中国内地企业会计准则所作的评价,即:中国企业会计准则与国际财务报告准则实现了实质性趋同;同时,中国会计准则委员会承认,香港会计准则已实现了与国际财务报告准则的趋同。因此,双方确认,中国内地企业会计准则的发布与实施和中国香港会计准则实现了实质性趋同。

双方还同意今后进一步加强两地在会计准则方面的交流与合作,共同为全球高质量的国际财务报告准则而努力。

<table>
<tr><td>中国会计准则委员会</td><td>中国香港会计师公会</td></tr>
<tr><td>办公室主任</td><td>行政总裁</td></tr>
<tr><td>刘玉廷</td><td>张智媛</td></tr>
<tr><td>2006年5月12日</td><td>2006年5月12日</td></tr>
</table>

中国会计准则委员会与中国香港会计师公会关于内地企业会计准则与香港财务报告准则等效的联合声明

中国会计准则委员会与中国香港会计师公会于 2006 年 5 月就内地企业会计准则与香港财务报告准则的实质性趋同情况发表联合声明后,即对两地准则进行了逐项比较〔比较背景及比较过程列于本声明的附件一〕,并一致同意发表以下联合声明:

(1)2007 年 12 月 6 日有效的内地企业会计准则与同日有效的香港财务报告准则,除资产减值损失的转回以及关联方披露两项准则相关内容需调节差异外,已经实现等效。内地企业根据 2007 年 12 月 6 日有效的内地会计准则编制的财务报表,在对上述两项差异作出相关的调整后,与根据同日有效的香港财务报告准则编制的财务报表具有同等效力。

(2)双方承诺为消除以上两项差异以及未来继续保持两地准则的等效,制定了列于本声明附件二的持续等效机制。

(3)双方已与有关方面协商并达成共识,自本声明签署后,立即开展工作,落实两地注册会计师专业资格考试会计科目的相互豁免,尽快研究扩大符合两地考试科目互免条件的中国注册会计师协会会员和中国香港会计师公会会员的范围。

(4)在两地准则等效技术磋商过程中,双方已与两地监管机构协商并达成共识,在两地准则等效声明签署后,立即开展工作,尽快研究解决两地在对方上市的企业,以其当地的会计准则编制、并由当地具备资格的会计师事务所按照当地审计准则审计的财务报表，可获对方上市地监管机构接纳。

中国会计准则委员会　　　　中国香港会计师公会
　　　秘书长　　　　　　　　　　会　长
　　　王　军　　　　　　　　　　方　中
　2007 年 12 月 6 日　　　　　2007 年 12 月 6 日

中国会计准则国际等效:欧盟

2008 年 11 月,欧盟决定自 2009 年起至 2011 年年底前的过渡期内,允许中国证券发行者在进入欧洲市场时使用中国会计准则,即不需要根据欧盟境内市场采用的国际财务报告准则调整财务报表。这是国际资本市场首次正式接受中国企业会计准则,标志着财政部在中欧财金对话框架下推进中欧会计等效工作取得突破性成果。与此同时,欧盟还将继续跟踪中国企业会计准则的执行和持续等效情况,并在 2011 年 12 月 31 日过渡期结束之前,就中国会计准则持续等效认可做出结论。

一、欧盟认可中国会计准则等效的过程

欧盟认可中国会计准则等效,做出这一决定并非一蹴而就的,而是建立在双方多次调研、磋商和谈判的基础上,是三年多来财政部在中欧财金对话框架下推进中欧会计等效取得的成果。

早在 2005 年 2 月的第一次中欧财金对话开始,会计等效议题就列入对话内容,决定中欧双方在会计准则制定和实施等方面交换意见。

在 2006 年 5 月举行的第二次中欧财金对话中,双方对中欧会计等效工作进行了深入探讨;期间,王军副部长与来访的欧盟委员会内部市场与服务委员查理·迈克里维举行了会谈,双方重申在会计审计领域加强合作,并探讨建立经常性合作机制的可能性。

在 2007 年 7 月举行的第三次中欧财金对话会议中,中欧会计等效会谈取得实质性成效。会议发布的《联合声明》中,认可自第二次中欧财金对话以来,双方在制定和实施会计准则方面的交流和合作所取得的进展。在此前举行的会计议题预备会上,本人率工作组与欧方进行了深入探讨,同意继续加强在政策和技术层面的合作,讨论会计国际趋同,并确定了欧盟在

2008 年就中国会计准则等效作出最终决定的目标，双方同意在本次对话后成立工作组并开展工作。

财政部会计司与欧盟就会计等效问题多次进行工作层面磋商，先后在 2007 年 11 月、2008 年 3 月举行工作组会议。本人率中欧会计等效工作组，与欧盟委员会内部市场总司皮埃尔·德尔索司长率领的欧盟代表团进行专业会谈，对中国会计准则制定及执行情况、会计国际趋同及等效等问题进行了广泛深入的探讨，为实现中欧会计等效目标奠定了基础。2008 年 4 月，在商务部牵头下，中欧双方市场经济技术工作组在北京专门举行了会计议题的会谈，欧方对中国会计准则建设及实施取得的积极进展表示认可。

2008 年 4 月 22 日，欧盟委员会就欧盟第三国会计准则等效问题发布正式报告，认为中国会计准则执行情况良好，因此建议在 2011 年年底前，欧盟委员会允许中国证券发行者在进入欧洲市场时使用中国会计准则。此项报告于 10 月 23 日经欧洲议会投票表决批准，并于 11 月 14 日由欧盟成员国代表组成的欧盟证券委员会通过，从而形成欧盟的最终法律并生效。至此，中欧会计准则等效问题历经三年多的谈判终有定论。

2010 年 7 月 2 日，本人、监督检查局副局长邰进兴与欧盟内部市场与服务总司资本自由流动、公司法、企业治理司司长皮埃尔·德尔索在北京举行会谈，双方就中欧会计和审计合作问题进行了深入探讨。双方相互介绍了会计准则和审计领域的发展，就会计准则的持续趋同和等效认可问题深入交换了意见，讨论了针对中欧审计公共监管体系可能达成的等效认可政策。会议期间，双方签署了联合声明，明确双方将继续加强会计审计领域的合作，共同努力，积极推动建立全球统一的高质量财务报告准则，并加快实现中欧审计公共监管体系等效。

二、欧盟认可中国会计准则等效的重要意义

欧盟认可中国企业会计准则等效具有十分重要的现实意义。

一是认可了中国会计准则国际趋同及有效实施的事实。欧盟认可中国会计准则等效，是欧盟基于我国会计准则建设、国际趋同以及有效实施情况做出的公正评价，也是对我国近年来会计准则建设、会计国际趋同及等效工作的认可。我国准则自 2007 年以来在上市公司范围内得到了平稳有效实

施,欧盟认可了这一事实。

二是能够降低我国企业赴欧盟上市成本,有助于我国企业"走出去"。根据欧盟的此次决定,今后中国企业到欧盟上市,可以直接采用中国会计准则编制财务报表,而不再需要按照国际财务报告准则提供另外一套报表或者按照国际准则进行调整,这将大大减少企业的报表编制成本和审计成本,为我国企业赴欧盟国家上市创造良好的会计环境,有利于企业到境外上市筹资,从而有利于配合我国企业"走出去"战略,对促进我国经济发展必将发挥重要作用。

三是有利于欧盟解决我国市场经济地位和反倾销问题。当前,中欧双方市场经济技术谈判处于关键时期,在2008年4月由商务部牵头组织的工作组第八次会议会谈中,财政部会计司与欧盟贸易救济司就我国市场经济地位谈判中的会计准则及其执行问题进行了深入讨论。此次欧盟认可我国准则等效的决定是对我国会计准则执行情况的认可,这将有助于促进欧盟对我国市场经济地位的解决,促使更好地解决我国企业的出口反倾销问题,改善我国企业的出口环境。

四是为解决中美等其他国家会计等效起到了促进和示范作用。欧盟接受我国会计准则,在国际上将起到很好的示范作用,这一良好的开端,可以在我国与其他国家的谈判中增加筹码,促进美国等其他国家认可我国准则趋同或等效。特别是2008年4月,中美会计准则等效已列入中美经济联委会对话议题,财政部会计司与美国证券交易委员会(SEC)、公众公司会计监管委员会(PCAOB)、美国财务会计准则委员会(FASB)等有关方面已有多次工作层面的对话、互访和交流。在当前全球金融危机的背景下,欧盟的这一决定,将会有助于加快中美会计等效的步伐。

三、社会各界热议中欧会计等效

中欧会计准则等效的消息一经发布,即在社会各界引起广泛关注,中国财经报、第一财经日报、证券时报、上海证券报等国内报纸、新华网、人民网、中央政府门户网、中国新闻网、新浪财经、搜狐财经网、第一财经网等国内网站纷纷发布相关新闻,香港文汇报、凤凰资讯网等媒体也都在第一时间进行了转载,各方充分肯定了中欧会计等效的重要意义以及对我国经济发展的深远影响。国际会计准则理事会、欧盟委员会、纽约证券交易所等机构也对中欧会计等效的突破性成果表示祝贺并发表评论。

国际会计准则理事会主席戴维·泰迪爵士代表 IASB 对欧盟认可中国会计准则等效表示了祝贺，祝贺中国财政部在整个趋同过程中所付出的努力及实现的成果获得了第三方的认可。

欧盟委员会内部服务与市场总司皮埃尔·德尔索司长表示，欧盟已经认同了中国企业会计准则与国际财务报告准则之间的等效，为中国企业走向欧洲打开了方便之门，同时这也是对这几年中国会计准则工作成果的一种肯定。他对中国政府的工作效率表示赞赏，称赞道："中国在这么短的时间内完成了对会计准则的重大变革，并实现了与国际财务报告准则的趋同，成绩实属难得，为其他国家树立了榜样，应当鼓励其他国家向中国学习。中欧实现会计准则等效为其他国家做出了表率，这也和 G20 峰会领导人的主旨相一致，我们需要更多的交流和合作。"

纽约证券交易所高级副总裁格列·塔伦斯基对欧盟认可中国会计准则的等效地位，向中国财政部表示了衷心的祝贺，认为这是中国财政部在实现中国会计准则与欧盟采用的国际财务报告准则相趋同过程中辛苦劳动所换来的重大成就。格列·塔伦斯基表示，全球通用的高质量会计准则将能够改进国际资本市场、改善全球经济形势，中国在这方面所付出的努力以及取得的出色成就令人赞赏。

中国香港会计师公会会长区啸翔和行政总裁张智媛对中欧之间的会计工作合作充满期望，表示一个更大的经济体敞开怀抱，内地与香港会计准则等效的经验，与欧盟的顺利合作为内地企业走出去打开了更广阔的空间。张智媛还用"卓有成效"总结了内地与香港的会计准则等效工作，预计未来将有更大的蓝图。

中国石油化工股份有限公司财务部主任刘运认为，中欧会计等效将为多地上市企业带来实质性利好，这是国际资本市场第一次对中国会计准则的完全认可，因此对于中国企业来说，长远意义更大于现实意义。同时，他也盼望财政部加快推进与中国香港等效后续工作以及中美会计准则的等效工作，进一步扩大会计国际趋同和等效的成果。

普华永道风险及质量管理部合伙人金以文认为，会计准则等效打通了跨境上市最基础的环节，一旦会计准则实现了等效，语言通了，中国的企业就可以了解当地上市的游戏规则，熟悉后，就能比较顺利地上市。她还表示，中国作为一个充满活力的国家，中国企业同样能够为欧盟经济带来新机遇，尤其是在全球经济衰退的形势下，很多国家都在期望中国更迅速地融入世界，给世界注入新的活力。

北京京都会计师事务所合伙人刘东东认为，中欧会计等效将惠及中欧双方企业。这种等效是双向的，无论是中国企业赴欧盟上市或者并购欧盟的一些企业，还是欧盟企业对中国本土企业的股权投资和资产收购，财务方面的尽职调查成本都相对降低了，这将对中欧企业的合作共赢产生良好的推动作用。

嘉富诚国际资本有限公司董事长郑锦桥认为，这次欧盟认可了中国会计准则与之等效可以说是水到渠成的事，为海外投资者更清晰地判断我们在欧盟上市的企业提供了一个统一的尺度，也为欧盟当地的企业与中国的本土企业之间合作共赢提供了大家都认可的沟通工具。同时，他还指出，这次等效具有长远意义，意味着欧盟在承认中国的市场经济地位方面迈出了重要一步，也为以后中国与其他国家或地区的会计准则等效谈判提供了范本。

四、下一步的工作计划

2008 年 11 月 15 日结束的 G20 峰会发布的宣言中，提出从中长期来看，全球主要会计准则制定机构应深入合作，以完成建立全球统一的高质量会计准则的目标。这一行动计划认可了全球会计趋同的目标，必将进一步推动今后全球会计国际趋同不断走向深入。在这一背景下，我们计划继续利用中欧财金对话框架，促使欧盟 2011 年做出中国会计准则持续等效的决定，并争取早日实现中欧审计监管体系等效。鉴于欧盟仍将继续定期跟踪和评估中国会计准则的执行情况，我们将在中欧财金对话的框架下，完善和落实中欧会计等效工作机制，定期提供中国企业会计准则的建设和执行情况相关信息，争取促成欧盟 2011 年之前做出中国会计准则持续等效的决定，进一步巩固中欧会计等效成果。与此同时，欧盟正在开展对第三国审计监管体系的等效评估，中国已经成为其中的第一批候选等效国家。为此，我们将积极配合欧盟审计监管体系的等效评估，争取早日取得实质性进展，实现中欧审计等效，为我国会计师事务所"走出去"在海外执业奠定基础。

（以上内容主要根据2008年11月28日的《欧盟认可中国会计准则等效　中欧会计等效工作取得突破性进展》等相关资料摘录并整理）

附录三：

中国—欧盟会计和审计合作
联合声明

2010 年 7 月 2 日,中华人民共和国财政部会计司司长刘玉廷先生、监督检查局副局长邴进兴先生与欧盟内部市场与服务总司资本自由流动、公司法、企业治理司司长皮埃尔·德尔索先生在北京举行会谈,继续讨论中欧会计和审计合作问题。

双方相互介绍了会计准则和审计领域的发展,就会计准则的持续趋同和等效认可问题深入交换了意见,讨论了针对中欧审计公共监管体系可能达成的等效认可政策。会议达成的一个重要共识是:中国与欧盟是当今世界两大重要的经济体,加强双方在会计和审计领域的合作对于开放资本市场、促进国际贸易意义重大,影响深远。双方达成下列共识:

1. 响应二十国集团(G20)和金融稳定理事会(FSB)的要求,共同努力,积极推动建立全球统一的高质量财务报告准则。

2. 双方保持良好合作,定期在各所在行政区举行技术会谈,就重要国际财务报告准则项目交换意见,相互磋商,协调立场,提升在国际财务报告准则制定中的影响力,使国际财务报告准则更好地体现双方的实际。

3. 双方将基于已经建立的等效机制继续加强合作,共同努力最迟在2011 年之前完成两套会计准则的最终等效评估。

4. 双方将继续合作,为实现审计公共监管体系的等效共同努力,以促进双方资本市场的开放。

中国财政部 会计司	中国财政部 监督检查局	欧盟内部市场与服务总司 资本自由流动、公司法、 企业治理司
司长	副局长	司长
刘玉廷	郜进兴	皮埃尔·德尔索
2010 年 7 月 2 日	2010 年 7 月 2 日	2010 年 7 月 2 日

中国会计准则国际等效：美国及其他国家

在实现了与中国香港、欧盟等效后，我们就推进与美国、日本、韩国及澳大利亚等国家和地区的会计准则等效。

一、中国与美国的会计合作

中美建立了联合经济委员会和双边对话机制，美国作为世界上最发达的市场经济国家，近年来与中国的经济合作越来越密切。美国在安然事件以后，其财务会计准则委员会与国际会计准则理事会开始对话和趋同工作。在这种情况下，中美双方加强了会计领域的联系和沟通。

2008年4月18日，本人率团访问美国，2008年4月30日，我们与美国财务会计准则委员会主席罗伯特·赫茨就中美两国会计交流与合作问题签署了《中美会计合作备忘录》。根据备忘录，双方将定期交换意见，并就世界主要经济体的会计准则趋同问题共享观点。为此，中国会计准则委员会将定期派工作人员到美国财务会计准则委员会，了解美国公认会计原则及国际趋同进展；美国财务会计准则委员会理事和工作人员也将访问中国会计准则委员会，了解中国会计准则实施及国际趋同。

此后，中美会计合作、趋同与等效也已列为中美战略与经济对话的重要议题，并由中美经济联合委员会执行中美战略与经济对话的成果。

二、中国与日本、韩国的会计合作

中日韩三国会计准则制定机构会议是中日韩三国于2002年年初，为顺应会计国际协调和趋同的新形势建立的一个促进区域会计交流与合作的机制。会议由三国轮流承办，每年召开一次，旨在共同交流各国会计准则发展的最新形势和面临的问题，协调会计国际趋同的立场，发挥区域合作和交流的优势。中日韩三国在某些会计问题上具有相似性，通过对相关问题的探讨和交换意见，有助于促进中日韩三国会计准则制定机构之间的相互理解并增进联系，以加强亚洲国家准则制定机构间的沟通和合作及发挥在国际会计准则理事会中的作用。在财政部提议下，香港特别行政区和澳门特别行政区会计准则制定机构自2005年起以观察员身份列席会议。

（一）中日韩会计准则制定机构历届会议基本情况

中日韩三国会计准则制定机构会议机制自2002年启动以来至今，已由中日韩三国分别主办了7次，我国于2002年10月和2005年9月分别成功地主办了第二次和第五次中日韩会计准则制定机构会议。以往历次会议的基本情况如下：

第一次会议于2002年2月在日本东京举行。三方主要就各国会计准则建设的基本情况进行了交流和沟通。

第二次会议于2002年10月在中国北京举行。会议主要就各国的会计和法律结构、会计准则制定的现状和下一步工作计划以及部分感兴趣的会计技术问题等问题交换了意见、进行了探讨。

第三次会议于2003年10月在韩国首尔举行。在上一次会议的基础上，三方进一步相互通报了各国准则制定的最新进展，并进一步就需要与国际会计准则委员会准则协调的方面进行了沟通。

第四次会议于2004年10月在日本东京举行。在此次会议上，三方继续相互通报各国准则制定以及准则国际协调的进展情况，讨论了各国在会计国际趋同进程中面临的问题。

第五次会议于2005年9月在中国西安举行。三国代表主要围绕就对待会计国际趋同的基本态度和具体落实措施、推进会计国际趋同进程中面临的主要问题以及今后改进现行国际财务报告准则的意见和建议等问题达成共识，并签署了《西安会议备忘录》。本次会议还决定建立联合工作组机制，共同研究一些具体议题。

第六次会议于2006年8月在韩国首尔举行。三国代表审议了联合工作组的研究进展，讨论了国际趋同对三国会计准则的影响以及三国拟采取的趋同方法。

第七次会议于2007年11月27日至28日，受财政部王军副部长的委托,会计司刘玉廷司长率中国会计准则委员会代表团参加了在日本东京举行的中日韩三国会计准则制定机构会议。

(二)第五次中日韩会计准则制定机构会议谅解备忘录的主要内容取得积极成果

在中方的积极协调下,中日韩三方在2005年9月的西安会议上首次就会计国际趋同问题及三方合作问题达成共识,签署了《中日韩三国会计准则制定机构西安会议备忘录》(以下简称"备忘录"),这是中日韩会计准则制定机构会议首次以书面形式形成共同意见。

备忘录就会计准则国际趋同的基本态度、具体措施以及面临的问题取得了成果:第一,协调了各国对于会计国际趋同的基本立场。三国会计准则制定机构一致认为:在经济全球化不断深化的大背景下,会计国际趋同是大势所趋,是发展方向,中日韩三国支持会计的国际趋同,也支持国际会计准则理事会为实现制定一套高质量的、全球公认的会计准则的最终目标所作的努力。同时,三国也认为,会计国际趋同不等于相同,应当考虑各国特殊的国情,做到求同存异、趋同化异;会计国际趋同需要一个渐进发展的过程;会计国际趋同应当是一种国家会计准则制定机构与国际会计准则理事会之间的双向互动。第二,明确了三国会计准则制定机构会议应当致力于解决各国乃至东亚地区在会计准则制定和会计国际趋同过程中所面临的实际问题,应当将解决具体问题、协调共同立场作为三国会计准则制定机构会议的首要任务。三国会计准则制定机构会议应当一方面有助于促进三国会计准则的制定,另一方面应当能够确认各国在会计国际趋同中所遇到的主要障碍和问题,并向国际会计准则理事会提出改进和修改国际财务报告准则的建议。第三,决定了由三国会计准则制定机构的技术人员成立联合工作组。联合工作组的主要任务是,就三国在会计准则制定和会计国际趋同过程中所面临的主要技术问题,进行合作研究。联合工作组可以每年不定期召开会议,所形成的研究成果,用于提交下次三国会计准则制定机构会议讨论,或供国际会计准则理事会修订准则或者制定新准则参考。

三方于2005年年底开始启动了联合工作组工作机制,分别确定了由技术人员成立的工作组,并确定了初步探讨的议题(包括公允价值计量、收入确认、同一控制下企业合并),由三方分别进行研究。目前,三方已经形成了一定的研究成果,并将于 2006 年 3 月在上海进行了讨论,其阶段性成果已向 2006 年 8 月在首尔举行的第六次会议进行了汇报。

（三）中日韩会计准则制定机构会议机制的意义

中日韩三方借助此会议机制,在会计准则制定和国际趋同方面,不断增进了解,互通信息,从最初的介绍本国会计准则建设基本情况,到深入探讨某些会计问题,再到后来形成备忘录,建立联合工作组定期沟通机制,三方的沟通和交流不断深入和务实。

这一会议机制有助于统一三国在会计准则国际协调中的立场,共同提升三国在国际会计趋同工作和国际会计事务中的地位和作用,对亚洲国家会计准则的发展和协调起到了一定的促进作用,也有利于在国际准则制定中维护亚洲国家的利益。同时,我国与日本和韩国准则制定机构之间建立起了有效的协调机制,进一步推动和深化了区域性会计国际趋同工作,对推进我国会计国际趋同进程具有现实意义,对进一步促进我国会计改革、加快我国会计准则国际趋同步伐、推进会计地区对话与合作产生十分积极的影响。

三、中国与澳大利亚的会计合作

澳大利亚同样是从 2005 年开始直接采用国际财务报告准则的国家,与欧盟的情况相同,目前都在研究和总结直接采用国际财务报告准则实施中的问题。中澳在会计准则方面已经建立了联系和沟通,澳大利亚财政部和会计准则理事会非常关注我国会计准则的建设与实施情况以及会计国际趋同的进展及所取得的成效,中国将进一步加大与澳大利亚会计合作的力度。

此外,我国还将加强与非洲和俄罗斯等国家或地区的会计合作。2006年我国成功举办了中非合作论坛,加大了中非合作的力度,会计合作应当积极配合。2005 年,财政部派出代表团访问了俄罗斯财政部和会计准则理事会,双方都表示了加强中俄会计合作的愿望。

（以上内容主要根据《会计研究》2007 年 3 月 15 日的《企业会计准则体系的等效》一文摘录并整理）

中国会计准则委员会——美国财务会计准则委员会 中美会计合作备忘录

2009 年 5 月 13 日

2009 年 5 月 13 日，中国会计准则委员会委员刘玉廷与来访的美国财务会计准则委员会主席罗伯特·赫茨一行在北京举行会谈。双方通报了各自会计准则制定和国际趋同的进展，并就当前金融危机背景下会计准则国际趋同中的相关问题，深入交换了意见。双方还与一些中国在美大型上市公司会计负责人和会计师事务所举行会议，讨论了同时在中美两国证券交易所上市的公司在财务报告方面所面临的全球性挑战。双方认为，中美两国分别是最大的新兴市场国家和发达市场国家，两国会计准则制定机构应加强合作。为此，双方达成下列共识：

1. 双方响应 G20 峰会倡议，共同努力，积极推动建立全球统一的高质量财务报告准则。

2. 从 2010 年开始，双方每半年在两国轮流举行一次会议，就会计准则国际趋同和国际财务报告准则的具体议题交换意见。

3. 中国会计准则委员会每年向美国财务会计准则委员会派出一名交换工作人员。

中国会计准则委员会委员　　　美国财务会计准则委员会主席

刘玉廷　　　　　　　　　　　Robert Herz

世界银行充分肯定我国会计审计准则改革成就

一、关于世界银行中国会计审计评估项目的基本情况

(一)世行评估项目的经济背景

世界银行会计和审计评估属于《关于遵守标准和守则的报告》(Reports on the Observance of Standards and Codes,简称 ROSC)项目的组成部分。该项目由世界银行和国际货币基金组织联合开发,用于帮助成员国通过改进同国际公认标准和守则的协调性来强化自身金融系统。这一项目起源于20 世纪 90 年代的全球金融危机。那次金融危机使国际社会普遍认识到,遵守市场经济国际通行标准对于防范危机至关重要,由此,国际社会要求世界银行和国际货币基金组织帮助各国加强机构、体制建设以更好地遵循有关国际标准和守则。这些标准和守则共涉及市场经济中十二个关键领域,其中之一是会计和审计领域。

截至 2009 年 11 月 30 日,世界银行已对全球 100 多个国家进行了评估,包括英国、波兰、俄罗斯、南非、韩国、印度、巴西等。世界银行会计和审计评估的最终目的是为各国的会计和审计工作提出政策建议,以提高各国财务报告的质量、构建完善的财务报告体系,增强各国财务报告的透明度、维护市场秩序、增强金融部门的稳定性,为发展资本市场、创造良好的投资环境,更有效地配置资源提供帮助,从而促进全球经济发展。

世界银行会计和审计评估的基准是国际认可的标准,即国际财务报告准则和国际审计准则。评估主要包括两个层面:一是将被评估国所采用的会计和审计标准与国际认可的标准进行比较,为缩小其与国际标准的差距提供改进建议;二是重点评估被评估国会计和审计实务与该国所采用的会计和审计标准的符合程度。评估涉及该国的法律框架,会计和审计标准的

制定与实施，会计职业界、会计人员的教育和培训等诸多方面。评估内容非常丰富，涉及的人员和单位众多。

（二）世行对中国会计审计的评估过程

财政部高度重视世行中国会计审计评估项目。2008 年 11 月，由财政部牵头成立了评估国家指导委员会（NSC），王军副部长担任主席，成员由财政部（包括国际司、会计司、中注协、国家会计学院）、审计署、国资委、国家税务总局、银监会、证监会、保监会等相关监管部门代表构成。财政部会计司承担了整个评估过程的协调和辅助工作，协助世行独立进行评估。正如世行《评估报告》在前言中所指出，在财政部会计司司长刘玉廷先生的协调下，2009 年 1 月，在有关各方的积极配合下，按其特定的工作方式和程序，财政部完成了世行评估调查问卷填写工作；4 月，世行独立进行了第一次实地调研。在实地调研中，世界银行 ROSC 项目组走访了有关监管部门、会计师事务所、上市公司、国有大型非上市公司及高校等各种类型的单位。8 月，ROSC 项目组起草完成了项目评估报告初稿，提交给 NSC 各成员单位征求意见。9 月，ROSC 项目组赴上海进行了第二次实地调研，补充完善了评估报告，再次征求 NSC 各成员单位意见，最终形成了评估报告。

（三）世行对中国会计审计评估的基本结论

世行《评估报告》概述了中国改革开放 30 年来取得的成就，并结合会计审计的制度性框架，全面客观地对中国会计审计准则的制定与实施、中国企业的财务报告质量进行了评估，为中国改进企业会计和审计实务提出政策建议。《评估报告》的基本结论为：中国在会计、审计和公司财务报告在制度框架与有效实施等方面已取得显著进展，已经与国际先进实务保持了一致。随着财政部制定的路线图的实施，中国将于 2012 年实现与国际标准的持续全面趋同。在财政部的领导下，中国改进会计审计准则和实务质量的战略已成为良好典范，可供其他国家仿效。

《评估报告》的主要政策建议为：所有的公共利益主体（包括上市和非上市主体）公开其经审计的财务报表。监管机构工作人员、注册会计师、会计人员应在会计审计国际良好实务方面受到充分培训，促进会计审计准则能够得到更加有效的遵循。修订高等教育的会计课程，使其更关注中国会计准则和审计准则的实务应用。

二、对《评估报告》框架和内容的系统解析

《评估报告》共分六个部分:第一部分为背景;第二部分为制度性框架;第三部分为会计准则制定与实施;第四部分为审计准则制定与实施;第五部分为对财务报告质量的观察;第六部分为政策建议。

（一）第一部分——背景

本部分首先从经济增长、市场环境和金融业改革三个方面,对我国改革开放 30 多年来中国市场经济发展作出了基本评价,这是评估我国会计审计准则制定和实施的重要前提。

《评估报告》指出:中华人民共和国已成为 30 年来世界上增长最快的经济体之一。自 20 世纪 70 年代末以来,中国已经以平均每年约 9.7% 的增长率帮助数亿人摆脱了绝对贫困。在过去 20 年中,中国一国就为减少发展中国家贫困作出了超过 75% 的贡献。全球金融危机可能会限制中国在 2009 年和 2010 年的增长,然而她仍将远比其他大多数国家增长得更快。

《评估报告》对中国的市场环境进行的评价为:中国的市场规则持续现代化。现代化的一部分包括将国有企业重组和改制为上市公司。但国家仍然是许多上市公司最大的控股股东。成立于 1990 年的上海证券交易所和深圳证券交易所,由中国证券监督管理委员会监管。在这两个证券交易所上市交易的证券包括 A 股和 B 股、债券、封闭式基金和回购协议。除 B 股外,所有证券均以本国货币进行交易。

《评估报告》认为,中国金融业自 1978 年以来经历了重大的市场化改革。1994 年的《中华人民共和国中国人民银行法》和 1995 年的《中华人民共和国商业银行法》进一步深化了中国金融改革。这些法律允许国有银行专注于商业性贷款,并强调金融机构必须在其贷款业务中遵循商业标准,包括采用会计准则和审慎性规则。

《评估报告》在对我国改革开放 30 多年取得的成就进行基本评价的基础上,描述了对我国会计审计进行评估的目的,以及评估采用的方法等。《评估报告》指出:ROSC 会计和审计项目的主要目标是,审查和报告有关规范公司会计、报告实务和执业会计师审计实务的规则和准则,在实务中使用和遵守规则、准则的方式,以及本着公众利益进行监督和强制执行的机制、

体制和架构。重点关注影响公司财务报告质量的会计和审计环境的优势和劣势。《评估报告》强调指出：考虑到中国在这一领域取得的骄人成绩，本报告还概括描述了取得这些成就的步骤和过程，希望中国的经验可以为其他国家提供借鉴。ROSC会计和审计评估方法采用的是决策机构和国家其他利益相关方广泛参与的方式。利益相关方包括公司监管机构、银行和类似金融机构、会计师、银行家和投资分析师、财务报表编制者、审计师和学者等。

（二）第二部分——制度性框架

本部分重点从法律框架、审计职业、职业教育和培训、会计和审计准则制定、确保会计和审计准则的遵循五个方面涉及的制度安排，对中国会计审计的制度性框架进行了全面分析和评估。

1. 法律框架

主要对中国在会计审计方面的立法状况、监管体制架构和涉及财务报告的制度体系等进行了阐述。《评估报告》指出：在过去30年中，中国适用于公司主体、银行和类似金融机构的会计和审计立法和监管制度取得了重大进展。为建立一套健全的监管会计、审计和公司财务报告的制度性框架，中国已制定了一部《中华人民共和国会计法》和一部《中华人民共和国注册会计师法》。根据这一法律框架，财政部具有监管中国会计和审计实务的主要责任。财政部的责任包括制定政策、颁布法律和规章、制定准则、确保财务报告规定得到遵循、为会计和审计行业提供指引并组织实施，以及对审计师执行法定审计业务开展定期检查和特别调查。其他各类监管机构与财政部共同合作，其对会计审计的监管活动是为特定目的服务的。

这一法律框架决定了中国会计审计行业监管体制的架构。《评估报告》指出：中国会计职业的监管体制是由政府管理机构领导，辅之以职业组织的活动。财政部被授权监管会计师事务所的活动，对违规的事务所、注册会计师个人和审计客户实施行政处罚。财政部会计司和各省级财政厅（局）会计处负责所有会计师事务所的注册和监管。中国注册会计师协会是一个职业组织，其根据《注册会计师法》及《中国注册会计师协会章程》，负责对成员进行注册登记和管理。

在涉及公司类主体应当遵循的会计处理和财务报告规定方面，《评估报告》描述了我国以《会计法》为基础,《公司法》、《商业银行法》、《证券法》等相关法律为补充的制度体系。《评估报告》指出:《会计法》为确保统一的会计准则制度和公司主体财务报告提供了基本法律框架。公司会计和财务报告实务的统一确保了财务信息的可比性,这是市场经济中投资者理性决策的一个关键要素。《公司法》明确了管理层确保财务报表真实可靠的义务,公司管理层有责任确保及时编制财务报表,并真实、公允地反映公司主体的财务状况和经营成果。《证券法》要求上市公司编制中期(季度和半年)财务报表和年度财务报表,并将其提交给证监会。中国银行业监督管理委员会监管中国银行和类似金融机构的财务报告,由银监会设定的披露要求是对《会计法》相关规定的补充。审计署对国有企业财务报表的审计来自更高层面的制度安排。《评估报告》指出:《宪法》第91条授权中华人民共和国审计署对国有企业进行审计。审计署主要负责对国有企业的资产、负债、损益进行审计监督,对国有企业主要负责人在任职期间对本单位财务收支以及有关经济活动应负经济责任的履行情况进行审计监督,并对内部审计工作进行业务指导。

2. 审计职业

主要对财政部和中国注册会计师协会在审计职业管理方面的职责界定和行业发展战略等进行了阐述。《评估报告》指出:审计职业由中国注册会计师协会管理并受财政部的监督。本着公众利益的监督对于确保鉴证质量、调查和惩戒体制提高审计质量具有重要作用。换言之,世界银行认为财政部对审计职业的监管是本着公众利益的。

《评估报告》对国务院办公厅2009年10月3日转发财政部的《关于加快发展我国注册会计师行业的若干意见》给予了高度评价。报告指出:中国政府已制定战略,用5年左右的时间,积极发展10家左右有能力在全球范围内提供全面会计和审计相关服务的大型会计师事务所。发展200家能够为大中型企事业单位及上市公司提供高质量服务、管理规范的中型会计师事务所。与此同时,优化会计师事务所的规模结构,实施人才战略,以及提高注册会计师的专业胜任能力。

3. 职业教育和培训

肯定了注册会计师考试和会计专业技术资格考试,而且指出"财政部对会计人员实行的考试很大程度上满足了国际教育准则第 6 号的要求"。报告介绍,财政部会计司管理的考试包括两个部分——会计从业资格考试和会计专业技术资格考试。……财政部管理的考试系统主要是为了测试会计人员基础理论知识及其实践应用情况,包括测试会计人员根据国际会计师联合会要求在现实环境下作出的判断。报告认为,财政部管理的考试有助于更全面地增加专业人员,以确保配置满足市场需求的专业会计人员。

《评估报告》肯定了国家会计学院在会计职业教育中的重要作用,报告还介绍了会计领军人才培养项目,指出该项培训注重适用的会计和审计准则、职业挑战和价值观以及会计和审计实务的国际视角。该项目的参与者将同海外的著名机构和职业组织进行专业接触。

《评估报告》指出了我国现行会计职业教育和培训存在的不足:很多接受调查的利益相关方表示,会计从业人员缺乏足够的会计准则实务知识、沟通技能和运用复杂会计政策时的专业判断能力。会计课程并没有充分关注会计和审计准则的应用,高校普遍采用美国、英国、澳大利亚和加拿大等国的会计审计教材,但忽视了中国的实际情况和对会计审计准则应用能力的培养。

4. 制定会计和审计准则

介绍和充分肯定了中国会计审计准则的构成、制定机构、制定程序、国际趋同策略以及与相关监管规定的协调等。

《评估报告》指出:"根据法律规定,财政部发布会计和审计准则及相关法规。……财政部制定与国际财务报告准则趋同的中国企业会计准则体系,由一项基本准则、38 项具体准则和应用指南组成。中国企业会计准则体系于 2006 年 2 月 15 日颁布。……财政部同时发布了由中国注册会计师协会中国审计准则委员会制定的 48 项审计准则"。

《评估报告》介绍了财政部会计准则委员会和审计准则委员会的构成和职能。报告指出:中国建立了由主要利益相关方组成的会计准则委员会,为制定和实施会计准则提供了一个很好的平台。1998 年,财政部成立了中国会计准则委员会。中国会计准则委员会主要提供的建议有:会计准则的总体规划、结构和制定;会计政策选择以及会计准则的实施。2003 年委员会进行了改组。改组后的中国会计准则委员会由 26 名财政部委任的委员组成,分别来自相关政府部门、学术界、会计职业团体和企业界等。报告介绍:中国审计准则委员会由 1995 年成立的专家咨询组在 2005 年改组而成,设在中国注册会计师协会,聘请的专家来自政府机关、会计师事务所、研究机构和高校。

《评估报告》认为:与国际先进实务保持一致,会计准则的制定遵循了应循程序。中国审计准则委员会依照应循程序制定审计准则草案并报财政部批准,该应循程序与国际财务报告准则制定程序类似且符合国际先进实务。

《评估报告》特别描述了中国小企业会计制度的制定情况:财政部为小规模企业发布了一套单独的准则,列出了简化的财务报告要求。……《小企业会计制度》引入的简化要求更适用于规模较小、业务较简单和股东范围较狭窄的小企业。《评估报告》高度肯定了这一举措,认为这是财政部迈出的值得赞许的一步,也是发展中市场经济体和新兴市场经济体值得借鉴之处。

《评估报告》对中国会计审计准则国际趋同的战略和措施给予了充分肯定,比较详细地介绍了相关过程。报告认为,财政部通过 2005 年与国际会计准则理事会的一系列合作,确立了中国企业会计准则与国际财务报告准则趋同战略,并指出:财政部会计司和国际会计准则理事会的技术专家,对中国会计准则与国际财务报告准则间的可比性进行了长达一年、逐项不同方面的分析,达成了中国趋同战略的协议。2005 年 11 月 8 日,中国会计准则委员会和国际会计准则理事会签署了中国会计准则与国际财务报告准则趋同联合声明。

《评估报告》高度评价了财政部于 2009 年 9 月发布的持续全面趋同路线图,称这一新的全面趋同战略是中国响应 G20 和金融稳定理事会(FSB)建立全球统一会计准则的号召所采取的积极行动。报告指出:财政部计划于 2010 年年初开始对中国会计准则进行修订,预计 2011 年年底前完成修订。……修订后的会计准则体系包括:基本准则、具体准则和应用指南。基本准则将维持现状,具体会计准则的相关部分将被更新。

关于审计准则国际趋同,《评估报告》指出:中国已为中国审计准则和国际审计准则的趋同作出安排……在此方面,中国已经取得了显著进展。……中国审计准则委员会将在 2009 年 10 月前制定更新的中国审计准则征求意见稿以供公众反馈意见。中国注册会计师协会计划更新中国审计准则以与国际审计准则一致，到 2010 年 10 月实现全面趋同。

《评估报告》认为，中国会计审计准则的国际趋同策略收到了巨大成效，显著提升了中国准则的国际地位。报告指出：中国会计准则被认为是在中国本土之外多个国家与地区适用的财务报告准则。

《评估报告》对金融监管部门的监管规定与会计准则的协调给予了关注。《评估报告》指出：金融部门监管机构发布审慎监管规定，可能会对一般目的财务报表的编制产生一些影响。……在银行业和保险业中，审慎报告要求与一般目的财务报告要求存在差异，例如银行贷款损失准备金的提取和保险公司技术性储备的计算。在某些情况下，这些差异可能会导致银行和保险企业执行会计规定的不一致。

5. 确保对会计和审计准则的遵循

全面总结了中国会计审计准则顺利平稳实施的相关经验，肯定了财政部为新准则实施所做的各项准备工作，赞赏财政部采取了各种准备措施以支持企业会计准则的实施。

《评估报告》指出：2006 年 7 月，财政部启动了全国性的新准则培训活动，上市公司、有资格向上市公司提供审计服务的会计师事务所、高等教育机构的会计学者，以及相关的监管机构参与其中。……超过一万名培训生参与了这些培训项目。与此同时，财政部会计司专业团队对上市公司进行实地研究，以识别应用中可能出现的问题，并确定解决这些问题应采取的必要行动。

《评估报告》认为，企业会计准则的顺利平稳实施得益于财政部与相关监管机构的密切合作，共同监督准则的实施。《评估报告》指出：在证监会、银监会、保监会、国资委及其他机构的协助下，财政部和中国会计准则委员会建立了企业会计准则实施专家工作组，就准则应用中出现的紧急问题提供建议。

《评估报告》还肯定了中国证监会等相关监管部门、财政部监督检查局、地方会计管理机构和注册会计师协会所发挥的作用。《评估报告》指出：证监会建立前瞻性安排，以执行上市公司的财务报告规定。为了监督和执行适用的准则，证监会对上市公司的企业财务报表进行审核。全国各省、自治区及直辖市财政部门的会计监督机构,设置了实时反馈机制以查明和解决企业会计准则应用中的问题。……财政部监督检查局实施对公司财务报表的审核并对会计师事务所和注册会计师的执业进行审核。在此方面,财政部在各省的派驻机构以及各省财政部门制定了工作安排。……财政部还建立了由准则制定机构、证券市场监管者、会计监督检查机构、中注协以及其他部门组成的协调小组,以查明企业财务报表中违反企业会计准则规定之处。《评估报告》对此给予了充分肯定,认为上述措施有助于新会计准则在中国的监管和执行。

"制度性框架"是《评估报告》的核心部分,几乎占了报告篇幅的一半。《评估报告》认为,中国在改善企业会计、审计和财务报告实务的制度性框架方面已取得重大进展。整体而言,该框架是全面和健康的。特别是这一框架所具有的动态性是一个有意义的重要特征,并不是在所有国家都能观察到这一特征,因此,特别值得关注。报告认为这一制度性框架的重要作用将满足国家金融体系的需要,并对国际金融体系产生影响。

(三)第三部分——会计准则的制定与实施

本部分主要描述了中国会计准则的国际趋同成果及其有效实施情况。报告认为:中国企业会计准则与国际财务报告准则基本可比。……2008 年1 月,中国会计准则委员会与国际会计准则理事会建立了持续趋同机制。2009 年8 月,国际会计准则理事会决定豁免对政府控制的报告主体与政府或其他政府控制的主体间交易的披露规定。该豁免将确保中国会计准则与国际财务报告准则在关联方关系和交易方面趋同。

《评估报告》客观地评价了中国会计准则的有效实施。报告指出:2007 年1 月1 日,1570 家上市公司被首次强制采用企业会计准则编制其财务报表。财政部协同相关监管机构,提供了支持上市公司实施企业会计准则的指南和监督机制。财政部会计司撰写并公布了一份《中国上市公司2007 年执行新会计准则情况分析报告》。2008 年再次公布了一份类似的研究报告。这些报告以大量事实论证了企业会计准则持续平稳的执行状况,并最终得出结论,公司的财务报表显示了对适用会计准则和报告规定的高度遵循。这是世界银行对中国会计准则实施情况的充分肯定。

《评估报告》也指出了我国会计准则实施中存在的问题。一是税收规则倾向于影响一般目的财务报表的编制。为了满足税务机关确认应税收入和可抵扣费用的要求,一般目的财务报表的编制者通常倾向于遵循税务规定。二是公司及其审计师在实施中国会计准则时面临一些实际的限制。一些企业会计和审计师在执行适用准则时对于公允价值和减值损失概念的应用面临困难。三是考虑到中国的经济规模,专家对不动产、厂场和设备进行估值仍存不足。四是在银行一般目的财务报表中,贷款损失准备金的提取主要基于审慎规定。银行一般以中国银监会批准的准备金提取模型为基础来计算贷款无担保部分的减值。该方法可能会产生与遵循会计准则不一致的结果。五是未决赔偿的技术准备金的折现方法有别于国际公认原则。保险公司需要遵循中国保监会发布的关于技术准备金计量的规定,其具有固定的模式与按照中国会计准则采取的计量原则有差别。

(四)第四部分——审计准则的制定与实施

本部分主要描述了中国审计准则的制定和实施情况。《评估报告》肯定了我国审计准则建设的成果,指出:中国审计准则的运用要求审计师对风险和内部控制进行评估,形成一个包括系统、交易和余额测试的审计战略和计划,可以使审计师获得足够的审计证据以表达对财务报表的审计意见。

《评估报告》指出了在审计准则实施中不同事务所之间水平参差不齐的问题:一般而言,对适用审计准则的遵循水平在会计师事务所之间存在差异。相对于中小型事务所,大型会计师事务所的审计师一般显得更倾向于有效地遵循审计准则。企业财务报告的质量将受益于审计实务的进一步改进。

(五)第五部分——对财务报告质量的观察

本部分对中国企业财务报告的质量进行了评估,目的在于通过对企业财务报告进行分析,反映实务中具体准则的执行情况以及财务报告提供有效信息的数量和有用性。

《评估报告》充分肯定了企业会计准则对中国上市公司财务报告质量的促进作用。报告指出:中国的财务报表使用者似乎对上市公司的财务报告质量比较满意。与银行、信用评级机构以及其他利益相关方代表的访谈也得出了一致的结论,即上市主体(包括上市银行和保险公司)提供的财务信息满足了他们的需要和期望。这可以广泛归因于公开交易的企业在运用中国企业会计准则后质量的改进,并且经大型会计师事务所审计的公司拥有高质量的财务信息,其财务报表得到高度信赖。

《评估报告》指出了我国企业财务报告质量各地区参差不齐的不足:企业财务报告质量在中国各地不完全相同。在经济欠发达地区,财务报表编制者和审计师在恰当处理复杂会计和审计问题上能力相对薄弱。

(六)第六部分——政策建议

本部分在充分肯定中国会计审计改革成就和优势的基础上,提出了系列政策建议,主要包括以下几个方面:

一是改进制度性框架以扩大准则执行范围。报告建议:1. 当审计中涉及公共利益(无论该主体的法律形式如何)时,要求对法律主体的财务报表或合并财务报表进行审计。通常情况下,这些主体应包括上市公司、银行、保险公司、投资基金、养老基金以及其他大型主体。其中包括一定规模的国有企业(可通过其收入金额或拥有的资产量或雇员数量来确定)。2. 要求公共利益主体(不仅是目前的上市公司)向公众提供经审计的财务报表及其附注。3. 银监会和保监会监管范围内的银行及类似金融机构的财务报表均应经过财政部和证监会批准的审计师进行审计。

二是加强各相关部门机构的能力建设以提高监管效能。报告建议:1. 财政部继续努力保持其工作人员的高水平技能,以确保中国高质量的企业财务报告。2. 证监会应聘用更多专业合格的且有经验的会计师,并对现有工作人员进行培训,以进一步加强未来对财务报表和审计执业检查的有效性。3. 银监会、保监会应当建立一个核心团队,并对其进行补充培训,以发现银行和保险公司财务报表中的会计和审计违法行为。4. 中注协需要更多合格的人员,包括内部人员和外部人员,以开展审计实务检查。

三是改进监督和强制执行以提高企业管理者对会计和财务报告工作的重视。报告建议:1. 审计师应当揭示企业关于适用标准的违法行为,以引起法定监管部门的关注,为银监会和保监会履行其职能的能力提供补充。2. 履行告知程序以提高对财务报告规定的遵循程度。相关监管机构应当持续激励公司主体的最高管理层遵循会计和财务报告准则。财政部可为全国各地的企业财务主管和会计人员引进推广课程,以传播会计和财务报告准则和实务的最新进展等方面知识。

四是加强学术和职业教育及培训。报告建议:1. 应当检查大学水平的会计课程以确保中国大学遵循一致的方法。2. 监管机构的工作人员应按国际先进实务接受更多会计和审计规定的实践培训。3. 鼓励和说服国有企业会计人员参加新会计技能的培训项目;公司也应该持同样的态度支持员工的培训和学习,以取得会计专业技术资格。4. 财政部应当制定进一步的指南,以安排提供有关会计和审计准则以及会计师职业道德守则实际执行方面的高质量培训项目。5. 中注协应当更新其职业会计师的执业培训要求。6. 财政部和中注协应强调职业后续教育的重要性,以确保满足其会员提升职业知识的要求。7. 应当鼓励财务报告过程的实务参与者参加教育和培训,使之有效地履行其职业职责。这一建议涵盖了企业会计师、监管者、审计师和税务官员。

三、关于世界银行《评估报告》的发布及各方评价

《中国会计审计评估报告》完成后,世界银行与财政部2009年10月29日在北京联合举办了发布会。世界银行副行长佩内洛普·布鲁克、首席财务管理官兼财务管理局局长托尼·赫加蒂、国际会计师联合会主席罗伯特·邦特宁、国际会计准则理事会理事杨·安格斯通、亚太地区会计师联合会主席卡姆莱什·维卡塞等来自世界银行和20多个国外会计执业组织、监管机构的80多位国外代表,以及来自中国人民银行、审计署、国资委、国家税务总局、证监会、银监会、保监会、中国注册会计师协会、国家会计学院等单位的40多位国内代表参加了发布会。

财政部李勇副部长出席发布会,并在开幕致辞中高度评价世行评估项目。李勇副部长指出:G20和FSB高度重视财务报告在维护全球经济和金融体系稳定中的作用,并倡议建立全球统一的高质量会计准则,加强各国对国际公认的市场经济基础性制度的遵守。世界银行对中国会计审计准则建设及实施的评估,既是落实G20和FSB倡议及其工作计划的重要举措,也是支持和帮助发展中国家和新兴市场国家参与建立全球统一的高质量会计准则的重要尝试。李勇副部长感谢世界银行长期以来对我国会计审计改革的支持,并表示"中国典范"的总结是对我国会计审计准则建设和实施成果的充分肯定。财政部王军副部长在发布会前一天会见了布鲁克副行长一行,就世界银行中国会计改革与发展技援项目、ROSC中国会计审计评估工

作以及进一步加强双方在会计审计领域的合作问题交换了意见。王军副部长表示,我国会计审计改革取得的成绩得益于改革开放政策,中国政府相关部门和广大中国会计审计人员的共同参与,世行、国际会计准则理事会、国际会计师联合会等国际组织给予的支持。

世界银行佩内洛普·布鲁克副行长、中蒙局刘晓芸局长,国际会计准则理事会理事杨·安格斯通,以及英格兰及威尔士特许会计师协会、印度尼西亚会计准则制定机构、泰国证券交易委员会等都对我国在会计和审计领域所取得的成绩表示肯定和赞赏。新华社、国务院门户网站、中央电视台、中国新闻网、中国证券报、中国会计报等媒体在报道发布会时一致评论,"世界银行报告充分肯定了中国会计审计准则建设和实施以及相关法律、市场环境建设所取得的成绩"。

本人代表财政部会计司在发布会上做了总结,对于世行的《评估报告》发表如下意见:

(一)世行《评估报告》对中国会计审计的评估结论的评价是客观的、恰如其分的

世行《评估报告》充分肯定了中国会计审计改革的成就,同时也客观地指出了一些不足。总体而言,《评估报告》对中国会计审计评价报告的结论是客观的、恰如其分的。《评估报告》的结论也与国际会计准则理事会、欧盟和香港有关方面对中国会计审计准则及其实施的评价基本一致。

(二)世行《评估报告》是对中国财政部、其他监管部门及公司会计和独立审计师、会计学术界等有关各方共同努力工作的褒奖

财政部、审计署、国资委、银监会、证监会、保监会等部门和有关方面高度重视世行此次评估,积极协助世行评估项目组高质量地完成评估工作。中国会计审计准则建设和实施所取得的成就,是与上述部门等各方面的积极配合与大力支持分不开的。中国作为新兴市场国家,采用与国际准则趋同的会计审计准则确实是一项重大的系统工程,需要齐心协力、齐抓共管,才能取得实际效果。

(三)世行《评估报告》所反映的我国会计审计改革的成就,得益于世界银行和相关国际组织的帮助

在中国会计审计改革过程中,离不开世界银行技援项目的支持,更离不

开国际会计准则理事会、国际审计鉴证准则理事会和国际会计师联合会等相关国际组织所给予的技术支持。上述有关方面为中国会计审计改革取得的成就做出了贡献。

四、世界银行中国会计审计评估项目的意义

第一,有利于促进各国落实 G20 倡议和 FSB 工作计划。此次国际金融危机爆发后,国际社会正在积极采取应对措施,强化国际金融体系是其中重要工作之一。在这一过程中,有关各方认识到,高质量的财务报告对于维护全球经济和金融体系稳定至关重要,实现高质量的财务报告,必须建立全球统一的高质量会计准则并严格执行。G20 和 FSB 要求各国加快推进会计国际趋同,以实现建立全球统一的高质量会计准则的目标,并高度关注各国对国际财务报告准则等市场经济基础性规则和制度的遵循情况。世界银行的评估以国际财务报告准则和国际审计准则为基准,要求各国缩小该国的会计审计准则与国际准则的差距并提供改进路径和时间表。在这一背景下,世界银行经过一年的努力,论证了中国会计审计准则已经实现了国际趋同并得到有效实施,还发布了《中国会计准则与国际财务报告准则持续全面趋同路线图》,将进一步与其实现持续全面趋同。可以说,中国响应 G20 倡议和 FSB 工作计划,已经为应对金融危机在会计审计方面做出了贡献。

第二,有利于我国顺利通过 FSAP 评估。目前,金融稳定理事会(FSB)正着手对其成员进行金融部门评估规划项目(FSAP)。我国的 FSAP 评估已于 2009 年 9 月启动,由中国人民银行牵头,ROSC 项目对会计和审计的评估是 FSAP 一个组成部分。《评估报告》的发布意味着 ROSC 中国会计审计评估比中国 FSAP 整体项目提前了一年。同时,在整个世界银行评估项目的进行过程中,财政部作为牵头部门,有效地组织协调了各利益相关方,其中包括政府机构(财政部、审计署、国资委)、监管机构(银监会、证监会、保监会)、会计职业界(中国注册会计师协会)、银行、保险公司、国有企业、会计师事务所、企业会计人员和学术界等,最终帮助世行成功完成了评估报告。在此过程中积累的经验对 FSAP 其他方面的评估有着重要的借鉴作用。

第三,有利于提升我国企业会计准则的国际认可度和参与国际财务报

告准则制定的影响力。中国会计准则国际趋同的成果得到了世界银行和国际会计准则理事会的高度认可,夯实了中国会计审计准则趋同和有效实施的基础,从而大大地提升了我国会计准则的国际认可度和对国际财务报告准则的影响力。应对国际金融危机,响应 G20 和 FSB 的倡议和承诺,建立全球统一的高质量会计准则,我们面临着新的挑战也是新的机遇。随着中国准则制定水平的加强,中国准则在国际上的影响力不断提高,国际会计准则理事会已根据中国的准则,对《国际会计准则第 24 号——关联方披露》进行了修订。2009 年 4 月,中国还倡导成立了亚洲——大洋洲会计准则制定机构组(AOSSG)会议机制。11 月马来西亚第一次会议的成功举办,预示着亚大地区将成为继美国、欧洲之后主导国际准则制定的第三极,中国将在其中发挥主导作用,我们将根据中国会计准则与国际财务报告准则持续全面趋同路线图的要求和工作时间表,积极投身到新一轮改革之中,进一步完善中国会计准则体系,为我国市场经济发展和建立全球高质量会计准则做出贡献。

五、高度重视《评估报告》,努力改进和强化相关工作

世行《评估报告》在充分肯定我国会计审计改革取得成就的同时,也指出了其中存在的薄弱环节,提出了系列政策建议。我们认为,世行指出的不足是中肯的,应当采取有效措施加以解决。

(一)尽快发布持续全面趋同路线图,修订完善中国会计准则体系

我们将根据《评估报告》提出的各项意见,以及国内外各界对持续全面趋同路线图征求意见稿的反馈,修改并尽快正式发布持续全面趋同路线图,根据路线图的要求和工作时间表,进一步推进我国会计准则与国际财务报告准则的持续全面趋同,在建设全球统一的高质量会计准则的进程中发挥更积极的作用。以此为基础,结合我国实际,修订完善中国企业会计准则体系,持续提高我国企业财务报告质量。

(二)继续扩大企业会计准则的实施范围,促进非上市的国有企业提升财务报告的透明度

截至 2009 年 11 月 1 日,我国已有 35 个省(区、市)的大中企业执行了企业会计准则,接下来将积极促进剩余地区尽早实施会计准则,从而实现在

2011 年前我国所有大中企业全面实施企业会计准则,为建立我国会计准则与国际财务报告准则持续全面趋同奠定扎实基础。与此同时,积极探索涉及公共利益的非上市企业向公众提供经审计的财务报表的问题。

(三)持续加强监管部门的能力建设

《评估报告》对于加强各政府部门和监管机构的能力建设提出了很好的建议。就财政部会计司而言,在世行技援项目的资金支持下,从 20 世纪 90 年代起就数次派送专业人员出国学习。2005 年全面启动了中国会计准则国际趋同建设并实现与国际财务报告准则趋同,随后还促进了企业会计准则的有效实施。在这一过程中会计司专业团队发挥了重要作用。该团队由 40 人组成,其中多数成员有在国际会计准则理事会、世界银行、国际会计师事务所工作至少 1 年的经历,对提高这些人员的专业能力、外语功底和综合素质具有很大帮助。这也得到世行《评估报告》的肯定,指出,"过去 10 年中,财政部会计司的许多工作人员广泛参加了国际会计准则理事会、美国财务会计准则委员会、澳大利亚会计准则委员会和其他一些西方国家类似组织的培训项目,旨在获取有关会计和财务报告规定的国际公认会计准则和国际先进监管实务的经验。"我们希望,今后能够与世行继续加强合作,提高工作人员的专业素质和工作能力,打造一支有实力、高质量的专业团队。

(四)切实改进会计教育和职业培训

财政部会计司将加强与中国会计学会的合作,充分发挥会计学会在指导会计教育和职业培训方面的优势和作用,进一步提升高校会计准则课程,改进教学方法,同时促进高校教材的不断更新。积极推动会计专业硕士(MPAcc)教育的改革,设立全日制和在职 MPAcc 以及 EMPAcc,并改革教学内容、教学方法,改进学生的培养计划。这一改革方案的实施,将对我国会计专业硕士教育制度进行重大变革,能够从整体上提高会计硕士毕业生掌握和应用企业会计审计准则的水平,切实解决目前存在的不同程度的会计教育与会计实务脱节的问题。

(以上内容主要根据《会计研究》和《中国会计报》2009 年 11 月 27 日的《世界银行充分肯定我国会计审计准则改革成就》一文摘录并整理)

企业会计准则未来发展篇

篇首语

　　本次国际金融危机爆发后,二十国集团(G20)峰会和金融稳定论坛倡议建立全球统一的高质量会计准则,国际会计准则理事会正在进行系列准则项目的重大修改和制定工作,将会对全球范围内各国会计准则体系产生较大的影响。

　　为响应 G20 和金融稳定理事会的倡议、进一步完善我国会计准则体系,倡导会计理论和实务界全面深入地参与国际财务报告准则的制定,促进国际会计准则理事会在会计准则修订中充分考虑新兴市场经济国家的情况,在已与国际财务报告准则趋同的基础上,我国财政部于 2010 年 4 月 2 日发布了《中国企业会计准则与国际财务报告准则持续趋同路线图》。路线图表明了我国响应 G20 倡议的支持立场,总结了中国企业会计准则国际趋同的成功经验,强调了我国会计准则将采取"持续趋同"而非"直接采用"策略,确定了我国会计准则未来发展的方向。

　　以下部分构成了本书的"企业会计准则未来发展篇",相关内容收集整理了 2009 年以来在《会计研究》、《财务与会计》、《证券时报》、《中国会计报》等报刊杂志发表的有关文章,可以为参与国际趋同的国家提供借鉴。

应对金融危机　修订会计准则
推动会计准则的全球趋同

本次国际金融危机发生以来，国际社会对国际财务报告准则的质量和会计国际趋同提出了更高要求。作为改革全球金融体系的一项重要举措，二十国集团华盛顿峰会和伦敦峰会将建立全球统一的高质量财务报告准则和改进国际准则的具体要求写入宣言，并要求金融稳定理事会监督相关工作进展，从而将会计准则及其国际趋同提高到前所未有的高度。

财政部对国际金融危机给会计准则带来的挑战和相关国际动态进行了跟踪研究，并参考了中国人民银行、银监会、证监会和保监会的建议，拟在进一步与国际财务报告准则全面趋同的基础上，修订我国企业会计准则体系，以配合我国应对金融危机、深化金融体系改革等政策措施，并推动会计准则的全球趋同。

一、完善会计准则应对金融危机的国际动态

为应对本次国际金融危机，2008 年 11 月，二十国集团领导人在华盛顿召开会议，研究了应对金融危机的一系列举措，其中包括修订金融工具、公允价值计量、表外项目等会计准则，提出了建立全球统一的高质量会计准则的要求。2009 年 4 月，二十国集团伦敦峰会重申了上述目标，并要求各国积极配合加快工作进展。2009 年 6 月，由金融稳定论坛（FSF）改组形成的金融稳定理事会（FSB）正式成立，其任务之一就是监督会计准则的修改进展和各成员国对包括国际财务报告准则在内的 12 套关键国际监管标准的执行情况。

金融稳定理事会下设的标准执行委员会涉及的会计准则工作共有七个方面：（一）推动实现会计准则国际趋同，强调全球统一的高质量会计准则

对金融稳定至关重要;(二)推动国际会计准则理事会改进公允价值会计准则并确保其执行在全球保持一致;(三)与国际会计准则理事会加强合作,在会计准则制定中考虑防止会计准则对经济周期产生放大影响,即会计准则的顺周期性;(四)就金融机构财务报告与国际会计准则理事会和其他利益相关方加强技术对话;(五)推动国际会计准则理事会简化金融工具会计准则并考虑贷款损失准备的计提方法;(六)推动国际会计准则理事会加快推出中小主体国际财务报告准则;(七)加大新兴市场经济参与国际财务报告准则制定的力度。

根据二十国集团和金融稳定理事会的要求,负责制定国际财务报告准则的国际会计准则理事会积极研究了金融危机中暴露出来的会计准则问题,并采取了以下行动:

(一)2008 年 12 月成立了金融危机咨询组(FCAG),金融危机咨询组于 2009 年 7 月发布报告,提出了改进财务报告应对金融危机的系统性建议。具体包括通过改进金融工具、合并报表、公允价值计量等准则提升现有会计准则的质量,通过增强会计准则制定的独立性和公众受托责任来保证监管机构与会计准则制定机构的沟通协调,通过敦促各国发布趋同时间表来推动国际趋同,以及在正确认识财务报表局限性的基础上强化金融市场基础制度。

(二)2009 年 5 月 28 日发布了公允价值计量征求意见稿,将于 2010 年上半年发布最终准则。该征求意见稿统一了国际财务报告准则体系内的公允价值计量规定,并明确了在非活跃市场条件下的公允价值计量原则。

(三)2009 年 7 月 9 日发布了中小主体国际财务报告准则,为没有公众受托责任但需对外披露财务报表的企业提供了一套"简化版国际财务报告准则"。

(四)2009 年 7 月 14 日发布了降低金融工具会计准则复杂性项目第一阶段的《金融工具分类和计量(征求意见稿)》,将金融工具分类减少为两种,大幅简化相关会计处理;11 月 5 日发布了《金融工具:摊余成本和减值(征求意见稿)》,拟采用预期损失模型计提以摊余成本计量的金融工具发生的减值;11 月 12 日国际会计准则理事会发布了《国际财务报告准则第 9 号——金融工具》,将金融资产按管理层意图和现金流量特征分作两类,分别以公允价值和摊余成本计量,简化了金融资产的会计处理。

(五)提议与金融稳定理事会合作,筹建金融机构财务报告咨询组,提升与各利益相关方(尤其是审慎监管机构)的对话机制,增强国际会计准则理事会的公众受托责任。

按照国际会计准则理事会目前的工作计划,截至 2011 年中期,将有半数国际财务报告准则修订或废止,几乎涉及所有重要准则,并由此导致整个准则体系发生较大变化。

二、我国应对金融危机有关会计准则方面的举措

针对国际金融危机提出的挑战和国际准则正在发生的变化,考虑二十国集团和金融稳定理事会提出的建立高质量全球会计准则的要求,财政部 2009 年在会计准则建设和国际趋同方面采取了以下措施:

(一)积极参与国际会计准则理事会重大准则项目的修改

财政部与国际会计准则理事会建立了有效的会计准则持续趋同机制,在参与国际财务报告准则制定中已有较大的话语权和影响力。在本次国际金融危机中,财政部始终密切跟踪研究金融危机涉及的会计准则问题,积极参与国际会计准则理事会上述重大项目的技术研究,并通过我国主导发起的亚洲——大洋洲会计准则制定机构组等平台,联合新兴市场国家和亚洲——大洋洲国家共同反馈意见。目前,财政部正根据二十国集团和金融稳定理事会对会计准则的意见和国际会计准则理事会的工作安排,更加深入地参与国际会计准则理事会重大准则项目的修改,尽可能地使国际准则充分考虑我国等新兴市场国家的实际情况。

(二)修改完善我国相关会计准则

由于本轮修订后的国际财务报告准则的质量将得到显著提高并成为全球通用的会计语言,财政部将在全面趋同的基础上,考虑我国新兴市场经济的特点,抓住时机进一步完善我国企业会计准则体系。现阶段主要涉及以下项目:

1. 研究制定公允价值计量会计准则。我国企业会计准则中尚无专门的公允价值计量准则,公允价值计量的规定散见于相关准则中。目前该国际准则项目正处在征求意见稿阶段,财政部将根据该项目进展,研究制定我

国公允价值计量准则。

2. 修订金融工具会计准则。根据国际金融工具准则目前的修改方案，金融工具将从四分类简化为两分类，可供出售金融资产的分类、计量、减值方法将被取消，总体变化较大。财政部将根据该项目的分阶段完成情况，修订我国金融工具会计准则，以保证我国金融机构与国外同行在同一平台上竞争。

3. 研究制定小企业会计准则。小企业是经济的重要组成部分，发挥着吸纳就业等重要作用。财政部于 2004 年发布了《小企业会计制度》，并从 2005 年 1 月 1 日起施行。2009 年，财政部正在调研总结《小企业会计制度》执行的经验，拟借鉴《中小主体国际财务报告准则》，研究制定《小企业会计准则》，以提高小企业财务信息质量，降低其融资成本，促进我国小企业发展。

三、发布持续趋同路线图，修订我国企业会计准则体系

国际金融危机发生以来，一方面，国际会计界对国际财务报告准则中一些问题正在形成新的共识，国际准则面临较大变化，其中有许多值得我国会计准则借鉴的内容；另一方面，会计准则全球趋同的趋势进一步加强，二十国集团其他成员国目前几乎均已采用了国际财务报告准则或发布了趋同路线图，会计国际趋同已不再仅仅局限在会计专业领域内，而具有了较强的公众受托责任和官方背景。我国会计准则要继续获得重要资本市场国家认可，就需要加快融入这一潮流。在这一形势下，财政部正在研究修订我国企业会计准则体系，并推进其与国际准则的持续趋同。

我国企业会计准则在 2005 年与国际财务报告准则实现了实质性趋同。从 2007 年起，我国企业会计准则体系开始在所有上市公司实施，并自 2008 年起逐步扩大到所有非上市中央国有企业和所有非上市金融机构。我国企业、会计人员、监管机构和其他财务报表使用者已熟悉掌握了与国际准则实质性趋同的我国准则。这为我国进一步推动会计国际趋同、持续提高我国财务信息质量创造了较好的国内条件。同时，我国准则近年来在香港和欧盟分别进入当地资本市场，成为其接受的等效会计准则。这标志着我国准则已获得国际社会的广泛认可，为我国企业"走出去"营造了良好的外部条

件,也为我国会计准则的进一步趋同创造了较理想的平台。

在综合考虑必要性、可行性等相关因素后,财政部将于 2010 年发布我国企业会计准则与国际财务报告准则持续趋同的路线图,在国内外公开征求意见,以此完善我国企业会计准则体系。

（以上内容主要根据 2009 年 8 月的《应对金融危机　修订我国会计准则体系》一文摘录并整理）

金融保险会计与监管规定分离：
国际趋势与我们的对策

本次金融危机爆发后，包括二十国集团峰会领导人在内的国际社会普遍认识到，导致这次金融危机的根本原因是由于经济结构失衡、金融创新过度、金融机构疏于风险管理和金融监管缺位所致，同时提出了建立全球统一的高质量会计准则、提升金融市场透明度的要求，尤其是二十国集团匹兹堡峰会特别强调了会计准则制定的独立性问题，其中涉及金融保险会计与监管的分离。会计准则与监管规定之间究竟是什么关系，两者之间如何协调，已经成为后金融危机时代需要正确认识的一个重要课题。

近年来，随着我国会计准则改革的持续深入和金融监管的日益加强，这一课题也同样摆在了我们面前。我国对这一重要问题进行了积极的探索，并取得了显著成效。

一、会计目标和监管目标的不同，要求会计规定与监管规定分离

会计规定和监管规定只有分离，才能同时兼顾会计目标和金融监管目标，才能既维护投资者利益，又保护存款人利益。

会计目标是企业财务会计确认、计量和报告的基本出发点。根据我国《企业会计准则——基本准则》的规定，会计目标是"向财务报告使用者提供与企业财务状况、经营成果和现金流量等有关的会计信息，反映企业管理层受托责任履行情况，有助于财务报告使用者作出经济决策"。我国会计准则规范的目标将受托责任观和决策有用观实现了有机结合，并且与国际会计准则理事会、美国等主要市场经济体会计准则的相关规定协调一致。这一会计目标的核心要求是：（一）会计信息应当首先满足投资者等决策需要，而且也可满足其他会计信息使用者的信息需要；（二）企业根据会计准

则所提供的会计信息应当真实、公允、可靠、可信,秉承客观中立、不偏不倚的原则,只有这样才能合理引导投资决策、优化资源配置、避免决策失误和资源浪费。概括起来,会计目标强调投资者利益保护至上,会计信息真实公允、客观公正。

金融监管目标尽管也考虑保护投资者利益,但与会计目标并不完全一致。金融监管目标主要是防范和控制金融风险,维护金融安全与稳定。根据这一目标,在具体监管政策取向上,当投资者利益与存款人利益(或保单持有人等消费者利益)发生冲突时,金融监管要求保护存款人利益优先;当公允与审慎发生矛盾时,金融监管要求以审慎优先。总而言之,金融监管的重要特征是审慎监管,其目标强调存款人利益保护至上,把保障金融机构稳健经营、金融体系安全稳定作为其监管的基本要求。

会计目标与金融监管目标之间存在的差异,势必影响到相关会计或者监管规定,为了满足不同的目标,会计规定和监管规定需要分离。以银行业为例,会计准则为了如实反映金融资产的风险和价值,要求对可供出售金融资产按照公允价值计量,公允价值变动通常计入所有者权益(资本公积);而金融监管规定考虑到其公允价值增加额不确定性较大,为审慎起见,往往在计算资本充足率时将其从监管资本中剔除或者仅考虑其中的一定比例。

再如,会计准则为了如实反映信贷资产减值情况,要求银行根据减值迹象,针对已发生的信用损失以资产负债表日未来现金流量的折现值为基础计提减值准备,既不能多提也不能少提、既不能早提也不能推迟计提,按照"已发生损失模型"确认信贷资产减值损失;而金融监管规定通常认为"已发生损失模型"不够审慎,容易导致顺周期效应,主张在资本监管中按照"预期损失模型"计提信贷资产减值准备,根据"预期损失模型",银行计提信贷资产减值准备还需考虑未来预期信用损失,进而确定所需要的监管资本。

由此可见,只有会计规定和监管规定分离,才能同时兼顾会计目标和金融监管目标,才能既维护投资者利益,又保护存款人利益。如果片面强调两者的统一或者两者选其一,可能会适得其反。

二、国际金融市场多年的发展经验表明,会计规定与监管规定的分离已成为大势所趋

普遍措施:通过分离,既在财务报告层面确保会计信息透明度,又在监管信息层面提出有关资本、杠杆率、风险准备、利润分配等约束指标与条件,确保风险可控与审慎经营。

国际金融市场多年的发展实践表明,金融市场要长期健康有序发展,必须提高会计信息透明度和强化金融审慎监管,这是金融经济发展的两大基本要求。

提高会计信息透明度要求企业财务报告应当向使用者披露真实公允、决策有用的会计信息,以满足金融市场相关各方了解企业财务状况、经营成果和现金流量信息的需要,提升市场效率。强化金融审慎监管要求企业尽量多提准备、估足损失,尽量多留成、少分配,尽量保证资本充足稳定。毫无疑问,如果会计规定一味倚重于监管规定,满足有关"审慎"要求,就很有可能会牺牲会计信息的透明度,投资者将无从知道企业真实的资产、负债质量,不利于金融市场资金的合理流动和资源的优化配置。为了有效解决两者之间的矛盾,世界各主要国家或者地区普遍采取的措施是:通过会计规定与监管规定之间的分离,既在财务报告层面确保会计信息透明度,又在监管信息层面提出有关资本、杠杆率、风险准备、利润分配等约束指标与条件,确保风险可控与审慎经营,从而有效协调会计与监管之间的关系,同时满足会计目标和监管目标的要求,一举两得,相得益彰。这已经成为大势所趋、潮流所向。

美国银行业在历史上曾经面对会计规定与监管规定如何协调的问题,最终以两者实现分离而告终。20世纪80年代至90年代初,美国经历了较为严重的银行危机,银行贷款损失拨备充足性问题广受瞩目。美国财务会计准则委员会于1993年发布《财务会计准则公告第114号——债权人贷款减值会计处理》(SFAS114),要求银行按照未来现金流量折现法计提贷款减值准备,以如实反映贷款资产质量,提高银行业透明度。但是美国货币监理署、联邦存款保险公司、美联储和美国储蓄监管局等四大银行监管机构则认为,SFAS114并不足以解决银行危机所暴露的银行贷款损失拨备问题,贷款

减值准备应当根据审慎原则计提。四大监管机构于 1993 年 12 月联合发布了《关于贷款和租赁损失准备的联合政策公告》(下称"联合政策公告")，要求银行贷款损失准备应当覆盖未来期间很有可能发生的所有损失,并应按贷款五级分类设定固定比率来评估贷款减值准备计提的充足性。在联合政策公告出台并执行后,无形中激励银行多提准备、"以丰补歉",导致银行业借此平滑利润、操纵损益或者随意计提的现象十分普遍,对 SFAS114 贯彻实施形成很大挑战,影响了银行会计信息的可信性和透明度。美国会计总署、证券交易委员会、财务会计准则委员会等有关部门和社会公众为此纷纷提出质疑。

经过长期的争论和努力,美国几大银行监管机构最终于 2006 年 12 月发布新的关于贷款损失拨备的联合政策公告,强调银行应当根据会计准则规定计提财务报告目的的资产减值准备,同时从监管角度要求银行应当通过保持较高的权益资本以应对贷款资产可能发生的损失,而不仅仅是提取超过会计规定的准备。

由此,美国通过实现银行会计规定与监管要求的分离,有效解决了贷款会计信息透明度和强化审慎监管的问题。本次金融危机爆发后,美国又有部分人士希望通过修改会计规定来实现所谓的"金融稳定",但遭受到有关方面的反对。美国证券交易委员会委员爱丽丝·瓦尔特、美国财务会计准则委员会主席罗伯特·赫兹和美国众议院金融服务委员会主席巴尼·弗兰克等在最近的会议和有关报告中明确指出:会计准则制定应当保持独立性,不应灵活逢迎准则规定可能带来的政策影响,那种希望修改会计准则以美化企业财务报告结果进而促进金融稳定的想法,只会干扰会计准则制定,并导致投资者无法获得投资决策所需的高质量会计信息,反而有损于金融稳定和有效监管。

在本次国际金融危机中备受关注与推崇的西班牙银行动态拨备制度,也是会计规定和监管规定相分离的产物。西班牙银行业近年来已要求按照国际财务报告准则编制财务报告,在财务报告中按照会计准则的规定如实计提贷款减值准备,确认减值损失,提供会计信息。银行监管部门出于审慎监管需要的考虑,建立起了顺周期的动态拨备制度,通过历史贷款违约数据(20 年数据)来调节银行贷款拨备,要求银行在经济繁荣期多提拨备,经济下滑期少提拨备,以便为西班牙国内银行带来更大的资本缓冲。这一制度在这次金融危机中得到了国际社会有关人士的赞誉,也使西班牙银行业在本次金融危机中损失相对较小。这在很大程度上得益于西班牙独特的银行贷款会计与监管相分离的制度安排。

目前,无论是美国、西班牙,还是澳大利亚、新西兰、日本以及欧盟其他成员国,无论是国际会计准则委员会还是巴塞尔委员会等国际金融监管机构,有关会计准则与监管规定都是倾向分离的,成为举世公认的事实,这对于我国深化会计改革和金融改革具有重要的参考价值和借鉴意义。

三、我国会计规定与监管规定分离的改革已经取得重要成果,得到业界充分肯定

近年来,我国会计准则建设取得了举世瞩目的突破性进展,会计准则顺应了我国市场经济发展的需要,实现了与国际财务报告准则的趋同。这一轮会计改革的亮点之一是:一方面兼顾我国有关金融监管部门的信息需要,另一方面逐步实现会计规定与监管规定之间的分离,使会计准则走上独立发展的道路,以更好地向财务报告使用者提供真实公允、可靠可信、独立客观的会计信息。事实证明,这一政策趋向是在充分吸收国际经验与教训和紧密结合我国国情基础上做出的正确选择,符合国际潮流,顺应我国发展需要,得到了业界的广泛好评和充分肯定。

（一）银行贷款减值会计与监管拨备实现了分离

我国银行贷款减值会计,曾在较长时间里按照监管部门规定的信贷资产余额的1%计提呆账准备金,结果导致银行业普遍资产高估,利润虚增,责任不清,信息不透明。2002年部分银行执行新《金融企业会计制度》(财会[2001]49号)后,仍然是按照监管规定的贷款五级分类和固定计提比例,提取有关贷款损失准备,会计信息的真实公允性仍然难以保证。2006年财政部新发布的金融工具会计准则,明确规定银行会计应当按照未来现金流量折现法如实计提贷款损失准备,实现了我国银行贷款减值会计与监管拨备规定的分离。

在实务中,为了协调两者之间的关系,银行一般对次级、可疑、损失类贷款按个别资产为基础计提减值准备,对正常、关注类相关贷款,以组合资产

为基础计提减值准备,在此基础上再确定服务于监管目的的各类贷款损失拨备及其计提比例,拨备比例较高,通常在 80%—100% 不等,有时超过100%,从而有效地满足了银行会计目标和监管目标的不同需要。

(二)银行所有者权益会计与监管资本实现了分离

从广义会计角度来看,银行按照会计准则核算的所有者权益金额就是银行的资本,但是在所有者权益项目中有些是由于确认相关资产未实现利得所形成的,比如可供出售金融资产公允价值增加额、交易性金融资产公允价值增加额、现金流量有效套期中套期工具公允价值增加额、采用公允价值计量的投资性房地产公允价值增加额等。从会计如实反映银行财务状况和经营成果角度它们都被计入了净资产。但从银行审慎监管角度,这些公允价值变动额所形成的未实现损益具有不确定性。为此我国在计算监管资本时,将其从核心资本中扣除,并可全部或按规定比例计入附属资本;对于相关资产公允价值变动属于净损失的,因其符合审慎原则而勿需调整,从而实现了银行所有者权益会计与监管资本的分离。

(三)保险公司保险合同准备金会计与法定精算规定实现了分离

我国保险公司过去一直是按照保险监管部门的法定精算规定计提保险合同准备金的,由于法定精算规定是根据保险审慎监管要求设计的,因此保险公司一般据此计提的准备金都远远超出其实际承担的保险负债。如××保险公司 2008 年度 A+H 股年报披露,其 H 股报表列示的保险合同准备金对净资产的影响金额比 A 股报表少 449.20 亿元,对净利润的影响少 98.57亿元。其原因主要是 A 股报表计提的保险合同准备金过于稳健、超额计提所致。2009 年 12 月 22 日,财政部印发了《保险合同相关会计处理规定》,要求保险公司会计以合理估计金额为基础计量保险合同准备金,监管所需的偿付能力报告仍然以法定精算规定为基础计提保险合同准备金,从而实现了保险合同准备金会计规定与监管要求的分离,有助于财务报告更加公允地反映保险公司财务状况(尤其是负债状况)和经营业绩,有效提升保险会计信息的透明度,促进投资者对保险公司的合理估值和监管部门的风险监管,推动保险市场有序竞争和健康发展。与此同时,《保险合同相关会计处理规定》还明确规定,保险人签发的既有保险风险又有其他风险的保险混合合同能够单独计量和区分的,应当进行分拆,分别作为保险合同和其他合同处理。这一规定将更加如实反映保险公司风险保障产品和投资理财产品的发展程度,衡量保险保障功能在国民经济发展中发挥的作用,引导保险公司进一步调整业务结构,落实保监会有关"防风险、调结构、稳增长"的要求,增强保险业核心竞争力。

总之,随着我国近年来会计改革的深入及与国际准则趋同步伐的加快,我国金融保险会计与监管规定分离的改革已经取得重要成果,得到了国内外有关市场人士的充分肯定和广泛认可,对于我国金融市场长期可持续发展是有益的。我们将顺应金融保险行业发展规律,继续积极稳妥地推进我国会计各项改革,促进我国会计准则与国际财务报告准则持续趋同,实现会计规定与监管之间的分离,强化会计信息和监管要求的监督检查,以切实提升金融保险会计信息透明度,维护金融安全与稳定,为贯彻落实科学发展观、全面提升我国会计乃至整个金融经济的核心竞争力作出贡献!

(以上内容主要根据《证券时报》2010 年 1 月 18 日的《金融保险会计与监管规定分离:国际趋势与我们的对策》一文摘录并整理)

全球聚首共商国际会计审计发展大计
中国会计国际趋同与监管经验受推崇

2010 年 2 月 8 日,"国际会计审计发展大会"在比利时布鲁塞尔举行。此次会议由欧盟举办,来自世界 50 个国家和地区的 400 多名代表参加了会议。国际会计准则理事会(IASB)、国际审计和鉴证理事会(IAASB)、独立审计监管机构国际论坛(IFIAR)等国际组织也派代表参加了会议。我国由本人和监督检查局副局长郗进兴率团参加会议,证监会也派代表参会。中国代表应邀在会上就中国企业会计准则建设、趋同、实施和等效的经验作了重要发言,受到与会代表的高度评价和一致肯定。

此次会议是在后金融危机时代全球重构金融监管框架的背景下召开的,意义十分深远。按照二十国集团峰会的要求,制定和实施全球高质量会计准则,推动独立审计公共监管,提高金融市场透明度,强化金融监管,促进金融稳定和发展,已经成为包括各国领导人在内的广泛共识。本次会议着重讨论了国际财务报告准则实施经验、有关国家会计准则国际趋同进展情况、审计准则国际化、独立审计公共监管与国际合作等问题,起到了互动交流、共同协商全球解决方案、促进会计审计行业健康发展的效果,在全球会计审计职业界和金融界引起了较大反响。

二十国集团峰会明确要求制定全球高质量的会计准则并希望其在全球范围内一致、有效地贯彻和执行,可以想见,随着后金融危机时代的到来,越来越多的国家或地区会加入到采用国际财务报告准则或与之趋同的行列中,会计准则国际趋同步伐大大加快。已经实现与国际财务报告准则趋同或者正在趋同过程中的国家或地区的经验,毫无疑问对于其他国家或地区有借鉴和启示意义。会议首先邀请欧盟、中国、加拿大和巴西四个已经实现会计准则国际趋同或者正在趋同的国家或地区介绍经验,以供全球分享,共同推进国际金融市场透明度的提高。

中国自2005年开始实施会计准则国际趋同战略,2007年1月1日起首先在上市公司和部分金融企业、中央非金融企业实施与国际财务报告准则趋同的企业会计准则,这一会计改革幅度之大,影响之广,实施之平稳,效果之显著,史所空前,世人瞩目。本人应邀作为发展中国家成功实施与国际财务报告准则相趋同的会计准则的国家典范,作了题为《中国会计准则建设、实施与趋同的经验》的演讲,全面介绍了中国企业会计准则制定、实施、趋同、等效等方面的经验和做法。本人将中国企业会计准则建设与趋同的经验归纳为五个方面:一是有明确的趋同目标和原则;二是有周密的准则体系规划、严格的项目管理和开放的准则制定程序;三是有一支专业功底深厚、国际化程度较高、熟悉中国会计实务的准则制定队伍;四是有充分的企业实地模拟测试和前期准备;五是有有效的与国际会计准则理事会的专业技术合作和认可机制。

本人还指出,中国充分认识到企业会计准则建设及趋同工作的关键是执行。经过3年的跟踪分析,中国企业会计准则得到了持续、平稳、有效的实施,得到了包括国际会计准则理事会、世界银行等国际组织的充分肯定。世界银行在其对中国会计准则实施情况的评估报告中认为,中国已经成为其他国家效仿的范例。本人也向与会代表介绍了中国在确保会计准则实施方面的四点经验:一是采取多种形式对1000多万名会计从业人员进行系统、全面培训;二是建立上市公司财务报告分析系统,采用"逐日盯市、逐户分析"的方式对准则实施情况进行持续跟踪和监控,并及时提供专业指导;三是财政部会计司和监督检查局联合证监会、银监会、保监会等部门,协调一致、合力监管,保障准则实施,尤其是财政部门建立了包括监督检查局、各地专员办和地方财政部门在内的庞大的监管队伍来督促准则的实施工作;四是稳步扩大准则实施范围,提高准则实施效果。

本人还向与会代表介绍了中国企业会计准则等效和进一步推进企业会计准则持续国际趋同的情况和经验。一是中国企业会计准则已经实现了与香港、欧盟会计准则的等效,为双边国际资本流动、国际贸易和跨境服务扫除了会计上的障碍;二是开展多元化会计合作与交流,中美、中日韩会计合作持续深入,亚洲——大洋洲会计准则制定机构组(AOSSG)在中国倡议下成立并成功运转;三是全面、主动参与国际会计准则理事会重大准则项目修订工作,积极应对国际金融危机;四是发布《中国企业会计准则与国际财务报告准则持续趋同路线图》征求意见稿,进一步明确中国下一步会计准则改革目标,即计划根据国际财务报告准则的最新变化,择机启动企业会计准则体系的修订工作,力争 2011 年年底前完成,设想从 2013 年起逐步实施,2014 年争取在所有大中型企业全面实施。同时建立与国际会计准则理事会的长期趋同机制,确保中国企业会计准则实现与国际财务报告准则持续趋同。

相比欧盟、加拿大和巴西代表的演讲,上述演讲全面、系统、严谨、务实,内容翔实,经验宝贵,有理有据,针对性强。中国经验受到了与会代表的极大关注和充分肯定,赢得了会场阵阵掌声。国际会计准则理事会国际活动总监温·奥普顿先生在评论中认为,中国在准则建设中进行实地测试和大规模培训的经验非常值得其他国家和地区学习,认为中国能够做到,其他国家也应能够做到,中国已经成为标杆。欧盟市场与服务总司副司长大卫·怀特在最后作大会总结时,首先对本人的演讲给予了高度评价,认为中国企业会计准则制定、实施、趋同、等效所取得的成是非凡的、卓越的,中国对1000 多万会计人员进行大规模的会计准则培训,甚至通过电视媒体和会计知识大赛来普及会计准则,说明中国实施会计准则是认真的、扎实的,中国已经走在了世界前列,给其他国家树立了榜样,值得欧盟借鉴和学习。欧盟内部市场与服务总司资本流动、公司法和公司治理司司长皮埃尔·德尔索在会后专门致信,对精彩演讲和积极参会表示感谢,认为如果没有我们的积极参与,大会就不可能取得如此成功。俄罗斯、土耳其等国家和地区的代表在会后纷纷和我们会谈,希望到中国取经。会计准则国际趋同的中国模式,赢得了世界的瞩目、认可与肯定,这是中国会计改革对于我国整个经济改革开放、对于世界会计国际趋同事业作出的十分重要的贡献!

总的来说,中国代表团此次赴欧盟参加国际会计审计发展大会起到了相互交流、扩大影响、维护和争取中国利益的目的,成效显著,成果丰硕,是在新时期下中国会计审计全方位参与国际事务、提升国际地位、增强国际竞争力的重要举措,对今后全面推进我国会计审计及其监管各项工作具有十分重要的意义。一是中国在会计审计标准建设和会计审计行业监管上已经取得了重大成就,形成了具有中国特色的许多典型经验和做法,可以认真总结,广为宣传,多做交流,切实提升中国会计审计和监管的国际影响力。二是要充分利用当前后金融危机时代世界经济格局重构、国际金融监管框架重大改革的有利时机,借势发力,顺势而为,全面参与国际会计、审计和监管规则的修改与制定,维护、保护和争取对中国有利的格局。三是要以开放、务实、主动、互信的姿态广泛开展国际交流与合作工作,要与主要的会计、审计和监管国际组织保持密切联系和沟通,要与欧盟、美国、日本等国或地区保持经常性的沟通渠道,建立长效合作机制,多研究问题,协调立场,为中国企业走出去和参与全球竞争创造良好的国际环境,为维护全球金融稳定和发展作出应有的贡献。四是要顺应我国经济发展和融入世界经济的大势,继续扎扎实实、谦虚谨慎、积极稳妥地做好我国会计审计准则建设和国际趋同工作,继续强化注册会计师审计的公共监管,积极做好会计信息质量监督检查工作,全面提升我国会计审计质量,为我国资本市场和国民经济长期平稳可持续发展奠定基础。

　　(以上内容主要根据 2010 年 2 月的《全球聚首共商国际会计审计发展大计　中国会计国际趋同与监管经验受推崇》摘录并整理)

积极响应 G20 倡议　引领新兴市场参与
构建国际会计新格局

本次国际金融危机爆发以来,二十国集团(G20)和金融稳定理事会等国际组织在提出恢复全球经济增长、改革国际金融体系等宏观政策建议的同时,对市场监管规定、会计准则等政策措施也提出了具体要求。市场和监管机构对公允价值计量、金融工具准则和贷款准备金等会计准则议题进行了广泛讨论,二十国集团华盛顿峰会和伦敦峰会将建立全球统一的高质量财务报告准则写入宣言。有关各方对国际财务报告准则的关注达到了前所未有的程度。这些活动有效地推动了会计国际趋同和国际财务报告准则的完善。随着美国公认会计原则与国际财务报告准则的趋同进入攻坚阶段,在国际金融危机的助推之下,有关国家对国际财务报告准则及其制定机构(国际会计准则理事会)的控制和影响的争夺更趋激烈,会计国际趋同的新格局正在形成。这些变化对我国会计改革和会计国际趋同工作而言,既是挑战也是机遇。

一、应对金融危机带来的挑战

在本次国际金融危机爆发之初,美国和欧洲金融界的一些人将危机爆发归咎于公允价值会计的运用。美国国会在 2008 年 10 月 3 日通过的《2008 年紧急稳定经济法》中责成美国证券交易委员会对公允价值开展专项研究。美欧一些金融机构聘请的政治游说团体希望通过废除公允价值会计达到一箭双雕的目的:既推卸了过度杠杆化、透明度不足和监管不力引发危机的责任,又使报表摆脱下跌不止的市场价格。在政治压力下,国际会计准则理事会于 2008 年 10 月修订了相关准则,允许金融机构将一部分原本应以公允价值计量的金融工具转为以历史成本类基础(摊余成本)计量,从而改善其财务报告业绩。

面对这种局面,财政部会计司跟踪国际动态、研究形势发展,同时与理事会紧急沟通。在听取国内金融界和监管部门的意见后,我们认为,公允价值会计不是引发金融危机的原因,相反有利于及时识别和防范金融风险。在上报国办后,财政部决定不随国际准则变动修改我国准则,反对利益集团对国际会计准则理事会干涉国际准则制定。这一立场得到了多数国家的赞赏,国际会计准则理事会也表示财政部的决定不影响国际准则与中国准则的趋同。

二十国集团华盛顿峰会后,为落实峰会行动计划,伦敦峰会主办国英国倡议成立了4个工作组。根据国务院安排的分工,财政部除牵头第四工作组外,财政部会计司还参加了银监会牵头的第一工作组和人总行牵头的第二工作组中的会计准则相关工作。财政部提出的"国际会计准则理事会应努力促进建立一套全球高质量的会计准则"等案文,不仅得到了银监会等国内相关部门的支持,而且在二十国集团成员国中形成了一致声音,写入工作组报告和伦敦峰会宣言。

二、参与构建会计国际趋同新格局

(一)正在形成中的会计国际趋同新格局

美国公认会计原则和国际财务报告准则是当今全球资本市场应用最广泛的两套会计准则。建立全球统一的高质量财务报告准则的关键,是美国准则与国际准则能否趋同。2008年11月,美国证券交易委员会发布了美国本土上市公司采用国际财务报告准则路线图征求意见稿。因此,国际会计准则理事会将与美国趋同的相关准则项目全面提速。这激起了欧盟方面强烈反弹,对国际会计准则理事会形成了很大压力。这背后是维护各国资本市场竞争力的较量。

大国操纵下的国际准则频繁变动,无疑给新兴市场国家带来了较高的会计准则趋同成本。中国财政部团结其他新兴市场国家代表,在多个场合明确反对这种做法。在G20和各方共同推动下,2008年11月15日,二十国集团华盛顿峰会在宣言中要求国际会计准则理事会和基金会改进其治理结构,以承担全球受托责任。2009年1月,基金会正式宣布成立监督委员会,负责监督国际会计准则理事会独立性和准则制定过程。同时,国际会计准则理事会的理事席位由 14 个扩大到 16 个,其中欧洲占 4 席,北美 4 席,亚洲——大洋洲 4 席(目前中国、日本、印度和澳大利亚各 1 席)。这一结果意味着在美欧对国际准则制定权的争夺中,亚洲、大洋洲和新兴市场国家将成为一支重要力量。作为国际会计准则领域新兴市场国家的代表和亚洲——大洋洲地区影响国际准则制定的重要国家,此格局对我国非常有利。国际会计准则理事会希望中国团结亚洲——大洋洲国家,在国际准则制定中发挥更大作用,帮助抵御来自美欧的政治影响,维护准则制定的独立性。

(二)积极参与构建趋同新格局并发挥重要作用

针对这一新形势,财政部坚持"韬光养晦、有所作为"的原则,一方面与广大新兴市场国家加强交流以解决国际趋同中存在的问题,倡议成立亚洲——大洋洲国家会计准则制定机构组,巩固我国的代表性地位;另一方面,结合国际金融危机背景下的国际趋同新动向,财政部与美国、欧盟和其他主要国家的会计准则制定机构积极合作,成为构建会计国际趋同新格局的重要参与方。

2007 年 7 月,财政部在北京举行了"新兴市场和转型经济国家国际趋同研讨会",建议成立新兴市场和转型经济国家国际财务报告准则论坛,表达新兴市场的意见。

2008 年 4 月,财政部倡议成立亚洲——大洋洲会计准则制定机构组,并在北京举行了筹备会议。会议宣布将于 2009 年 11 月正式成立该组织,将以该组织名义向国际会计准则理事会反馈意见。有关部门已批准同意财政部通过"中国会计准则委员会"的名义加入该组织。

此外,财政部与欧盟、美国、英国和澳大利亚等国家会计准则制定机构建立了工作层面的会议或联系制度,定期交换意见、协调立场。在参与构建会计国际趋同新格局的过程中,我国对国际准则制定的影响力不断提升。

三、继续深化我国的会计国际趋同

会计工作是经济工作的基础。自 1992 年发布"两则两制"以来,我国会计准则建设在明确企业市场主体地位、完善社会主义市场经济规则方面发挥了重要作用。2006 年发布的与国际准则趋同的企业会计准则,进一步使我国会计语言与国际通行标准实现了实质性趋同。2007 年和 2008 年,财政部分别推动内地与香港、中国与欧盟会计准则等效认可,进一步扫清了我国企业参与国际资本市场的规则性障碍。在此期间,财政部与国际会计准则理事会加强合作,不断跟进国际准则的修改和完善,同时会同各监管部门加强监督检查,使融汇了国际准则的新准则成为企业增强核心竞争力的有机整体。下一阶段,财政部将有针对性地开展如下工作:

(一)扩大会计准则实施范围

我国企业会计准则已在上市公司、金融机构和中央管理的国有企业和绝大部分地方国有企业执行,并将推广到全部大中型企业。对于不适合执行企业会计准则的小规模企业,财政部将完善我国小企业会计标准,推动多层次会计准则体系的发展完善,最终使之涵盖国民经济中各类财务报告主体,全面提高企业会计信息质量。

(二)积极参与国际准则制定并发挥较大影响力

在当前美欧争夺国际准则制定权的形势下,我国要在国际准则制定中取得较大发言权,一方面要加强自身技术力量,另一方面要联合新兴市场、亚洲——大洋洲国家,并充分利用美欧之间的矛盾。我们将努力抓住国际趋同新格局这一机遇,积极参与各项活动,在国际准则制定中发挥与我国经济地位相称的更大影响力。

(三)适时发布持续趋同路线图

针对二十国集团峰会建立全球统一的高质量财务报告准则的倡议,以及全球主要发达国家和新兴市场国家均已采用国际准则或已宣布趋同路线图的形势,财政部正在研究我国准则与国际准则实现持续趋同的路线图,并将适时公布,以保证我国企业与其他国家企业未来处于同一竞争平台。

(以上内容主要根据 2009 年 11 月的《引领亚大地区和新兴市场 参与构建后金融危机背景下的会计国际趋同新格局》摘录并整理)

积极发挥主导作用 开启亚洲——大洋洲地区会计合作与交流的历史新篇章

2009 年 11 月 4—5 日,亚洲——大洋洲会计准则制定机构组(AOSSG)第一次全体会议在马来西亚首都吉隆坡举行。此次会议由马来西亚会计准则理事会(MASB)承办。来自亚洲、大洋洲地区的中国、澳大利亚、文莱、新加坡、日本、韩国等 21 个国家和地区会计准则制定机构的 100 多位代表出席了会议。国际会计准则理事会(IASB)主席戴维·泰迪及 4 名理事、国际活动总监和 1 名国际会计准则委员会基金会(IASCF)受托人列席了会议。我国作为 AOSSG 的发起国,由本人率团参会。

本次会议得到了马来西亚政府及有关方面的高度重视,马来西亚财政部第二部长(第一部长由总理兼任)拿督阿末·胡斯尼出席会议并作主旨发言,表达了马来西亚政府对成立 AOSSG 和承办本次会议的支持,指出 AOSSG 的成立,形成了亚洲、大洋洲地区会计准则制定机构参与国际财务报告准则制定的一个重要平台,必将增强本地区参与国际准则制定的话语权。他特别感谢我国发起成立 AOSSG 并在 2010 年 4 月举办的 AOSSG 北京筹备会议,为 AOSSG 的成功运行奠定了良好的基础,对我们参加会议表示热烈的欢迎。会议间隙,拿督阿末·胡斯尼财长还专门与本人就加强两国双边财经会计合作与交流进行了富有成效的会谈。马来西亚会计准则理事会主席法伊兹·穆罕默德·阿兹米亲自到机场迎接中国代表团,并和中方共同协商 AOSSG 会议议程和有关事项。中国代表团在本次会议上受到广泛关注和重视。会议期间,中国代表团有关成员与亚洲、大洋洲各国或地区会计准则制定机构代表广泛交流,积极沟通,踊跃发言,建言献策,在很大程度上主导了会议的讨论,达到了提升我国会计国际地位、扩大国际影响、引领亚大地区会计合作与交流的目的。

本次会议通过了章程性的《谅解备忘录》和《AOSSG 工作组运作程序指南》等文件,选举马来西亚担任 AOSSG 首任主席国。会议集中讨论了金融工具、收入确认、公允价值计量和财务报表列报 4 个工作组提交的工作材料,并研究了下一步的工作计划。AOSSG 作为亚洲、大洋洲地区会计准则制定机构共同协作的平台正式建立,成为国际会计舞台上的一支重要力量,并将与美国、欧盟形成三足鼎立的格局。

一、AOSSG 成立的背景及总体情况

(一)AOSSG 构想的酝酿提出并付诸实施

AOSSG 的构想最初由中国提出。2008 年 10 月,在国际财务报告准则亚洲年会上,本人在针对美国金融危机与公允价值问题的讨论中,与国际会计准则理事会主席和澳大利亚财务报告委员会主席提出了这一构想。之后,在我国的主导下,联合澳大利亚、韩国、日本、马来西亚、新加坡、新西兰等国会计准则制定机构,共同倡议成立 AOSSG,于 2009 年 4 月 17 日在北京成功举行 AOSSG 筹备会议。来自亚洲、大洋洲地区 12 个国家或地区会计准则制定机构的 50 余位代表参加了筹备会议。

在筹备会议上,在中方的积极工作和斡旋下,代表们普遍认为,在会计准则日益全球化趋同背景下,尤其是为应对国际金融危机,本地区会计准则制定机构应当团结协作,形成一致的声音,构建与美国和欧盟形成三足鼎立的本地区会计准则制定机构平台,参与国际财务报告准则的制定,增强话语权,为建立和完善统一的高质量全球会计准则体系做出贡献。与此同时,本地区各国会计准则制定机构应当本着公众利益,协调立场,与相关方面加强合作,共同促进本地区经济繁荣稳定。会议代表们一致赞同成立 AOSSG,决定于 2009 年 11 月 4—5 日在马来西亚吉隆坡召开第一次 AOSSG 全体会议,要求与会各国或地区会计准则制定机构应完成其各自程序加入 AOSSG 并推动其他亚洲、大洋洲国家或地区加入。在 2009 年 4 月北京召开的筹备会议上,代表们讨论了财政部会计司起草的《AOSSG 章程(草案)》(后改称《谅解备忘录》),一致同意提交本次 AOSSG 全体会议(11 月会议)讨论表决;会议还同意中方提出的建议,即为尽量广泛地吸收亚洲、大洋洲地区国家或地区的平等参与,主席国由各成员轮流担任,并兼任秘书处的工作,不

设指导委员会等类似的专门决策机构,一切决定都由每年一度的全体会议做出等。筹备会议还决定成立金融工具、收入确认、公允价值计量和财务报表列报4个工作组并立即开展工作,以便在11月举行的第一次全体会议上讨论形成 AOSSG 共识后提交给国际会计准则理事会。

在2009年4月筹备会议后的半年多时间里,财政部会计司协助行使临时秘书处职能的马来西亚会计准则理事会完成了4个工作组的建立,我国参加了全部4个工作组的研究工作,并担任其中公允价值计量工作组的牵头国。为顺利举办 AOSSG 第一次全体会议,中国财政部会计司协助马来西亚会计准则理事会在工作组组织、会议程序设计、讨论内容等方面做了大量联系和沟通工作,为 AOSSG 第一次会议的顺利召开奠定了基础。

(二)本次会议的总体情况

在本次会议上,与会代表讨论并通过了《谅解备忘录》,并宣布 AOSSG 正式成立。《谅解备忘录》确定了 AOSSG 的目标、组织结构、工作制度等,为 AOSSG 的可持续、规范化运作确立了日常机制:

1. AOSSG 的目标是:(1)促进本地区各国家和地区采用国际财务报告准则,或与国际财务报告准则趋同;(2)促进本地区各国家和地区一致应用国际财务报告准则;(3)协调本地区对国际会计准则理事会技术活动的建议;(4)与政府、监管机构和其他地区性组织和国际组织合作,提高本地区财务报告的质量。

2. AOSSG 的主席由各成员轮流担任,负责组织技术工作、联系国际会计准则理事会、召集临时会议等工作。每次年度全体会议选举候任主席,负责承办下一年度的全体会议,并在下次会议上接任主席。AOSSG 的日常工作由秘书处负责,担任主席的组织同时履行秘书处职责。

3. AOSSG 设立若干技术工作组,由部分成员组织自愿组成,负责研究参与国际会计准则理事会技术活动的意见和立场,并提交 AOSSG 全体会议审议,通过后即为 AOSSG 对国际会计准则理事会的正式意见。形成和提交的 AOSSG 意见,并不妨碍各成员以自身名义向国际会计准则理事会提交不同意见。

4. 主席国代表 AOSSG 向国际会计准则理事会提交意见,秘书处负责与国际会计准则理事会和各成员国的日常联系。每次全体会议后要发布联合公报,公布会议的讨论情况和相关决定。

为指导具体的技术工作,会议还讨论并通过了《AOSSG 工作组运作程序指南》。该文件主要规定了 AOSSG 技术工作组的组织建立、牵头国的责任和义务、日常运作、建议起草和讨论程序、会议与联系等内容。

本次会议在讨论金融工具、收入确认、公允价值计量和财务报表列报 4 个技术议题的基础上,研究了下次会议的议题,并形成了本次会议的联合公报。联合公报的主要内容包括:(1)宣布 AOSSG 正式成立;(2)AOSSG 目标等《谅解备忘录》的主要内容;(3)技术议题的讨论情况及其结论;(4)下次会议及其有关议题等。

二、AOSSG 下一阶段的工作

在本次会议上,AOSSG 成员们还就下一阶段的工作进行了讨论。会议决定应当根据本次会议讨论的情况,继续深入研究现有的金融工具、收入确认、公允价值计量和财务报表列报 4 个技术项目。会议还讨论了是否需要增加研究项目,如果需要,应当增加哪些项目等问题。经过讨论,大家一致认为应当增加合并财务报表、租赁、保险合同、排放权和伊斯兰金融财务报告 5 个项目,作为下一阶段有关工作组和下一次全体会议的重要议题。AOSSG 还研究了建立 AOSSG 官方网站以发布其技术活动及相关事务信息等事项。

根据会议决定,马来西亚会计准则理事会作为 AOSSG 的秘书处将继续联系尚未加入 AOSSG 的亚洲、大洋洲国家和地区,并帮助其加入 AOSSG。

三、中日韩三国会计准则制定机构会议情况

会议期间,中国会计准则委员会、韩国会计准则理事会与日本会计准则理事会讨论了中日韩会计准则制定机构会议机制的未来定位问题。中方建议继续保留中日韩三国会计准则制定机构会议机制,以协调三国在 AOSSG 各项工作中的立场,并发挥事实上的指导委员会作用。这一提议得到了日韩两国和出席会议的国际会计准则委员会基金会(IASCF)受托人岛崎宪明(Noriaki Shimazaki)和国际会计准则理事会理事山田辰己、张为国的支持。

三国会计准则制定机构达成共识,今后中日韩三国会计准则制定机构会议机制继续保留,但不再单独举行会议,而是安排在每次 AOSSG 会议的前一天,并将其宗旨从交流三国会计准则制定和国际趋同有关情况,转变为服务于 AOSSG 工作的顺利开展并积极发挥三国在 AOSSG 中的作用。按照本次会议的决定,中日韩会议依然由三国轮流承办,下次承办国为日本。

四、会议取得的重要成果

本次 AOSSG 全体会议的成功召开,既是亚洲、大洋洲地区会计准则制定机构取得在国际财务报告准则制定活动中话语权的一个良好开端,也是我国会计准则国际趋同工作跃升到一个新层次、新高度的标志。会议主要取得了以下重要成果:

(一)影响国际财务报告准则制定的三足鼎立的格局基本形成

在目前的国际财务报告准则制定和国际趋同活动中,美国和欧盟一直发挥着主导作用。AOSSG 的成立标志着美、欧、亚大三足鼎立格局的形成。国际会计准则理事会主席戴维·泰迪在接受马来西亚《新海峡时代报》采访时说,亚洲、大洋洲的声音未被充分代表,但国际会计准则理事会希望亚洲、大洋洲发挥更大作用,AOSSG 将为本地区发出更强声音,在全球准则制定中拥有更大话语权,在国际财务报告准则制定中形成美、欧、亚大三足鼎立的格局。

(二)中国倡议成立 AOSSG,协助成功召开第一次会议并在各项事务中发挥主导作用,亚大地区会计领导者地位凸显

AOSSG 主要是在中国的倡导下成立的,现在看来这一战略举措十分成功,对我国会计改革和国际影响力的提升起到了重要作用。在 AOSSG 第一次会议的筹备和会议期间,中方协调日本、韩国、澳大利亚等国的立场,与马来西亚财政部及有关方面等进行了多次交流,并协助马来西亚会计准则理事会就等多个问题统一思想,协调观点,有效地保证了本次 AOSSG 会议的顺利进行。各方在本次会议上已认识到,在 AOSSG 机制下,中国的观点和支持举足轻重,中国在 AOSSG 框架下,对亚大地区各项会计事务实质上发挥了主导作用。

（三）我国会计理论和实务界应当积极行动起来，共同参与国际准则的制定并提出意见

由于我国2007年、2008年和2009年在上市公司中平稳有效地实施了与国际财务报告准则实质性趋同的新准则，积累了较多实施国际准则相关规定的经验，因此中方代表团在专业上有很扎实的功底，在讨论中的发言有的放矢，掷地有声，对每个问题都很熟悉，提出的意见也都直切问题关键。同时在政治层面，中方以广阔的胸怀、大国的风范，引导与会各方求大同、存小异，从而促成了较多共识。这一姿态，赢得了参会各方的广泛赞扬和尊重。中国会计的国际影响力持续扩大。这一次 AOSSG 会议也启示我们，只要国力强盛、本国的会计工作做好做实做专，国际发言权和影响力就大。我国广大会计理论和实务工作者应当积极行动起来，增强责任感、使命感和自信心，不必妄自菲薄，按照 G20 峰会的有关倡议和后金融危机时代对会计工作的新要求、新挑战，展开深入研究和探讨，积极提供第一手资料和研究成果，充分利用好 AOSSG 这一平台，或直接向国际会计准则理事会提出意见，为建立全球统一的高质量会计准则作出贡献。

（以上内容主要根据《财务与会计》2010 年 1 月的《共建平台，互动交流，合作共赢　亚洲——大洋洲地区会计合作与交流开启新的历史篇章》一文摘录并整理）

发布趋同路线图征求意见稿
致力全球统一的高质量会计准则

2009 年 9 月 2 日,财政部印发了《中国企业会计准则与国际财务报告准则持续全面趋同路线图(征求意见稿)》(以下简称路线图征求意见稿),向国内外广泛征求意见。路线图征求意见稿根据当前国际形势的最新变化,提出了中国企业会计准则与国际财务报告准则持续全面趋同的主要内容和时间安排。本次国际金融危机爆发后,二十国集团(G20)领导人峰会、金融稳定理事会(FSB)倡议建立全球统一的高质量会计准则,国际会计准则理事会(IASB)积极采取行动,会计国际趋同已成为各国经济发展和经济全球化的必然选择。财政部发布路线图征求意见稿,旨在倡导会计理论和实务界全面深入地参与国际财务报告准则的制定,促进国际会计准则理事会在会计准则重大修改中充分考虑新兴市场经济国家的情况,为建立全球统一的高质量会计准则作出应有的贡献。

一、为响应 G20 峰会倡议,国际会计准则理事会决定将对相关会计准则作出重大修改

为应对本次国际金融危机,根据 G20 领导人峰会和 FSB 的要求,国际会计准则理事会正在对某些准则作出重大修改,主要包括金融工具、公允价值计量、财务报表列报等。

(一)金融工具分类与计量

2009 年 7 月 14 日,国际会计准则理事会发布《金融工具分类与计量(征求意见稿)》,提出了新的方案,将金融资产和金融负债的分类从现行的四类简化为以摊余成本计量和以公允价值计量两类,即:具有基本的贷款特征并以合同收益为基础管理的金融工具以摊余成本计量,其他金融工具将

以公允价值计量。现行分类中的持有至到期投资和可供出售金融资产等类别将不复存在。出于会计匹配的考虑,该征求意见稿保留了公允价值选择权,企业可以选择将应适用摊余成本计量的金融资产,指定为以公允价值计量且其变动计入当期损益的金融资产。根据国际会计准则理事会征求意见稿,以公允价值计量的金融工具,其公允价值的变动应当计入损益;如果金融资产属于权益工具而且是非交易性的,其公允价值变动可以计入其他综合收益,而且该金融资产取得的股利及其累计公允价值变动额均不允许再转入损益(即使在处置时)。该征求意见稿同时禁止金融资产在公允价值计量和摊余成本计量之间进行重分类。

(二)公允价值计量

公允价值会计包括两方面的问题,一是公允价值计量的范围,如哪些金融工具等应当采用公允价值计量;二是如何计量公允价值。2009 年 5 月 28 日,国际会计准则理事会发布了《公允价值计量(征求意见稿)》,该征求意见稿解决的是第二方面的问题。在征求意见稿中,公允价值被定义为"在计量日的有序交易中,市场参与者出售一项资产所能收到的或转移一项负债所意愿支付的价格"。征求意见稿引入市场参与者、最有利市场、最大程度和最好的使用等概念,规范有序交易中资产和负债公允价值的计量。征求意见稿强调计量公允价值的估值技术必须和市场法、收益法或成本法相一致。其中市场法利用价格和其他涉及相同或可比资产(或负债)(包括业务)的市场交易所产生的相关信息。收益法利用估值技术将未来现金流转化为现值(折现)。成本法以当前替代资产服务能力所需要的金额(经常被称为现行重置成本)为基础。为了提高公允价值计量与相关披露的一致性和可比性,用于公允价值计量的估值技术输入值按优先次序被分为三个层次。征求意见稿对于不再活跃市场条件下公允价值计量提供了应用指南,但国际会计准则理事会并不认为新兴经济市场经济国家环境下的公允价值计量存在特殊问题,因此没有为新兴市场经济国家提供单独的公允价值计量指南。

(三)财务报表列报

财务报表列报项目是 IASB 与美国财务会计准则委员会(FASB)签署的趋同备忘录中的重要项目。该项目的第一阶段已经结束,在财务报表中引入了综合收益。2008 年 10 月,国际会计准则理事会发布了该项目第二阶段的讨论稿。根据该讨论稿,国际会计准则理事会将按照营业活动(包括经营和投资活动)和筹资活动对财务状况表、综合收益表和现金流量表进行分类,旨在加强报表之间的一致性和内在联系,提供更清晰的信息,便于财务报表使用者(主要是外部投资者)根据财务报表进行投资决策。

除上述重要准则的修订外,国际会计准则理事会还在对合并财务报表、收入、租赁等准则进行修订,同样需要密切关注。

二、我国企业会计准则已实现了国际趋同,国际最新变化将对我国会计准则产生较大影响,我们应当积极参与其中

2005 年以来,在财政部及有关各方的共同努力下,中国企业会计准则建设、实施及国际趋同取得了有效的成果,走在了亚洲和新兴市场国家前列,即便是美日等发达国家,也只是发布与国际财务报告准则趋同的路线图,距离有效实施还相差甚远。但是,我们也不能满足于已取得的成绩。本次国际金融危机爆发后,G20 峰会和 FSB 都提出改进国际财务报告准则的要求,尤其是国际会计准则理事会正在进行的上述相关准则修订项目,对各个国家的会计准则体系都将会产生深刻的影响,我国也不例外。

(一)关于金融工具分类与计量问题

我们支持国际会计准则理事会简化金融工具分类及其计量的原则,但值得关注的是,在我国企业的金融资产中,贷款及应收款和持有至到期投资占有相当的比例,必须深入研究国际会计准则理事会《金融工具分类和计量(征求意见稿)》中具有基本的贷款特征并以合同收益为基础管理的金融工具的范围和我国金融工具的特点,若其不能覆盖我国现行《企业会计准则第 22 号——金融工具确认和计量》中所定义的贷款及应收款和持有至到期投资,就意味着扩大以公允价值计量的金融工具范围。不仅如此,以公允价值计量且其变动计入其他综合收益的金融工具,在处置或出售时,实现的收益不能转入当期损益,这将影响企业报告的经营成果。

本次国际金融危机中,国际会计准则理事会迫于压力,在 2008 年 10 月份发布了允许金融工具重分类的特别规定。我们经过冷静分析并结合中国实际,提出并坚持了“不跟风”的对策主张,实践证明是正确的。但是为响应 G20 倡议和国际会计准则理事会关于上述对 IAS39 的系统修改方案,我们应当尽快行动起来,结合实际进行研究,提出有价值的修改意见,否则将会陷入被动。

(二)关于公允价值计量问题

美国金融危机爆发之初,公允价值会计被指责为具有经济顺周期性。我们认为,这不是问题的关键,公允价值的形成过程(即定价机制或报价系统)才是完善公允价值相关准则的核心问题。公允价值计量涉及的范围很广,既包括金融工具、投资性房地产,也涉及企业合并、债务重组等。就金融工具公允价值计量而言,由于各国市场的成熟度不同,定价机制也存在很大差别。我国股票、债券、期货和股票期权的定价机制不同于国际发达资本市场,即使定价机制相同,实际的定价结果也可能不一致。依赖市场价格信息计量金融工具公允价值时可能面临诸多问题,具体包括:

1. 尽管近年来我国首次公开发行股票(IPO)定价机制逐渐由行政主导向市场化方向不断演进,通过向合格机构投资者累计投标询价方式确定新股发行价格,但 IPO 定价与二级市场价格也经常发生较大差异。

2. 同一公司的股票在 A 股和 H 股市场上的价格存在差异。

3. 由于市场规模有限,投资者理性程度不够,使得二级市场上的股票、债券以及期货合约的价格经常在短期内发生大幅波动。

4. 实行股票期权激励的公司,可能因股权结构的差异,对股票期权采用不同的定价机制。如由于股权分散而被管理层实际控制的公司,倾向于低估股票期权,从而以较低的价格获得股票期权,并在二级市场上以高价抛售获利。

还需注意的是,企业合并交易中以股权的市场价格确定合并成本,有可能导致商誉的价值虚高;非同一控制下企业合并时,被购买子公司可辨认资产和负债公允价值的确定可能存在相当的主观性;债务重组时参与方定价与公允价值之间存在差异;同一或类似投资性房地产市场交易价格因交易参与者、交易时间和地点的不同存在差异等等,都是我国在公允价值计量中面临的特殊问题。因此我们必须深入研究和总结我国新兴市场经济国家不同种类金融工具和非金融资产、负债的定价机制和报价系统的特点,对照国际会计准则理事会公允价值计量准则征求意见稿,向国际会计准则理事会提出适用于新兴市场经济国家确定公允价值的可行方法。

（三）关于财务报表列报问题

在财务报表中引入综合收益，我们认为是可取的。《企业会计准则解释第3号》已经要求在我国企业财务报表中增加与综合收益有关的项目。财务报表列报第二阶段讨论稿提出的列报结构和项目的出发点，是满足成熟市场中理性投资者进行投资决策的需要。但中国市场的成熟度还不很高，投资者理性程度不够，依赖财务报告进行投资决策尚未完全形成主流，财务报告的作用更主要是用于企业业绩的考核与评估。若按财务报表列报第二阶段讨论稿提出的方案改变报表结构和项目，将给企业带来较高的系统转换成本，而且这种改革对我国新兴市场经济而言，似无很大实际意义，甚至涉及对我国现行法律法规的修订问题。

以上问题只是国际会计准则理事会在 G20 峰会倡议下改革的主要项目，此外还涉及其他相关项目的修改，我们对此必须予以足够的重视，不能等闲视之。国际金融危机涉及的会计准则若干问题，就我国新兴市场经济而言，既是机遇也是挑战。中国经济总量已居世界第三位，国际话语权和影响力不断增长，我们应当站在国际制高点，参与国际规则的制定，切实改变欧美垄断的格局。

三、发布持续全面趋同路线图，旨在倡导我国会计理论和实务工作者，积极参与国际准则的重大修改，使其充分考虑我国作为新兴市场经济国家的实际情况

2009 年 9 月 24 至 25 日，G20 在美国匹兹堡举行了危机爆发以来的第三次领导人峰会，讨论继续应对金融危机、实现全球可持续增长等一系列问题。会议发布的领导人声明在"继续强化国际金融监管"部分中指出："我们（二十国领导人）号召各国际会计组织应按照其独立的准则制定程序，加倍努力建立全球统一的高质量会计准则，并在 2011 年 6 月前完成其趋同项目。国际会计准则理事会应改革其组织框架，提升更多利益相关方的参与程度"。

美国证券交易委员会在其《在美国全面采用国际财务报告准则》征求意见稿发布 10 个月后打破沉默，重申美国推动路线图工作的目标不变，并将其作为优先工作之一。这表明,推进会计国际趋同、建立全球统一的会计准则体系已成为全球各主要经济体的高度共识。

为应对上述变化和影响,财政部发布路线图征求意见稿,提出中国企业会计准则与国际财务报告准则持续全面趋同,核心目标是积极参与国际会计准则理事会拟作重大修改的准则项目,促进全球统一的高质量会计准则充分考虑新兴市场经济国家的实际,并积极消除中国企业会计准则与国际财务报告准则现存的极少数差异。因此,持续全面趋同并不是意味着被动跟从国际财务报告准则的最新变化修改我国准则,而是动员我国会计理论和实务工作者积极行动起来,共同参与国际规则的制定,促进国际财务报告准则更多地考虑中国的情况,在此基础上对我国会计准则作出相应调整。

路线图征求意见稿的发布表达了我国应对金融危机的立场,体现了我国会计国际趋同工作部署的正确性和前瞻性,也说明路线图征求意见稿中的具体建议和计划设计是恰当的。

(一)继续关注国内外各界的反应,加紧完善路线图,并择机正式发布

路线图征求意见的截止时间为 2009 年 11 月 30 日。我们将继续关注国内外各方面的反馈意见,征求意见结束后尽早正式对外发布。目前,财政部会计司正在积极设立公允价值计量等系列重大研究课题,组织证券公司、基金公司、期货交易所、上市公司和会计理论界的专家,共同研究我国各类金融工具的特点、定价机制和报价系统,全面总结中国作为新兴市场经济国家在金融工具及其公允价值计量方面的实践经验,以形成研究报告并反馈给国际会计准则理事会和有关各方,从而在参与国际财务报告准则的制定中发挥更大的影响,以更好地维护我国企业乃至国家利益。我们将更加积极和深入地参与重大国际准则制定和修改项目,要求理事会考虑我国特有的问题,增加我国参与国际准则制定的发言权和影响力,完善我国企业会计准则体系。

(二)加强与国内银行监管机构的合作

财政部、人民银行和银监会都是金融稳定理事会(FSB)的成员,加强与两部门合作至关重要。路线图中提到的金融工具分类、公允价值计量、贷款损失准备的处理等与 IASB 正在进行的重大修改项目是同步的,这些项目对我国金融行业影响较大。由于二十国集团峰会要求会计准则制定机构加

强与审慎监管机构的合作,我们特别将路线图发给人民银行和银监会征求意见,得到了国内监管机构的支持。我们将继续加强与人民银行和银监会的沟通,就会计准则国际趋同涉及的策略性问题交换意见,以在重大问题上保持一致立场。

　　全面参与国际财务报告准则的制定,构建全球高质量的统一会计准则是一项系统工程,我们希望有关各方能够为实现中国企业会计准则与国际财务报告准则持续全面趋同多作贡献。面对当前会计国际趋同新形势,会计理论界、实务界和有关监管部门应针对上述国际会计准则理事会对金融工具、公允价值计量、财务报表列报等项目涉及的问题,对中国特殊情况和特有问题进行深入研究总结,提出具有说服力的证据,提供给财政部或直接反馈给国际会计准则理事会,从而为建立全球统一的高质量会计准则而努力。

　　(以上内容主要根据 2009 年 10 月的《我国响应 G20 倡议的一项重要举措》和《会计研究》2009 年 9 月 15 日的《关于中国企业会计准则与国际财务报告准则持续全面趋同问题》摘录并整理)

各方高度评价趋同路线图
大力支持会计国际趋同

本次国际金融危机爆发后,根据国际最新变化,同时为响应二十国集团(G20)和金融稳定理事会(FSB)倡议、推动建立全球统一的高质量会计准则,财政部于 2009 年 9 月 2 日发布了《中国企业会计准则与国际财务报告准则持续全面趋同路线图(征求意见稿)》(财会函〔2009〕26 号,以下简称"路线图")。征求意见稿的发布在国内外引起了良好反响,各方反馈积极踊跃。人民银行、银监会等金融监管机构和香港会计师公会等准则制定机构和职业组织陆续表示了对路线图的肯定和支持。路线图得到了全体基金会受托人和理事会理事的高度赞赏。

截至 2009 年 12 月 14 日,会计司共收到 113 份反馈意见。其中,部委及直属机构反馈意见共 24 份、部内司局反馈意见共 5 份、地方财政厅(局)反馈意见共 31 份、会计师事务所反馈意见共 31 份、企业反馈意见共 10 份、高等院校反馈意见共 4 份、个人反馈意见共 8 份。

一、各方的基本评价

收到的反馈意见表明,国内各方都对路线图的目标、原则和主要内容表示高度支持。很多反馈意见指出,会计准则国际趋同是我国经济发展和经济全球化的必然选择,财政部在现有企业会计准则的基础上,制定并发布路线图,对于推进我国企业实施走出去发展战略和促进我国经济与世界经济的融合与发展有着积极的意义,在当前金融危机的背景下,起草并发布持续全面趋同路线图是适时和必要的。

人民银行指出,"路线图是在对当前国际形势和主要国家会计准则国际趋同进行分析研究的基础上,为响应 G20 和 FSB 关于建立全球统一高质量会计准则的倡议而起草发布的。我行认为,路线图提出的持续全面趋同方向是正确的。"周小川行长还专门做了批示:"支持趋同方向,趋同进程还可适当加快,并请研究趋同的达标状态。"

中国证监会表示:"中国企业会计准则与国际财务报告准则持续全面趋同顺应了我国经济发展和经济全球化的进程,以及资本市场发展对高质量会计信息的需求。健全完善的企业会计准则体系是资本市场会计信息披露的重要基础。"

中国保监会指出:"中国企业会计准则与国际财务报告准则的趋同是我国经济发展战略的重要组成部分,是应对和防范金融危机、深化对外开放、提升我国国际影响力的重要举措。财政部近几年在中国企业会计准则与国际财务报告准则趋同方面做了大量卓有成效的工作,有效地提高了我国企业的会计信息质量,促进了国民经济的发展和金融市场的繁荣,为金融监管创造了有利条件。保监会积极支持中国会计准则与国际财务报告准则持续全面趋同的路线图,将一如既往地配合财政部做好有关工作。"

中国石油天然气股份有限公司提出:"建立全球统一的高质量会计准则是趋势。金融危机之后,由于 G20 峰会和 FSB 的倡议,这已经不仅仅是会计的专业技术问题,已经具有深刻的官方背景。近年来建立全球统一的高质量会计准则已经取得了重要进展。在这一过程中,中国相关各方作出了应有的贡献。"

国家开发银行表示:"在经济全球化的背景下,国际交流日趋频繁。会计作为国际通用的商业语言,对于降低财务信息转化成本、促进资本跨区域流动,起到日益重要的作用。会计准则的国际趋同已在世界范围达成广泛共识。中国作为重要的发展中国家,日益迫切地需要参与国际商业竞争,融入全球化潮流,会计语言的国际趋同无疑将对此起到重要的推动作用。路线图首次系统阐明了中国企业会计准则未来的发展方向,同时介绍了各项工作的主要内容及时间安排,对于中国企业把握财务会计未来发展方向,合理安排时间和内部资源,有条不紊地推进准则实施意义重大。"

辽宁省财政厅表示:"财政部提出路线图符合会计准则国际趋同的大趋势。未来两年的趋同进程对我国企业会计准则体系的发展而言,不仅是准则体系得以进一步健全完善的关键时期,也是我国准则与国际财务报告准则趋同大势中我方基本思路的进一步明确,而这种完善和明确对我国会计准则今后的发展、对我国在国际会计界中话语权的定位,都至关重要。"

二、各方的建议

除了在整体上赞赏持续全面趋同的基本方向外,有关各方还积极献计献策,为会计准则持续全面趋同的具体实现方式提出了许多中肯和宝贵的建议。主要有以下几个方面:

(一)趋同应充分考虑我国实际

外交部建议:"在加快中国企业会计准则与国际财务报告准则趋同进程的同时,利用国际金融危机后西方世界全面反思经济监管体制和财务监督机制的有利时机,推动国际财务报告准则的改革、发展和完善,使国际财务报告准则充分考虑我国实际情况,维护我国企业整体利益和社会主义市场经济的健康发展,不断提升中国企业会计行业和组织机构在国际财务报告组织框架内的地位和影响。"

中国国际航空股份有限公司表示:"中国自身经济的发展阶段和市场环境有其独特性,比如在公允价值计量等问题上,IASB 应该更多地关注发展中国家的实际情况。中国的企业也应争取在准则修改制定时让 IASB 更多地倾听来自我们的声音。"

吉林省财政厅会计处:趋同是大势所趋,但在趋同过程中还应考虑我们国家的实际情况。如果一味趋同也会增加准则变动与执行的成本,损害我国和我国企业的利益。

中审国际会计师事务所有限公司:非常赞同文中提出的"建立全球统一的高质量会计准则,不仅要以发达国家的经济环境为基础,而且应当充分考虑新兴市场经济国家的实际情况",特别是中国的实际情况。建议在全面趋同过程中应当强调中国的实际情况。

(二)提高中国在国际财务报告准则制定过程中的话语权

中国证监会提出:"在消除我国准则与国际准则现存差异的过程中,建议财政部能够从我国国情出发,尽量说服国际会计准则理事会接受我国现有的做法。目前仍然存在的国际国内准则差异中,无论是同一控制下的企业合并还是长期资产减值准备在计提后不允许转回的要求,都是根据我国企业实际作出的行之有效的规定,在持续全面趋同过程中,建议财政部据理力争,维持我国的成熟做法,同时建议在其他国际准则制定过程中尽可能施加影响力,增强话语权,促进国际准则理事会尽可能地考虑我国的特定情况。"

云南省财政厅指出:"在中国企业会计准则国际趋同进程中,要高度重视、积极开展国际合作。不仅要积极参与 IASB 拟作出重大修改的准则项目,加强与美国和欧盟等发达国家和地区的合作,积极发起成立亚洲——大洋洲会计准则制定机构组平台;而且,随着中国——东盟自由贸易区的建立,应前瞻性考虑与东盟国家会计准则的合作与趋同问题,以充分考虑中国等新兴市场经济国家的实际,增强在建立全球统一的高质量会计准则进程中的话语权。"

立信会计师事务所有限公司建议:"我国会计准则与国际准则实施持续全面趋同,希望并非意味着根据国际财务报告准则直接来修改我国会计准则,而是在趋同的过程中能加强我国在会计领域的国际话语权,推动国际会计理事会更多地考虑中国等新兴加转轨市场的特殊情况,积极参与国际财务报告准则的制定和修改,并在此过程中能够发挥更重要的作用。"

上海紫江企业集团股份有限公司指出:"应积极参与,把握时机,借助于中国的国际影响力,抓住与国际财务报告准则持续全面趋同的机遇,发挥影响和作用,充分体现中国的国情意志和新兴市场国家的特点特色。建议会计学会成立专题研究小组,对新兴业务特别是金融工具、公允价值、财务列报等开展研究,引领方向,形成特色,集中优势,发表见解,争取话语权。"

(三)进一步明确持续全面趋同的含义

中国保监会建议,在路线图中明确"持续全面趋同"的含义。2005 年以来,我国已经建立了与国际财务报告准则实质性趋同的会计准则体系,路线图首次提出了"持续全面趋同"的概念,建议明确其具体的含义和要求。

德勤华永会计师事务所有限公司指出,"持续全面趋同机制"是路线图的核心,建议明确"持续全面趋同机制"、"实质性趋同与持续全面趋同有何区别与联系"等问题,使路线图更具可操作性。

(四)持续完善现有准则体系

1. 清理规范现行会计制度和会计准则

江西、黑龙江、上海等财政厅(局)指出：目前我国有效的会计制度和会计准则较多，"老制度与新制度并存，老准则与新准则同在"，影响会计信息的可比性，同时也影响注册会计师审计和相关监管部门的监督管理和执法。建议财政部尽快废止原执行的企业会计制度和行业会计制度，促进会计信息的可比性，也有利于会计人员的培训与业务操作。

交通运输部也提出：为了防止政出多门、各自为政等现象影响会计准则的施行，建议在发布并要求施行新会计准则的同时，宣布十三个分行业会计制度、《公路经营企业会计制度》、《企业会计制度》等会计制度废止。

我们认为，目前我国企业会计准则和多套制度并存的局面严重影响了会计信息的可比性，在实现会计准则与国际趋同的同时，更应统一国内的会计准则，在实现全面趋同的过程中逐步废止各行业会计制度，确保企业会计准则的统一性。

2. 将小企业会计制度趋同纳入路线图

中国人民银行，中国银监会，北京、上海、黑龙江财政厅(局)，京都天华会计师事务所等多家单位和个人建议将小企业会计准则趋同纳入路线图，在路线图中明确小企业会计准则的趋同目标、趋同方式和趋同时间，借以推动我国小企业会计准则的修改与完善。关于小企业会计准则的适用范围，重庆市财政局建议对小企业给出规模定义，中国人民银行则倾向于给予部分不具备实施企业会计准则条件的中型企业一定的选择权。

3. 明确准则体系各部分的作用和法律地位

德勤华永会计师事务所指出：中国企业会计准则和国际财务报告准则具有不同的法律渊源，IASB 是民间职业组织，其发布的国际财务报告准则是一种普遍接受的会计原则(GAAP)，不是法律法规，不具有执行的强制性；而财政部是经授权的法规制定机构，其发布的中国企业会计准则具有一定的法律地位。在对中国企业会计准则体系进行梳理时，也考虑确定具体准则、准则解释等的制定和批准程序。考虑到我国特定的法律环境，建议在路线图或其他财政部文件中明确中国企业会计准则体系各组成部分及其法律地位和制定程序，以促进准则的应用和执行。

我们认为，路线图中应明确修订后的准则体系各组成部分的作用和法律地位。基本准则作为概念框架，具体准则作为具体会计处理的规范性条文,解释公告用于解决企业会计准则缺乏解释和示例的领域所出现的问题,作为具体准则的补充,这三部分均具有法律效力。而指南则由解释性说明和示例组成,用于指导企业具体运用准则条文,原则上不具有法律效力。

4. 确立准则体系的持续修订机制

安永华明会计师事务所指出,国际财务报告准则本来一直在变,而且今后也会持续改变。"持续全面趋同"是一个较为长远的而非一次性的问题。解决方案的重点是如何有效率地长期保持与国际财务报告准则趋同。还指出,为了持续全面而不时需要的修改,应直接在会计准则内进行,不宜通过"问答"或"通知"进行,不然准则体系将会恢复到现时的分散状态,从而减低前述整合工作的效果。重庆市财政局、上海东华会计师事务所也表达了类似的观点。

我们认为,准则的持续修订机制是路线图的重要一环。中国准则这一轮的全面修订固然重要,之后的持续修订机制则也很重要。今后,准则应当在考虑我国国情的基础上对国际准则作出及时、准确、合理的反应。同时,要严格遵守准则的制定程序,充分吸收有关各方的意见,避免轻易对准则作出实质性修订。

(五)适当调整准则的实施时间

绝大多数的反馈意见都表示自 2012 年起在所有大中型企业实施新修订的准则过于仓促。一方面,从 2011 年准则修订完成到 2012 年开始实施,留给企业、会计师事务所和高等院校的学习、培训的时间过短,企业和会计师事务所的软件系统能否及时更新也存在很大的不确定性,这些都不利于新准则的稳步实施;另一方面,我国大中型企业实施准则的基础不一,有些报告主体采用新准则的条件不够成熟。目前上市公司、金融保险机构及中央和大部分地方企业已经执行会计准则,但还有一些国有企业、民营企业尚未执行会计准则。因此,许多单位在反馈意见中建议修改后的企业会计准则应采取分步走的战略,按照企业类型、监管要求明确各类大中型企业实施新会计准则的时间表。

证监会建议,考虑到美国等一些主要国家的趋同时间表及国际准则在修订后很多主要项目的实施时间均在 2013 年以后,建议我国准则在修订后实施时间不要早于上述时间。同时建议在 2013 年至 2015 年之间设置两年过渡期。

国家开发银行建议,应根据国际财务报告准则的修订进展和主要资本市场国家采用国际准则的进展,对实施时间进行动态调整。

我们认为,2012 年开始执行对这些企业来说准备时间较为紧张,而 IASB 2009 年宣布 2010—2011 年将完成修订的项目基本都是在 2013 年正式生效,且美国和日本在其趋同路线图征求意见稿中也是采取分阶段采用国际准则的方式。我们建议,可以从 2014 年起采取分阶段逐步推进准则的全面实施。另外,参照国外经验,可考虑在条件成熟时允许海外上市的中国公司或者中国大型跨国公司中开展按照国际准则编制报表的试点。

(六)加强各部门之间的协调

证监会提出,希望财政部在持续全面趋同的过程中,能够与有关部门协调,避免国家有关法律法规规定与会计准则相矛盾。在 2006 年会计准则执行过程中,因为各部门政策不配套,导致准则执行效果受到影响。对于这一类问题,建议在准则修订过程中予以充分协调,确实无法协调需要按照相关部门的规定处理的,应当予以明确,以避免企业和会计师在执行中无所适从。

山东省财政厅和厦门市财政局等提出,会计准则的国际趋同不仅涉及会计,而且应重视做好包括企业、税务、财政部、银监会、保监会等很多相关部门之间的协调配合工作。天职国际会计师事务所等建议财政部梳理现有的会计处理规定,特别是和企业会计准则有出入的规定,如企业司、证监会、国资委等作出的一些规定,使执业人员明确最终遵循的法规。

《中华人民共和国会计法》赋予了财政部制定国家统一的会计制度的权力,在路线图中可以明确《企业会计准则》的权威性以及与监管部门相关文件(如监管规定)的关系。在具体工作中,还是应当做好与相关部门的协调,在准则制定和实施过程中,加强沟通。

三、针对各方建议,拟定下一步工作计划

在充分研究分析路线图反馈意见的基础上,财政部会计司拟重点做好以下工作:

　　(一)尽快正式发布路线图,为全面提升我国企业财务报告质量指明方向

　　会计司对已收到的 100 多份路线图反馈意见进行了详细分析,并撰写了分析报告。下一步,我们将吸收反馈意见中的积极建议,对路线图进行必要的补充完善,例如增加制定和实施小企业会计准则的规划和原则,并在2010 年年初正式发布路线图。正式发布的路线图,将作为基本蓝图和行动纲领,明确我国准则与国际准则持续全面趋同的目标、原则、时间安排、实施计划等内容,规划未来我国改进会计准则、扩大准则实施范围、强化会计监管、参与国际准则制定并获得境外等效认可等各项会计准则管理工作,为全面提升我国企业财务报告工作指明方向。

　　(二)积极参与国际会计准则理事会的工作,巩固我国在国际财务报告准则制定中的话语权

　　许多反馈意见提出,要求国际会计准则理事会在准则制定中考虑我国的实际情况。例如,正在修订的《国际会计准则第 1 号——财务报表列报》建议按照经营活动、融资活动、所得税和终止经营四个方面重新组织财务报表的列报格式,我国很多企业和财务报表使用者认为这将大大增加报表的复杂性,反对按此修订财务报表列报国际准则。相应地,路线图将要求国际会计准则理事会在国际准则的制定应当考虑中国新兴市场和转型经济的实际情况和问题,以维护我国国家利益以及投资者、企业和会计行业的利益。按照路线图的安排,会计司将进一步做好对国际会计准则理事会征求意见文件的反馈工作,必要时将在国内公开征求意见。同时,会计司已向国际会计准则理事会最近建立的金融工具减值专家工作组推荐了来自我国银行业的专家,并将继续积极寻求派代表参加国际财务报告解释委员会和其他类似工作组的机会。此外,会计司还拟利用建立的亚洲——大洋洲会计准则制定机构组等区域性平台,强化我国在亚大地区和新兴市场经济中的代表性,巩固并增强我国在国际准则制定中的话语权。

　　(三)加强与相关部门的协调,持续推进我国会计准则的平稳实施,切实提高我国会计监管水平

　　许多反馈意见提出,高质量的会计准则必须得到高质量的实施和执行才能发挥应有作用,建议财政部综合考虑各行业、不同类型企业的情况,对

各类企业执行适用会计准则进行全面规划,并做好与相关监管部门的协调和衔接工作。为此,会计司在路线图中补充了相关内容,并将与人民银行、审计署、国家税务总局、中国银监会、证监会、保监会和国资委等相关部门紧密合作,积极协调会计准则与其他监管规定的差异,并考虑和解决会计准则在不同行业、不同领域中实施的具体问题,共同努力推动企业会计准则的顺利实施和高质量执行。

　　(以上内容主要根据 2009 年 10 月的《各方高度评价路线图　支持会计国际趋同》摘录并整理)

积极推进持续趋同　顺时应势发布路线图
促进会计准则国际趋同向纵深发展

2010 年 4 月 2 日,财政部发布了《中国企业会计准则与国际财务报告准则持续趋同路线图》(以下简称"路线图")。路线图的发布是在总结我国多年会计改革成就与经验的基础上,结合最近国际国内形势发展的需要,为进一步深化会计改革,推动我国企业会计准则建设及其持续国际趋同而作出的重要规划和部署,意义重大,影响深远。

一、关于发布路线图的背景

2005 年,我国已经建成了与国际财务报告准则(IFRS)趋同的企业会计准则体系,并自 2007 年起逐步在上市公司和其他大中型企业得到持续平稳有效实施。但是,由美国次贷危机肇始并于 2008 年演化成的全球金融危机对国际会计趋同及其发展产生了较大影响。为全球协同应对国际金融危机而成立的二十国集团(G20)峰会和金融稳定理事会(FSB)在系统研究金融危机成因和应对策略后,倡议建立全球统一的高质量会计准则,并希望 G20 各成员国及其他有关国家或地区加快趋同步伐。在这一背景下,美国、日本、巴西等国家或地区纷纷表态,支持趋同大势,提出路线图或者行动计划。中国发布路线图,既是响应 G20 和 FSB 有关倡议,顺应会计国际趋同新形势的需要,又是全面部署下一阶段我国会计准则建设有关工作的重要举措。概括地讲,路线图的出台主要基于以下三个方面的背景:

(一)应对国际金融危机,响应 G20、FSB 倡议的需要

尽管 G20 峰会和 FSB 等在认真分析和总结金融危机的根源后认为,导致这次金融危机的根本原因是经济结构失衡、金融创新过度、金融机构疏于风险管理和金融监管缺位,但也认识到高质量的财务报告对于提升金融市

场透明度、维护全球经济和金融体系稳定的重要意义,从而强调需要制定一套全球统一的高质量会计准则并严格执行以确保财务报告的高质量。G20 在华盛顿、伦敦和匹兹堡峰会中都明确了这一要求。会计准则及其国际趋同已经超越了会计专业领域,成为一个涉及公共受托责任的政治议题。中国作为 G20 和 FSB 的重要成员,响应其倡议,积极跟踪并参与国际财务报告准则的重大修改,扎扎实实做好我国企业会计准则的建设与完善工作,全力推进我国企业会计准则与国际财务报告准则的持续趋同,已是义不容辞的责任。

(二)顺应各国会计国际趋同趋势,明确我国趋同立场的需要

据统计,世界上已经有包括欧盟各成员国、澳大利亚、南非等在内的 117 个国家和地区要求或允许采用国际财务报告准则,其他国家和地区也纷纷推出了与国际财务报告准则趋同的路线图,尤其是在 2008 年国际金融危机爆发后有加快之势。美国证券交易委员会(SEC)于 2008 年 11 月 14 日推出了趋同路线图征求意见稿,2010 年 2 月 24 日又发布了一份委员会声明,重申了其对建立一套全球统一的高质量会计准则的支持,为在美国推动采用国际财务报告准则制定了一套具体的工作计划,并表示将于 2011 年就美国上市公司是否采用国际财务报告准则作出正式决定。在工作层面,美国财务会计准则委员会(FASB)与 IASB 的各准则趋同项目正在按计划快速推进。日本金融厅于 2009 年 12 月 11 日正式发布了日本采用国际财务报告准则的路线图,为部分日本上市公司在自 2010 年 3 月 31 日或之后结束的财务年度自愿提前采用"指定的国际财务报告准则"提供了可操作的框架。日本还将在 2012 年前后作出关于自 2015 年或 2016 年起强制采用国际财务报告准则的决定。再如巴西联邦会计委员会和巴西会计准则理事会于 2010 年 1 月 28 日与 IASB 签署备忘录,宣布巴西争取在 2010 年年底前消除巴西会计准则与国际财务报告准则的差异,并于 2010 年年报实现所有上市公司和金融机构采用与国际财务报告准则趋同的巴西会计准则编制合并财务报表。另外,加拿大、印度、韩国等也于 2010 年明确表示将于 2011 年在公共利益主体或上市公司范围内采用国际财务报告准则或者与国际财务报告准则趋同。会计准则国际趋同已经成为世界各国的共识,并正在转化为实际行动。我国作为当今世界最大的发展中国家和新兴市场经济国家,顺应会计国际趋同大势,推动会计准则持续国际趋同,是全球化背

景下作出的理性选择,是大势所趋,潮流所向。

（三）深化我国会计改革,部署下一阶段我国会计准则建设工作的需要

改革开放30多年来,我国一直以积极的姿态,根据市场经济发展进程,顺时应势推进会计准则改革,并努力实现与国际财务报告准则的接轨、协调与趋同。特别是2005年以来,我国企业会计准则的建设、实施、趋同、等效等工作取得了突破性进展,不仅实现我国企业会计准则国际趋同,而且在几乎所有大中型企业得到了平稳有效实施,受到了IASB、世界银行等国际组织的认可和高度评价。基于这样一个良好基础和局面,下一步如何深化我国会计改革、如何部署我国会计准则建设的方向与目标是国内外有关方面所关心的问题,尤其是在本次国际金融危机爆发、国际财务报告准则正在作重大修改和调整的背景下更是如此。2009年9月,财政部适时发布了路线图征求意见稿。在反复征求意见、修改完善并得到多方肯定的情况下,财政部正式发布了路线图,明确了我国下一步企业会计准则建设的方向,即在现有趋同成果基础之上,全力推进我国企业会计准则与国际财务报告准则的持续趋同,从而为我国未来会计准则工作做好部署。

二、关于发布路线图的意义

当今世界正处于大发展、大变革、大调整时期。世界多极化和经济全球化深入发展,国际金融危机影响继续显现,后金融危机时代国际政治经济格局深刻变化,国际金融监管体制改革积极推进。据统计,2009年,我国GDP总量达到33.5万亿元,已经成为世界第三大经济体,当年对世界经济增长的贡献率达到50%。经过多年的发展,尤其是在改革开放的30年里,我国已经融入世界经济体系并成为其中的一支重要力量。发布路线图,积极推动我国企业会计准则与国际财务报告准则持续趋同,是我国紧紧把握当前经济社会发展的重要契机,是确保我国经济长期平稳可持续发展的重要举措,是我国主动承担国际责任、积极参与国际金融监管体制改革、切实维护全球经济金融体系稳定的具体表现,其意义显而易见。

（一）发布路线图有助于提升我国会计信息透明度,承担全球公共受托责任

会计信息是公共产品,会计信息质量及其透明度的高低,不仅影响到整

个金融市场的稳定与发展,更影响到千千万万投资者、债权人和社会公众的决策与利益分配,涉及国际资本的有效流动、国际贸易的健康发展和社会公共利益的维护。据统计,我国自 1978 年改革开放以来,已经累计利用外资逾 9000 亿美元,外商投资企业约 67 万家,是世界上吸引外资最多的国家之一;2009 年,我国共有 77 家企业分别在香港主板、纳斯达克、纽约证券交易所等 9 个海外市场上市,筹资总额达到 271.4 亿美元,是近年来从国际资本市场融资最多、增长最快的国家之一;2009 年,我国进出口贸易总额达到 22072.7 亿元,占全球进出口贸易总额的 8% 以上,国际贸易总量跃居世界第一。我国的经济已经与世界经济紧密相连,我国的发展已经牵涉到各方面的利益,我国企业会计信息的质量已经为全球所关注。在这样的背景下,我国发布路线图,明确企业会计准则持续国际趋同方向,切实提高会计信息透明度,承担全球公共受托责任,维护社会公共利益,是我国作为负责任大国的具体体现,是我国遵循国际公认规则,积极参与国际事务,发挥建设性作用的重要路径。

(二)发布路线图有助于及时向 IASB 反映我国特殊会计问题,提升国际财务报告准则公认性、权威性和实务可操作性

国际财务报告准则要成为全球统一的高质量会计准则,应当全球公认、质量较高,应当充分考虑世界各国尤其是主要经济体的实际情况。本次金融危机爆发后,IASB 正在对公允价值计量、金融工具、保险合同、财务报表列报、合并财务报表等重要会计准则项目做重大改革。这些改革将会对我国现行会计实务产生较大影响。我国作为世界上最大的新兴市场兼转型经济国家,有许多新交易、新情况、新问题。发布路线图,明确我国企业会计准则持续国际趋同但又应互动的原则,有利于我国在及时跟踪、深入研究国际财务报告准则最新变化及其影响的基础上,全方位、多层次参与国际财务报告准则的制定工作,使国际财务报告准则在制定过程中充分考虑我国的实际情况与需要,尤其是在市场经济初创及转型过程中所涉及的特殊会计问题,从而提升国际财务报告准则的质量和全球认可度。

(三)发布路线图有助于加强我国政府会计监管,维护经济金融稳定与发展

本次国际金融危机的一个重要启示是,自由竞争的市场经济与必要的

政府监管两者不可或缺,而且后者的地位正显得越来越重要。健康有序的市场经济需要政府承担更多的公共责任,需要政府强化公共管理职能,建立健全公平有序的市场法则,对市场行为和市场经济秩序进行恰当、必要的监管。会计准则是市场经济运行的重要基础制度和技术法则,发布路线图并推动我国企业会计准则持续国际趋同,从而不断提高我国企业会计准则质量,有助于加强政府会计监管,尤其是会计准则执行情况和会计信息质量的监督检查工作,是市场经济条件下提高政府经济管理水平,充分发挥政府维护市场公平与效率职能作用的重要方面,也是完善我国金融监管体系,促进我国乃至世界经济金融稳定和市场效率提高的基础工程。

三、关于路线图的主要内容

路线图在全面回顾总结自 2005 年以来我国企业会计准则建设、趋同、实施和等效经验与成绩的基础之上,提出了我国企业会计准则与国际财务报告准则持续趋同的方向、策略和时间安排。其主要内容包括以下几个方面:

(一)强调我国企业会计准则已经实现了与国际财务报告准则的趋同,持续趋同是在已有趋同基础上的后续趋同

路线图明确提出,我国现行企业会计准则已经实现了与国际财务报告准则的趋同。2005 年 11 月 8 日,中国会计准则委员会(CASC)与 IASB 签署联合声明也指出:中国制定的企业会计准则体系,实现了与国际财务报告准则的趋同。不仅如此,截至 2009 年 12 月 31 日,这套企业会计准则体系已在所有上市公司和全国 35 个省、自治区、直辖市、计划单列市(含新疆生产建设兵团)的非上市大中型企业执行。到 2009 年年底前,企业会计准则有望在我国所有大中型企业实现全覆盖。正是有了我国企业会计准则已经实现趋同并有效实施的基础,我们提出了持续趋同的目标。它是在现有趋同基础上的后续趋同和发展。

(二)肯定 IASB 为应对国际金融危机所采取的改革举措,支持 IASB 为建立全球统一的高质量会计准则所做的努力

本次国际金融危机爆发后,围绕金融危机与公允价值及相关会计准则之间的关系,在国际社会引起了较大的争论,IASB 和 FASB 等会计准则制

定机构都面临很大压力。尽管无论是美国证券交易委员会(SEC)还是 G20 峰会最后都认为公允价值和有关会计准则不是产生这次金融危机的根源，但对如何在后金融危机时代改进会计准则质量、提高会计信息透明度都提出了意见和建议，其核心内容是希望改进 IASB 的治理结构，在独立准则制定程序下建立全球统一的高质量会计准则。

按照 G20 和 FSB 的要求，IASB 自 2008 年开始积极研究金融危机中暴露出来的有关会计问题，为此做了大量改进国际准则的工作。这些工作值得肯定。比如：

1. 2008 年 12 月 IASB 成立了金融危机咨询组，吸收财金领域领袖和专家加入，深入探讨金融危机下的会计改革对策，并于 2009 年 7 月发布了有关报告，系统提出了改进财务报告应对金融危机的建议。

2. 2009 年 5 月 28 日 IASB 发布了公允价值计量准则征求意见稿，之后又采取各种渠道广泛听取社会各界意见，修改和完善公允价值计量准则，拟于 2010 年第三季度发布最终准则，为公允价值计量提供一套统一的指南，同时还将提供教育材料，指导实务操作。

3. 积极推进降低金融工具会计准则复杂性的综合项目，全面修改金融会计准则。2009 年 11 月 12 日 IASB 发布了《国际财务报告准则第 9 号——金融工具》，完成了第一阶段解决金融资产的计量和分类问题的工作；11 月 5 日发布了第二阶段《金融工具：摊余成本和减值》(征求意见稿)，针对摊余成本计量和金融资产减值涉及的顺周期性问题，改进金融资产减值会计处理方法。IASB 还计划于 2010 年第二季度发布第三阶段征求意见稿，简化套期会计处理问题。

4. 重新梳理合并财务报表会计准则，修订有关概念和合并范围，明确资产负债表外业务和特殊目的主体会计处理问题，计划于 2010 年年底前发布新的合并准则。

5. 加快保险合同、财务报表列报、收入确认、租赁等会计准则项目的制定或修订步伐等。路线图明确指出，中国对 IASB 为应对本次国际金融危机和落实 G20、FSB 要求所做的这些努力表示高度赞赏和充分肯定，并将一如既往支持 IASB 致力于全球统一的高质量会计准则的制定工作。

IASB 对国际财务报告准则的上述改革，将使我国现行企业会计准则的国际趋同基础发生变化,路线图提出我国会计准则持续趋同的要求,也从另一个侧面呼应了这些变化,支持了国际准则改革的基本方向。

（三）明确我国企业会计准则国际趋同立场,坚持持续趋同是在国际互动基础上的趋同

当今世界,关于会计准则国际趋同从大的方面来讲,有两种立场,一种是"直接采用"策略,即一字不动地照搬国际财务报告准则;一种是"趋同"策略,即在会计原则和实质内容上保持与国际财务报告准则的一致。路线图明确了我国会计准则国际趋同的基本立场,即坚持"趋同"而不是"直接采用"的立场。坚持"趋同不等于等同、趋同应当互动"的原则,这是由我国特殊的政治、经济、法律和文化环境所决定的,是符合当前我国《会计法》等法律框架和监管要求的。

我们认为,国际财务报告准则在制定过程中必须充分考虑发展中国家尤其是新兴市场经济国家的实际情况,只有这样,国际财务报告准则才能真正实现其高质量、权威性和全球公认性。与此同时,中国也需要全方位地积极参与国际财务报告准则的制定过程,提升我国在国际准则制定中的话语权和影响力。财政部在这方面已经做了大量的工作。比如,财政部已经与IASB建立了每年两次的定期会晤机制,从2009年起将升格为高层趋同会谈,着重讨论国际准则改革方向和具体准则项目中中国所重点关切的问题。同时,在IASB、国际财务报告准则基金会(IASCF)和国际财务报告准则咨询委员会(SAC)等国际准则制定的多个层面,都已经有中国代表;财政部会计司还每年派人到IASB直接参与有关准则项目技术研究工作。这些代表和人员为我国加强与IASB的沟通增加了渠道,为反馈中国意见,建立与IASB的长效合作与趋同机制奠定了扎实基础。与此同时,中国还于2009年倡导成立了亚洲——大洋洲会计准则制定机构组(AOSSG),为扩大本地区包括中国在内的新兴市场经济国家对国际准则制定的影响必将发挥重要作用。

本次国际金融危机爆发后,公允价值会计被指责为具有经济顺周期性,IASB也在采取措施作相应改进。我们认为,问题的关键不在于此,而在于公允价值的形成过程(特别是金融资产和负债的定价机制)。这次金融危机的重要根源是经济结构的失衡,尤其是美国等国实体经济和虚拟经济之

间的结构失衡导致资产泡沫扩大,风险蔓延和经济失控。在当前经济全球化和金融化的时代,实体经济固然是经济发展的根本,但实体经济的快速可持续发展越来越离不开虚拟经济。如何健康有序地发展虚拟经济,使之与实体经济形成良性互动,是后金融危机时代重塑国际经济金融秩序的要害所在。我们认为,虚拟经济能否健康发展,能否风险可控,其关键是金融资产和金融负债(尤其是创新型金融工具)的公允价值问题,这才是公允价值计量需要解决的核心问题所在。如果公允价值计量会计准则在这方面能够有所突破,那么就为虚拟经济的发展、金融风险的控制和全球经济结构的平衡作出了一个重要贡献。财政部会计司目前已经设立了公允价值计量重大研究课题,成立多个子课题,组织国债登记公司、证券公司、基金公司、期货交易所、上市公司和会计理论界的专家,对我国各类金融工具的特点、定价机制和报告系统进行研究,全面总结中国作为新兴市场经济国家在金融工具及其公允价值计量方面的特征和特有问题,试图揭开公允价值形成过程的面纱,收集具体案例并形成研究报告,以反馈给 IASB 供其制定和完善公允价值相关准则参考;IASB 方面也十分希望能够得到中国方面的有关研究成果。我国公允价值计量重大课题的研究进一步彰显了趋同应当互动的原则,对于维护我国企业及国家利益必将起到十分积极的作用。

(四)规划我国企业会计准则持续趋同时间安排,部署我国下一阶段会计准则建设工作

路线图提出,我国企业会计准则与国际财务报告准则持续趋同的时间安排是与 IASB 的进度保持同步,争取在 2011 年年底前完成对中国企业会计准则相关项目的修订工作。这是我们根据国际国内形势和 G20、FSB 等的要求,结合我国实际情况作出的决定。具体来讲,这一时间安排主要考虑了以下几个方面的因素:

一是 G20、FSB 的有关时间要求。G20 和 FSB 正在设计后金融危机时代的金融监管框架,并列出了详细的工作计划和时间表。尤其是 2009 年 9 月召开的 G20 匹兹堡峰会明确要求在 2011 年 6 月底前完成国际会计准则趋同项目。2009 年 3 月 30 日,美国、英国、法国、加拿大和韩国五国领导人又联合向 G20 其他成员国领导人致信,强调 G20 各成员国要按照匹兹堡峰会确定的时间表,继续加强合作,推进监管改革,强化国际金融体系,其中包

括国际会计趋同。中国作为 G20 重要的成员国之一,需要履行相关义务,以在规定时间内实现企业会计准则持续国际趋同。

二是 IASB 为应对国际金融危机修订或制定有关准则的时间表。IASB为应对国际金融危机、响应 G20 和 FSB 的有关要求,也制定了重大准则项目修订或制定的时间表,即拟在 2011 年 6 月底前完成对金融工具、公允价值计量等重大准则项目的修订或制定工作,自 2013 年 1 月 1 日起生效,鼓励提前执行。考虑到我国现行企业会计准则已经实现了国际趋同,在有关国际准则发生重大变化的情况下,我国企业会计准则做同步修改是比较合适的。

三是结合我国实际情况对持续趋同时间作出明确安排。在 IASB 于 2011 年 6 月底前完成趋同准则项目后,我们还需要留出一定的时间进行消化吸收,草拟或修订我国相关会计准则,或者做好准则之间的协调工作。为此我们计划用 1—2 年的时间同步修订或制定我国会计准则,于 2011 年年底前完成现行企业会计准则的修订与完善工作。然后预留足够的时间用于宣传培训和企业实施新准则前的各项准备工作,再根据形势需要和有关国际准则的生效时间逐步在所有上市公司和大中型企业实施。

四、关于路线图的贯彻落实

路线图提出要结合我国新兴市场和转型经济国家的实际情况,更加深入地参与国际财务报告准则制定,全面推进我国会计准则持续国际趋同,为建立全球统一的高质量会计准则作出贡献。这是一个在高起点、高标准基础上的趋同声明,是对我国在后金融危机时代如何动员社会各界力量全面参与国际游戏规则制定、切实维护我国利益、深化我国会计改革、促进我国会计准则提升的重要部署,财政部门和有关方面需要扎扎实实做好路线图的贯彻落实工作,把它作为我国会计改革与发展的一项重要基础工作抓好抓实。

(一)要高屋建瓴,放眼长远,做好路线图的宣传工作

路线图是我国下一步企业会计准则建设及其国际趋同的纲领性文件,各级财政部门应当会同有关方面积极做好路线图的宣传工作。要通过报纸、电视、网络、广播等各种媒体,多层次、广角度、全方位宣讲路线图出台的

背景、意义、内容、安排等,形成社会各界全面参与会计准则的修订与制定、支持我国会计准则持续趋同方向,为我国参与国际财务报告准则的制定、深化会计改革作出贡献。

(二)要广泛动员,积极参与,做好国际准则的跟踪研究与意见反馈工作

我国能否在本次国际金融危机爆发以来的新一轮国际会计准则改革中增强话语权、占据主动,这十分重要。按照路线图要求,持续趋同首先是互动,是在全面参与国际财务报告准则项目修改与制定基础上的趋同。为此,我国会计理论与实务界需要广泛行动起来,在立足我国国情的基础上,密切跟踪国际准则的最新变化,深入研究对我国企业及经济的影响,及时向IASB 反馈有关意见。财政部会计司会通过财政部或者财政部会计准则委员会网站以及《中国会计报》等媒体,及时公告有关国际准则的最新信息和有关讨论稿、征求意见稿,向社会各界征求意见,希望有关方面结合中国实际,在调查研究的基础上,及时向财政部会计司反馈意见,会计司将根据反馈意见汇总整理后代表中国提供给 IASB。我们也鼓励国内有关单位、专家教授等直接向 IASB 反馈意见,扩大中国在国际准则制定中的声音和影响力。

(三)要未雨绸缪,群策群力,做好我国新一轮会计准则建设工作

按照路线图的部署,我国企业会计准则持续趋同的时间安排将与 IASB 有关项目的进度保持同步。这就意味着我们在参与国际财务报告准则制定的同时,需要考虑我国企业会计准则的修订或制定工作。这一任务十分艰巨,我们应当未雨绸缪,早做准备。我们需要做好我国新企业会计准则项目的规划和管理工作,需要对 IASB 新修订或制定的准则及时吃透弄懂,需要广泛听取有关部门、单位和专家的意见,需要充分发挥会计准则委员会各位委员和咨询专家的作用,需要会计理论界提供充分的理论支持,需要会计实务界提供典型案例和操作指引。总之,社会各界要以学习贯彻落实路线图为契机,积极行动起来,群策群力,出谋划策,为我国企业会计准则体系的完善和全球统一的高质量会计准则的建设作出我们应有的贡献!

(以上内容主要根据《中国会计报》2010 年 4 月 2 日的《我国会计准则国际趋同走向纵深发展阶段》一文摘录并整理)

附录：

中国企业会计准则与国际财务
报告准则持续趋同路线图

　　会计准则国际趋同是一个国家经济发展和适应经济全球化的必然选择。中国会计准则已于2005年实现了与国际财务报告准则的趋同。2008年国际金融危机爆发后，二十国集团（G20）峰会、金融稳定理事会（FSB）倡议建立全球统一的高质量会计准则，着力提升会计信息透明度，将会计准则的重要性提到了前所未有的高度。国际会计准则理事会（IASB）作为国际财务报告准则的制定机构，采取了系列重要举措以提高会计准则质量。在此背景下，中国响应G20和FSB倡议，在现有基础上发布《中国企业会计准则与国际财务报告准则持续趋同路线图》，旨在实现中国企业会计准则与国际财务报告准则的持续趋同。

一、中国企业会计准则已实现与国际财务报告准则趋同

　　2005年，中国财政部在全面总结多年来会计改革经验的基础上，集中力量制定完成了企业会计准则体系。在此期间，IASB多次派专家与财政部会计司团队一起工作。2005年11月8日，中国会计准则委员会（CASC）与IASB签署联合声明指出：中国制定的企业会计准则体系，实现了与国际财务报告准则的趋同。同时，IASB确认了中国特殊情况和环境下的一些会计问题，涉及关联方交易的披露、公允价值计量和同一控制下的企业合并。在这些问题上，中国可以为IASB寻求高质量的国际财务报告准则解决方案提供非常有用的帮助。2009年11月4日，IASB发布了新修订的《国际会计准则第24号——关联方披露》，消除了与中国关联方准则的差异。2010年，IASB通过年度改进项目对《国际财务报告准则第1

号——首次采用国际财务报告准则》进行了修改,允许首次公开发行股票的公司将改制上市过程中确定的重估价作为"认定成本"入账,并进行追溯调整,此举有效地解决了中国企业改制上市过程中因资产重估引发的会计问题。

企业会计准则体系自 2007 年 1 月 1 日起在所有上市公司、部分非上市金融企业和中央大型国有企业实施,并逐步扩大实施范围,目前已扩大到几乎所有大中型企业。三年的实践证明,中国企业会计准则得到了平稳有效实施,对于规范企业会计行为,提升会计信息质量,促进资本市场完善,发挥了十分重要的作用。2008 年 5 月,IASB 派专家对中国上市公司执行企业会计准则情况进行了实地考察,进一步确认了中国企业会计准则体系平稳有效实施的结论。2009 年 10 月,世界银行就中国会计准则国际趋同和有效实施情况发布评估报告,明确指出:"中国改进会计准则和实务质量的战略已成为良好典范,并可供其他国家仿效。"

中国香港从 2005 年开始采用国际财务报告准则。在中国内地会计准则实现国际趋同并有效实施后,2007 年 12 月 6 日,中国内地与香港签署了会计准则等效联合声明,确认两地会计准则等效互认。欧盟从 2005 年开始在上市公司采用国际财务报告准则。欧盟委员会在对中国会计准则国际趋同和有效实施情况评估后,2008 年 12 月 12 日,就第三国会计准则等效问题发布规则,确认中国企业会计准则与欧盟所采用的国际财务报告准则等效,决定自 2009 年起至 2011 年年底的过渡期内,允许中国企业进入欧盟资本市场时直接采用按中国企业会计准则编制的财务报告。

以上情况表明,中国企业会计准则与国际财务报告准则已经实现了趋同,并在上市公司和非上市大中型企业范围内平稳有效实施,得到了国内外广泛认可。

二、应对国际金融危机,中国支持建立全球统一的高质量会计准则,积极推进中国会计准则持续国际趋同

为应对本次国际金融危机,2008 年 11 月,G20 华盛顿峰会深刻分析和总结了国际金融危机产生的根源,提出了应对金融危机的对策,以及改进 IASB 治理结构和建立全球统一的高质量会计准则的目标。2009 年 6 月,由金融稳定论坛(FSF)改组形成的 FSB 在瑞士巴塞尔举行成立大会,决定设立标准执行委员会以促进各国会计准则国际趋同。2009 年 9 月,G20 匹兹堡峰会再次呼吁国际会计准则制定机构加倍努力,通过独立的准则制定程序,制定一套全球统一的高质量会计准则。

根据 G20 和 FSB 的要求,IASB 积极研究国际金融危机中暴露出来的相关会计问题,在完善国际财务报告准则方面做了大量工作并取得了积极成果。主要包括:(1)成立金融危机咨询组,提出了改进财务报告应对金融危机的系统化建议;(2)制定公允价值计量会计准则,为公允价值的计量提供一套统一的指南;(3)推进降低金融工具会计准则复杂性的综合项目,简化金融工具分类、计量、减值和套期等会计准则;(4)全面修订财务报表列报、合并财务报表会计准则,明确资产负债表外业务和特殊目的主体会计处理问题;(5)加快保险合同等会计准则项目的制定步伐。上述趋同项目将于 2011 年 6 月前完成。中国高度赞赏和支持 IASB 为应对本次国际金融危机和落实 G20、FSB 要求所做的不懈努力。

中国作为全球最大的发展中国家和新兴市场经济国家,在会计准则已实现国际趋同的基础上,密切跟踪 IASB 相关会计准则的重大修改和制定工作,组织了由会计理论和实务界专家等组成若干项目组,结合中国的实际开展深入研究;同时与亚洲、大洋洲国家或地区会计准则制定机构成立了亚洲——大洋洲会计准则制定机构组(AOSSG),反映本地区的情况和建议。中国始终坚持会计准则趋同互动原则,主张国际财务报告准则要实现其高质量、权威性和全球公认性,必须充分考虑发展中国家尤其是新兴市场经济国家的实际情况。这样,中国才能保持其会计准则的持续国际趋同。

三、中国企业会计准则与国际财务报告准则持续趋同的时间安排

中国企业会计准则将保持与国际财务报告准则的持续趋同,持续趋同的时间安排与 IASB 的进度保持同步,争取在 2011 年年底前完成对中国企业会计准则相关项目的修订工作,同时开展必要的宣传培训,确保所有上市公司和非上市大中型企业掌握相关会计准则的变化,并得到有效应用。

修订后的中国企业会计准则体系仍由基本准则、具体准则和应用指南

等部分构成。基本准则作为概念框架,明确会计确认、计量和报告的基本要求,指导具体准则的制定。具体准则主要规范企业发生的各类交易事项会计确认、计量和报告的具体要求。应用指南主要对具体准则涉及的有关重点难点问题提供释例和操作性指引。

中国全面参与国际财务报告准则制定取得成效

　　2010 年 6 月 30 日至 7 月 1 日,中国财政部—国际会计准则理事会高层会议在北京举行。会议由我主持。来自财政部、IASB、香港会计师公会的 50 多名代表参加了会议。在高层会议之前,6 月 21—25 日,IASB 派出约翰·史密斯和张为国两位理事以及国际活动总监韦恩·奥普顿、金融工具项目高级经理马丁·弗里德霍夫在北京召开了金融资产减值预计现金流法专家顾问组会议,国内主要金融机构、会计师事务所和有关监管部门也参加了会议。会议听取了与会者的意见,同时与会计司会计准则制定人员举行了技术会谈。在这一系列会议中,中方与 IASB 就会计准则国际趋同策略、国际会计最新动态、正在制定或修订中的国际财务报告准则重要项目等充分讨论,深入交换意见,并在多个问题上达成了共识。

　　本系列会议是在后金融危机时代,全球关注国际财务报告准则改革和国际趋同的背景下召开的,意义十分深远。按照二十国集团(G20)的要求,国际会计准则理事会正在加倍努力制定一套全球统一的高质量会计准则。中国财政部积极响应 G20 倡议,于 2010 年 4 月 2 日发布了《中国企业会计准则与国际财务报告准则持续趋同路线图》(以下简称"路线图"),明确了中国企业会计准则持续国际趋同的基本立场和时间安排。此次会议的召开为贯彻落实路线图、深化中国与 IASB 的互动交流创造了良好平台,有助于中国全面参与制定国际财务报告准则,提升国际财务报告准则质量、权威性和全球公认性,并取得了积极成效,受到 IASB 的高度评价。IASB 主席戴维·泰迪在与财政部王军副部长会谈时一再称道财政部会计司的技术团队,认为,"会计司技术团队研究深入,充满智慧,专业水平高,令人信服。尤其是近五年的变化巨大,如果说五年前会计司还是在学习掌握国际准则的话,那么今天已大不一样,会计司的技术团队已经完全参与到国际准则制定中来,为 IASB 提出了许多有价值的建议,这在国家会计准则制定机构中比较少见,中国将为全球统一高质量会计准则的制定作出重要贡献"。

IASB 代表介绍了金融工具、保险合同、收入确认、租赁、负债、财务报表列报和公允价值计量准则的进展情况。会计司负责各项目跟踪研究工作的技术人员向 IASB 的代表反馈了中国的情况和意见。双方还就存在的分歧进行了充分的解释和讨论。

一、金融资产分类与计量

(一)金融资产分类与计量准则的进展情况

为应对金融危机,IASB 正在实施综合性项目以简化和改进金融工具准则。该项目的第一阶段是改进金融工具的分类与计量,并于 2009 年年底发布了关于金融资产分类与计量的最终准则(IFRS9)。IFRS9 基于主体管理金融资产的商业模式和金融资产合约现金流量特征将金融资产项目从原来的四分类简化为两分类,分别以公允价值计量且其变动计入损益或以摊余成本计量。对于主体持有的非交易性权益投资,主体在初始确认时可以选择将公允价值变动计入其他综合收益,一经选定即不允许转回。对不具有活跃市场报价的权益性投资,IFRS9 取消了成本豁免的规定,但同时认为,在有限的情况下,成本可能是公允价值的最佳估计。例如,无法获得充分的最新信息以确定公允价值,或者公允价值计量存在较大变动范围,而成本体现了在这一范围内对公允价值的最佳估计。

(二)双方的讨论情况

双方主要讨论了两个问题:

1. 持有的非交易性权益投资公允价值变动计入其他综合收益并不允许转回到损益的问题

中方反对不允许将计入其他综合收益的持有非交易性权益投资公允价值变动转回至损益。因为"已实现"的利得和损失应当计入净利润是通常的会计惯例。在中国,净利润是报表使用者最为关注的指标,并且作为法定指标广泛应用于各种考核;相比较而言,其他综合收益概念还没有被广泛理解和接受。如果不允许持有非交易性权益投资公允价值变动转回,可能会降低财务报告的决策有用性。此外,《金融负债公允价值选择权》征求意见稿明确指出,计入其他综合收益的主体自身信用风险导致的金融负债公允价值变动不能转回损益,但可以在权益中转移,即计入其他综合收益的公允价值变动可以转入留存收益。IFRS9 对此没有明确规定。中方认为,实务中这对于计入其他综合收益的已实现公允价值变动是否能用于利润分配十分重要。中方提出,IASB 应对其他综合收益的概念,哪些项目可以计入其他综合收益,在何种情况下其他综合收益可以转回损益,以实现的其他综合收益是否可以在权益中重分类等进行综合考虑,以使各准则关于其他综合收益的处理保持一致。

IASB 代表认为,其他综合收益是总收益的一部分。这个选择权是为了战略性投资设计的,已实现的累计利得和损失都属于以前持有年份的,并不是全部属于卖出的当年,而且战略性投资的利得和损失是无关紧要的,因此是否转回计入到损益也是无关紧要的。但 IASB 不希望主体经常使用这个选择权。如果主体认为利得和损失对经营成果有重要意义,就不应该使用这个选择权。计入其他综合收益的已实现公允价值变动是否能够用于分配,不属于会计准则的问题,是公司法的问题。尽管 IFRS9 没有明确计入其他综合收益的已实现公允价值变动是否可以在权益之间转移,但与 IAS16 固定资产重估值模式的规定类似,准则不会对此予以限制。此外,IASB 的代表指出,目前收到的各方意见都认为其他综合收益提供了更易理解的信息,利得和损失与其他综合收益都是引起净资产变动的不同方式,记一次和记两次是一样的,特别是在一张报表的情况下,只是分成几个小计而已。IASB 将不会就其他综合收益转回提供选择权,但对中方提出的已实现其他综合收益在权益中重分类和综合考虑其他综合收益相关处理保持一致的建议,IASB 将会予以考虑和重视。

2. 关于在活跃市场没有报价且其公允价值不能可靠计量的权益工具投资的公允价值计量问题

关于权益性投资的计量,IFRS9 取消了成本豁免的规定。中方认为,尽管 IFRS9 提供了成本何时可以作为公允价值的最佳估计的应用指南,列出了 7 种成本不能作为公允价值最佳估计的迹象,但是判断很复杂。既然 IASB 认为在某些特定情况下,成本就是公允价值的最佳估计,这样不如提供成本豁免的规定更容易操作。此外,联营、合营权益性投资的计量采用的是成本法,有时权益性投资是否是联营、合营很难界定,这可能导致性质相同的经济业务,由于适用不同的准则规定,导致实务的不一致。

IASB 代表认为,如果允许成本豁免会涉及到减值问题,还将面临类似于公允价值计量的问题。由于许多国家滥用这种成本豁免,IASB 担心金融机构和对冲基金可能利用这种方法牟利。关于权益性投资的公允价值计量,小企业面临更多的困难,IASB 努力寻找大企业和小企业之间的平衡,但还是不能因为考虑小企业的困难而提供成本豁免,避免为该例外的滥用提供空间。

二、金融负债分类与计量——公允价值选择权

(一)金融负债分类与计量准则的进展情况

2010 年 5 月,IASB 发布了关于金融负债分类与计量的征求意见稿——《金融负债的公允价值选择权》。除金融负债公允价值计量选择权外,该征求意见稿保留 IAS39 关于金融负债分类与计量的规定。征求意见稿主要的变化是对于指定为以公允价值计量且其变动计入损益的金融负债,主体可指定金融负债以公允价值计量,因自身信用风险导致的公允价值价值的变动可计入其他综合收益,并且禁止在任何情况下将该其他综合收益转为损益。列报上采用两步法:第一步将公允价值整体变动计入损益;第二步将因自身信用风险导致的公允价值价值变动从损益中转入其他综合收益。因自身信用变化导致公允价值变化有两点原因,一种是信用评级发生变化,另一种是信用价格发生变化。如果不把信用价格发生的变化计入损益,就会产生会计的不匹配。但是征求意见稿中并没有区分这两种变化的原因,将所有与自身信用风险变化导致的公允价值变动都计入其他综合收益。

(二)双方讨论情况

中方总体上赞同征求意见稿提出的因自身信用风险导致的公允价值变动计入其他综合收益的处理原则,但是存在两点意见:一是其他综合收益转回损益的问题(前面已经讨论过);二是不支持征求意见稿中建议的"两步法",赞同采用"单步法"。

三、金融工具摊余成本和减值

（一）金融工具摊余成本和减值准则进展情况

现行关于金融工具减值的已发生损失模型有重大缺陷，不能充分反映金融资产的信用质量，基于该模型计提减值准备无法及时反映金融资产所发生的损失，从而导致市场高估金融资产、虚增收入。IASB 认为，通过简单修补的方法无法修正已发生损失模型存在的缺陷。2009 年 11 月 5 日，IASB 发布了《金融工具：摊余成本和减值》（征求意见稿），拟采用预期损失模型计提以摊余成本计量的金融工具发生的减值。根据预期损失模型，主体在判断金融工具是否发生减值时，不再需要明确的证据表明导致金融工具期望现金流量降低的事件已经发生，而只是根据现有的各种来源的信息进行综合判断。预期损失模型在理论上有问题，在操作上也存在巨大挑战，特别是对于新兴市场。

（二）双方的讨论

中方总体认为预期损失模型理论上有问题，操作性差，所以不支持该模型，具体理由如下：

1. 预期损失模型不符合概念框架，与资产的定义相悖。现行的概念框架对资产的减值是以资产的定义为基础计提，而且要考虑资产的减值迹象。预期损失模型不是以已发生为计量基础，而是依赖对未来损失变化的预计，这与有关会计要素的定义不符。

2. 预期损失模型以管理层预期为基础，而不是以已发生的事实为基础，涉及众多主观判断，要求审计师判断管理层的预期是否准确存在困难，中方担忧会产生利润操纵。

3. 预期损失实施成本高昂，不符合成本效益原则。预期信用损失和实际利率需在金融资产初始确认时确定，这在实务中给很多企业带来了较大困难。例如，历史数据难以取得，开放组合的变动导致实际利率不再适用。专家工作组倾向于从银行风险管理系统中取得数据，但这是非常困难的。

4. 预期损失显著增加了减值会计的复杂性。例如，要求企业每个报告日估算未来现金流，披露包含预期损失和不包含预期损失的两个内含报酬率等。这无助于提高透明度，反而会增加工作量。

5. 预期损失模型的初衷是满足审慎监管机构抑制顺周期性的要求,而这一要求不属于会计准则的范畴。既便如此,预期损失模型在金融资产寿命周期内分摊减值损失,在金融资产或组合的寿命周期内平滑了损益,而金融稳定理事会(FSB)和巴塞尔委员会(BCBS)等审慎监管组织要求跨经济周期平滑损益。更重要的是,会计目标与监管目标是不一致的,会计准则应与金融监管要求分离。

为此,中方提出两套改进备选方案:一是保留 IAS39 的摊余成本及其减值方法,辅以审慎监管的披露,在附注中披露预期信用损失等相关信息;二是采用预期损失模型但大幅改进。改进的方面包括:预期信用风险损失与实际利率脱钩,用来确认利息收入的实际利率不反映预期损失,初始确认时估算的预期信用损失,按照系统合理的方法,在金融资产寿命周期内独立分摊;现行已发生损失模型的期间适当延长,应以能够可靠预计的最长期间为基础计算。

IASB 的代表认同预期损失模型操作性差的意见。对于中方提出的第二个理由,IASB 代表认为已发生损失模型也有大量的利润操纵丑闻,并不认为两个模型相比较哪个更主观,只是熟悉的主观判断和不熟悉的主观判断之分。对于中方提出的第三个理由,IASB 代表认为关键的问题是是否在初始确认时决定折现率并且锁定,专家工作组建议了一些可能的简化方式,如依赖银行的历史损失数据、区分好银行和坏银行采用不同的损失率。IASB 将进一步具体化这些建议。

IASB 代表支持中方提出的第四个和第五个理由。

本人在总结该项目的讨论时指出,预期损失模型提出后受到多方的密切关注。该模型是此次改革中最重要的项目,需要重点考虑。中方对预期损失模型仍存在许多困惑。大部分贷款在收回前没有损失,没有损失时计提的减值准备属于秘密准备,而且把准备与利息收入挂钩更难以理解。解决顺周期问题不属于准则规范,而是属于监管的问题。会计准则的制定应当保持独立性。中国 2009 年年底发布的保险会计制度较好地解决了会计与监管的分离问题。减值模型计算简单还是复杂不是我们担心的主要问题,重大问题是不能将监管的原则和要求强加给会计准则。中方接受以已发生损失模型的调整为基础,考虑损失的迹象,这样与其他资产减值相统一,各项准则之间也保持一致。此外,将资产减值调整收入类似于坐支,不符合收支两条线的原则。

IASB 代表赞同会计应与监管分开,并且认为我国的保险会计准则提供了很好的实例。同时 IASB 解释了预期损失模型的原则是用高质量贷款的利息来补偿低质量贷款的损失,考虑这个问题的初衷是究竟等待贷款损失发生时核算还是把贷款分为一组,通过一组贷款来考虑净收益。这是会计问题,不是监管问题。此外,IASB 代表表示,如果找不到在新兴经济体中可操作的办法,该项目就不会继续进行,需要继续分析,找到可行办法。熟悉的主观判断比不熟悉的主观判断好,IASB 将考虑对已发生损失模型进行修订。

四、套期会计

(一)套期会计项目的进展情况

现行套期会计要求包括很多规则且是逐步建立的,很多规定已经没有意义,实务中许多主体的各种套期安排,无法适用套期会计。具体包括:

1. 套期有效性的条件。现行套期有效性测试的要求过于严格,既要求定性测试,又要求定量测试;既要求对过去的有效性进行测试,又要求对未来的有效性进行测试。套期有效性的要求过于规则,套期有效性的标准在80%—125%之间过于武断,很多实际有效套期都被排除在套期会计以外。

2. 被套期项目的条件。除外币风险外,与非金融项目相关的风险都不能单独辨认和可靠计量,不能单独作为被套期风险成分。例如对橡胶的测试有效性与轮胎中橡胶的测试有效性不同,不同地区的咖啡豆可能是不同的标准化产品。

3. 套期工具的条件。一般情况下套期工具应作为整体,不能将其风险细分成不同的成分,而将某一风险成分指定为套期工具。除外币风险外,IAS39 严格限制将非衍生金融资产和金融负债指定为套期工具。

4. 套期会计的模式。IAS39 将套期会计分为三种不同的类型,公允价值套期、现金流量套期和净投资套期。IASB 正在研究采用单一的现金流套期方法,同意公允价值变动计入其他综合收益,直到套期关系结束。但是,新兴经济体可能会由于外汇变动带来巨大冲击,从而产生较大争议。如对于韩国的造船行业,公允价值变动计入其他综合收益可能使其所有者权益都会消失。IASB 的讨论还处于初期阶段。

5. 关于组合的套期。套期的组合是开放式的组合,很难判断有多少衍生工具的变动需要计入净收益,IASB 还没有找到好的方法。

IASB 计划对套期会计进行综合性的修订,目标是套期会计信息应反映主体风险管理与财务报告之间的关系,消除被套期项目与套期工具在确认和计量上的不一致,合理确定(有效规避现金流量风险的)套期工具损益的确认时点。

(二)双方的讨论

中方赞同 IASB 的改革目标,套期会计的最大问题是能否如实反映套期业务,我国许多企业发生套期业务,却不能使用套期会计。结合中国套期业务的实际,中方提出了三点建议:第一,套期会计准则必须修订,而且不是以打补丁的方式修订,应当是全面修订;第二,修订的基本原则是简化。80%—125%的有效性区间必须删除,这是规则导向,企业很难达到。IASB 应更好地解释"高度有效",以定性描述为主,辅以定量方法,可以借鉴美国最新的套期会计方案;第三,披露可以解决准则设计的不足,关键是披露的质量,而不是披露的数量。

IASB 代表同意全面改革套期会计准则。关于披露,现在的报表附注已经很多。IASB 正在考虑制定综合性的披露准则,涵盖所有相关准则的披露要求。双方都认为,IASB 套期会计的讨论还处于初期阶段,今后需要继续深入。

五、终止确认

(一)终止确认准则项目进展情况

2009 年 3 月,IASB 发布了关于终止确认准则的征求意见稿,以简化和改进金融工具终止确认准则。绝大多数反馈意见不支持征求意见稿中提出的终止确认模式,认为该模式尽管在某些方面有所简化,在披露要求方面有所改进,但其仍保留了"风险和报酬"模式,是"风险与报酬"模式和"控制"模式的混合体,它将不能降低终止确认会计实务的复杂性,因此不能对财务报告作出重大改进。根据反馈意见,IASB 决定放弃征求意见稿提出的终止确认模式,转而采用终止确认稿中提出的"替代模式(alternative approach)"制定终止确认准则。目前 IASB 正在研究如何将征求意见稿中的替代模式写得更详细。FASB 对终止确认准则作了很多细节的修订,将导致更少的项目被终止确认,更多的项目体现在财务报表上。IASB 希望观察 FASB 的方法的效果,再决定下一步的工作计划。

(二)双方的讨论

中方赞同 IASB 简化 IAS39 有关终止确认准则,支持将控制作为判断金融资产是否终止确认的标准,同时针对售后回购等特殊交易的实质,要求不应终止确认,但对以下方面表示了担忧:

1. 终止确认的判断标准过于原则,建议 IASB 提供更多指南,并详加举例说明,为实务提供可操作性。

2. 在征求意见稿中,关于"控制"是从转入方角度判断,最近 IASB 的会议文件改为从转出方角度判断。收入确认项目则是从购买方角度(即转入方)角度判断是否控制所购商品。建议 IASB 协调不同准则项目,均基于同一角度对"控制"的转移进行判断,倾向于从转出方角度进行判断。

3. 关于保留利益的计量,中方总体赞成分两种情况分别以公允价值和原账面价值计量,但是对于与原资产不成比例的保留利益,终止确认全部资产,将保留利益确认为新资产,并以公允价值计量,增加了盈余管理的空间。

IASB 代表指出,目前终止确认项目已被延缓实施,理由是部分理事不同意现在正讨论的替代模式的两个方面:第一,是否导致更多的终止确认,有人宁愿双方都计,也不愿意少计;第二,很多人担心利润操纵,什么时候终止确认,在多大程度上可以计入损益都会导致主体损益发生很大变化。IASB 认为,如果修订的结果比现在没有更多改进还不如不动,而且 FASB 与 IASB 的方法有很大不同,IASB 希望观察 FASB 的方法的效果再决定下一步的工作计划。

六、保险合同

(一)保险合同准则项目的进展情况

IASB 计划在 2010 年 7 月底发布保险合同准则的征求意见稿。在过去的 2 个月中,FASB 和 IASB 对于该项目的立场越来越近。

1. 采用组成模块法计量保险合同负债,即将保险合同未来现金流量分成以下三个组成部分:

(1)保险人履行保险合同导致未来现金流量的无偏期望估计数。

(2)货币时间价值的影响,即需要将未来现金流量采用一定的方法折现,折现率是无风险利率加流动性调整。

(3)边际,消除保险合同初始确认时可能存在的任何利得产生的余额。

IASB 和 FASB 都支持组成模块法,但双方在边际模块的组成和计量上存在分歧。IASB 支持采用两边际法(风险调整额和剩余边际),而 FASB 支持采用单一边际法(即综合边际)。

2. 列报和披露。如果保险公司损益表是从保险收入开始计算,那么其中一项会是间接挤出来的差额。但如果是基于边际设计出来的损益表,这与传统的损益表将不同,因为收入、流量的信息都会不同。保险行业的分析师可能既需要流量信息,又需要边际信息。目前暂定损益表基于边际来设计,然后设计一个包含流量信息的补充表。

3. 参与分红保险合同。当保险人对某类具有参与分红特征的保险合同的实际赔偿额低于期望赔偿额时,保险人可能还存在向投保人分红的义务。IASB 认为,保险人应将该义务作为保险合同整体的一部分,采用与其他保险义务类似的方法予以计量。但 FASB 认为,应将分红特征导致的义务单独确认为一项法定或推定义务。

4. 保险合同的分拆。在实务中,一些综合性保险合同可能包括多项保险,既可能包括保险成分,也可能包括投资成分或服务成分。在过去的 25 年中,保险合同包含的金融性特征越来越明显。很多保险合同有账户余额,还与指数等挂钩。IASB 认为,如果一项保险合同成分能够单独计量,该成分应予分拆。如果该成分与其他成分具有重要相互依赖关系,以至于不考虑其他成分将对其无法计量,则该成分不能视为能够单独计量。FASB 和 IASB 都认为,显性账户驱动型保险合同应予分拆。此外,保险合同只有在准则要求时才予以分拆。

(二)双方的讨论

中方基本赞同 IASB 在保险合同准则的一些主要方面形成的结论。现行中国会计准则体系包括两项与保险合同相关的准则——原保险合同和再保险合同。关于保险合同负债的计量方面只有原则的规定,造成了在内地和香港上市的公司在保险合同负债计量方面有很大差异。为了补充完善此问题,财政部 2009 年发布了财会 15 号文《保险合同会计处理规定》。中方代表就 IASB 代表所关注的计量保险合同现金流量采用的折现率、保险合同的确认、列报和披露要求等进行了介绍和解释,消除了误解。

双方基本认同,财政部 2009 年发布的保险会计规定与 IASB 关于保险合同形成的结论在原则和框架上非常接近,但应进一步充实应用指南。关于财政部发布的保险会计规定较好地分离了会计与监管要求,IASB 代表认同监管目标与财务报告目标是不同的,但从效率上来讲,相对监管部门用一套完全独立的核算办法调整财务报告数字更简单。在一些国家,如美国,有专门针对监管的核算系统,但效率很低。

七、收入确认

(一)收入确认准则项目进展情况

收入确认项目作为 IASB 与 FASB 的联合项目,目的是希望能够建立一套单一的、以合同为基础、以资产负债观为基本理念的全新的收入确认模型,以此来替代现行的大多数与收入相关的准则,从而消除当前不同准则之间收入确认不一致的问题,提高收入信息的可比性和可理解性。2010 年 6 月 24 日,IASB 与 FASB 联合发布了《与客户的合同收入(征求意见稿)》(以下简称“征求意见稿”),征求意见截止日期为 2010 年 10 月 22 日。新的收入确认模型包含以下主要内容:

1. 适用范围。新模型要求基于主体与客户订立的合同确认收入。

2. 收入确认步骤。新模型提出四步法确认收入:

(1)识别与客户的合同。

(2)识别和分解合同中的履约义务。IASB 提出,履约义务是指合同中向客户销售商品或提供劳务的承诺,对合同中履约义务进行识别和分解的判断依据,关键是看某项商品或劳务与其他商品或劳务相比是否具有独立性。

(3)确定和分摊交易价格。存在不确定因素情况下(例如可变对价、客户信用风险等),交易价格应当是根据预计发生的不同结果、发生概率和折现率计算的预期能够收到对价金额的期望值。合同包含多项履约义务的,主体应基于相关商品和劳务的单独售价将交易价格分配至履约义务。

（4）在履约义务完成时确认收入，按照预期能够收到的对价金额确认收入。主体应该在客户取得对商品或劳务控制权的时点上确认收入。只有当客户随着资产的建造持续取得在建资产的控制权时，才可以分次确认收入。

（二）双方的讨论

中方赞赏 IASB 在建立单一收入确认准则方面所做的努力。新的收入确认模型从收入的定义出发、以资产负债观为基本理念、以控制权的转移为核心条件。从理论上看，该模型较为完备；但从实务操作层面，中方担忧模型的可操作性和过多会计估计可能带来的利润操纵问题。

1. 控制权的转移

主体是否实现履约义务取决于是否转移了商品或劳务的控制权。但缺乏关于控制的定义、判断控制权转移的明确原则和指南。IASB 代表赞成这是实务中的难点。关于判断控制权转移的具体条件，理事会也存在着相关的争论。类似的争论还存在于租赁问题中。

2. 完工百分比法的运用

征求意见稿一定程度上解决了长期劳务合同、建造合同等能否分次确认收入的问题。分次确认收入的关键是控制权的持续转移。客户没有获得控制权的持续转移商品或服务合同，只有在合同全面完成并向客户移交控制权时，主体才能确认收入。因此，对于控制权为转移给客户的建造合同将不能采用完工百分比法确认收入，中方对此表示高度关切，如果这样修改完工百分比法可能行不通。IASB 赞同中方的意见。

八、租赁

（一）租赁准则项目的进展情况

1. 承租人会计。承租人应将所有租赁合同确认为：一项资产——租赁期内使用租赁资产的权利；和一项负债——偿付租金的义务。租赁合同产生的使用资产的权利和应付租金的义务符合资产和负债的确认条件；租赁合同不同于可执行合同，因为租赁合同开始时出租人履行了其义务（转移了一定期间的资产使用权）。现在存在的问题主要是关于承租方的续约权，或有租金问题，这两个问题正在解决中。

2. 出租人会计。出租方的处理比较复杂,存在三种出租人会计方法:终止确认法、履约义务方法以及混合方法。FASB 和少数 IASB 理事赞成履约义务法,出租人应向承租人提供一项使用其经济资源的权利,从而产生一项负债,同时将获得的收取租金的权利确认为资产。出租人并没有丧失对租赁资产的控制权,在租赁期内应继续确认该租赁资产。IASB 大部分理事支持终止确认法,出租人被认为转移部分或全部租赁资产,以获取收取租金的权利,由于出租人在租赁期内将不再控制租赁资产的使用权,出租人应终止确认代表租赁资产使用权部分的资产,将取得的收取租金的权利确认为一项资产。混合方法认为,履约义务法和终止确认法都存在缺陷,出租人应基于租赁合约的经济实质,分别采用终止确认模式或者履约义务法。该方法面临的问题是如何确定各自的适用范围,IASB 工作人员建议了多种选择方案,一个极端方案是履约义务最少化,即只有两种情况下采用履约义务法,一种是短期租赁;另一种是以成本计量的投资性房地产,其他的都采用终止确认法。

(二)双方的讨论

中方赞同 IASB 关于租赁准则的修订目标:即建立一种新的、单一的租赁会计处理方法,以确保由租赁合同产生的所有资产和负债都能够在财务报表中得以确认。租赁准则的修订所贯穿的理念符合概念框架的要求。中方代表分别就 IASB 就出租人会计采用混合方法的考虑、出租人对租赁资产的折旧以及简化短期租赁会计处理等问题进行了讨论。

最后,本人总结了双方关于租赁准则的讨论。首先支持赞成 IASB 的租赁准则项目的改进,不再划分经营租赁和融资租赁。但有两个问题:一是租赁转让的是整个资产,从租赁来讲,一般是整体租赁,很难说是部分租赁。对于折旧也不能是部分在出租方,一部分在承租方;二是支持采用终止确认法,但"终止确认"一词不很合适,终止确认一般针对所有权而不是使用权。租赁仅是从出租方转移到承租方,转移的是使用权,只是实物形态的转让,而出租方获得长期应收款,应收款包括转让的资产使用权的价值和剩余资产价值,应当认为没有终止确认。既然这样,最好不用终止确认一词,以免误导。

九、负债计量项目

(一)负债计量项目的进展情况

IASB 于 2010 年 1 月 15 日发布了《〈国际会计准则第 37 号——准备、或有负债和或有资产〉中的负债计量(征求意见稿)》(以下简称"征求意见稿")。征求意见稿主要包括以下三个方面:

1. 计量原则

征求意见稿规定,"在初始计量负债时,企业应当以资产负债表日为解除义务所应支付的合理金额进行计量。应支付的合理金额是以下三项金额中的最低者:(1)企业为履行义务所付出资源的现值;(2)取消义务应当支付的金额;(3)将义务转移给第三方所应支付的金额。"而现行 IAS37 规定,"确认为预计负债的金额应是报告期末履行现时义务所要求支出的最佳估计。"

2. 履行义务方式下的负债计量模式

征求意见稿提出,在没有证据表明企业可以取消或者转移现时义务的情况下,企业应当采取"履行义务"方式计量有关负债。如果履行义务所需资源的流出金额具有不确定性,企业应当估计其期望值,即采用"预计现值法"进行计量。现行 IAS37 规定,对于单项预计负债应当采用"最佳估计数",即最可能的结果进行计量,而对于涉及大量项目的预计负债采用基于期望值的"预计价值法"进行计量。

3. 以提供服务方式履行义务情况下的负债计量

如果一项义务要求以提供服务方式得以履行,在存在服务市场的情况下,应当以承包商价格为基础的预计现值(包含毛利和风险调整)对其进行计量;在不存在服务市场的情况下,应当以主体提供服务的价格为基础的预计现值(包含毛利和风险调整)对其进行计量。而现行 IAS37 以提供服务的成本(不包含毛利)进行计量。

(二)双方的讨论

财政部已于 2010 年 5 月 18 日将相关意见反馈给了 IASB。中方总体上不赞同征求意见稿中关于负债的计量原则,并认为理事会没有必要修改 IAS37,而应当维持现行 IAS37 的有关规定,或对 IAS37 中的负债计量提供

进一步指南。主要理由如下:

1. 征求意见稿中负债计量模式难以实现理事会进一步明确 IAS37 中负债计量的初衷:(1)在征求意见稿计量模式下,对于全部预计负债(包括单项预计负债)必须取得的计量证据涉及了未来资源流出的金额、发生时间(折现率的选择)和概率等有关的全部信息,获取这些信息需要付出较高成本,甚至在某些情况下不切实可行,其客观性难以检验;(2)对与预计负债相关的事件发生概率和风险估计会受到评估风险者个人风险偏好的主观影响,可能会导致更大的人为操纵,降低会计信息的可靠性和可比性;(3)对单项负债采取估计期望值计量可能导致估值与解除负债实际支付的金额产生较大差异。

从数学角度看,期望值是大量样本的平均值,对于单项预计负债的估值并不适用,而现行 IAS37 规定采用的最佳估计数,对于单项预计资产更具有可靠性。

2. 自行提供服务履行义务情况下,负债计量有违会计公允表达和相关性原则。不论是采用"承包商价格"或是"企业为其他方提供服务收取的价格"均包含毛利,这对于自行履行义务的企业来说是不相关的,不仅会在现时导致高估义务成本,而且意味着将来企业履行义务时需要确认一笔利润。这一结果有违会计公允表达和相关性原则。

IASB 表示关于这个问题存在着不同的争论。支持者认为,毛利包含在买卖关系的对价中,因此以提供服务方式履行义务的负债应包含毛利。反对者的意见和中方是一致的,认为自行履行义务的企业发生的环境成本等,属于企业自身的责任,不应该包含在负债的计价中。

3. 修订 IAS37 不具必要性。现行 IAS37 预计负债的计量模式应用良好,实务界已普遍接受此计量模式。IAS37 改进项目既不是 IASB 与 FASB 之间备忘录的项目,也不是与金融危机相关的项目,当前似无必要进行修订,理事会应当将有限资源投入到当前较为重要和紧迫的项目,特别是为应对金融危机所立项的准则项目。

4. 在 IASB"概念框架"项目完成前修改 IAS37 并将其更名为"负债"的做法欠妥。一方面,征求意见稿和《工作草案》拟将 IAS37 更名为"负债",而修订后的 IAS37 所规定的负债范围十分有限,与该准则的名称"负债"很不准确;另一方面,"负债"作为一项会计要素,其定义、确认标准和计量属性都应当与正在进行"概念框架"项目中的规定相衔接。在"概念框架"项目有关负债的定义、确认标准和计量属性等尚未确定前修改 IAS37,不仅会造成与现行"概念框架"的不一致,还会产生 IAS37 在"概念框架"项目完成后再行修改的可能性,给其他已采用 IFRSs 或已与 IFRSs 趋同的国家造成执行上的不便。

IASB 代表表示,在项目开始时,试图制定一个统一的负债准则,适用于所有非金融负债。但是经过多次排除其他负债,最终的征求意见稿范围缩小,变得名不符实。但还有些理事一直希望制定适用于所有非金融负债的准则。

总的来说,中方肯定 IASB 为贯彻 G20 和 FASB 精神,在修订准则方面所作的巨大努力。但我们认为,准则的修订应注重重要性,保持会计准则的稳定性。对在实务中应用较好的准则尽量不做修改。目前 IAS37 没有修改必要,应当维持现行 IAS37 的有关规定,或对 IAS37 中的负债计量提供进一步指南。

十、公允价值项目

(一)公允价值计量准则的进展情况

现行国际财务报告准则关于公允价值计量的指南分散在许多不同的具体会计准则中,不具有一致性。而且,现行公允价值计量指南是不完整的,没有提出明确的计量目标和框架。G20 华盛顿峰会和伦敦峰会要求国际会计准则制定机构完善公允价值计量会计准则。IASB 为此加快了公允价值计量准则项目的步伐,目标是明确公允价值的定义,建立统一的公允价值计量指南,并强化公允价值计量的披露。

IASB 公允价值征求意见稿将公允价值定义为:"计量日市场参与者在有序交易中出售资产或转移负债所收取或支付的价格",并从账户单元、参照市场、市场参与者、估值假设等方面对公允价值计量提出了具体规范。目前 IASB 和 FASB 已经完全消除了双方在该项目上的差异,并计划在今年第四季度发布最终准则。

（二）双方的讨论

对于公允价值准则，中方认为在某些方面过于理想化，与实务操作存在脱节。因此对操作性存在担忧，并根据不同的市场情况提出了改进建议。所提到的情况无论在新兴市场还是发达市场都会存在，只是频率和程度不同，希望公允价值计量准则提供简单的做法和例外情况，使其能在现实中得到更好的应用。

第一种情况：不存在市场。

当不存在交易市场的情况下，准则应提供解决计量问题的出路和办法。典型例子就是对未上市股权的投资。中方建议：当不存在交易市场时，允许将成本作为公允价值计量的最佳估计，并纳入公允价值计量的第三层次。

第二种情况：存在市场，但交易不活跃。

尤其是中国作为新兴市场，有些项目存在交易市场，但市场缺乏深度或市场交易不活跃。例如，银行间市场的部分债券品种，资产管理公司持有的不良贷款，一般是一对一的，平时交易很少发生。中方建议：当市场交易不活跃时，同样允许将成本作为公允价值计量的一个最佳估计，并纳入第三层次公允价值；第二，在能够保证第三方估值质量的前提下，允许按照公认的第三方估值结果进行估值。

第三种情况：存在市场，但交易不正常或者是无序交易。

例如对于债券交易，一般单笔交易金额较大而且一对一的询价交易是其主要交易方式。交易双方可能在交易当中包含一些其他目的形成非正常交易。中方建议：准则应当明确何为无序交易、如何辨识无序交易作出更为明确的规定，确保公允价值计量中能够最大程度地剔除无序交易的影响；当无序交易无法被合理辨识时，允许选择一段时期的加权平均价作为公允价值的最佳代表，尽量避免恶意操纵价格等无序交易行为对估值结果造成过大影响。

第四种情况：存在市场，但流动性受到限制。

针对销售或流通受到限制的权益工具，其受限特征对应的折扣率应该如何确定，准则目前的规定无法指导实务操作，应当更加明确销售或流通受限的折扣确定方法。在中国长期停牌股票，股权分置改革中的限售股、附有销售锁定期的权益工具投资等较为普遍，实务中对折现率的确定五花八门，需要准则给予明确的规定。

IASB 代表针对中方所提出的各种情况及相关建议作了回应：

针对第一种情况所提出的问题,95％的衍生产品都没有市场,而且有些产品成本是零,如利息互换。在没有市场的情况下,大量情况可以采用第三层次,而以成本计量是不妥的。更好的办法是在具体准则中规定例外,在其他准则中规定成本是更好的估计。公允价值准则解决的是如何计量而不是何时应用。

针对第二种情况所提出的问题,关于债务证券,IFRS9 讨论了折价买入的情况,IASB 对买入卖出债务证券要求按分类计量的基本条件来判断。如果符合以摊余成本计量的条件,在初始确认时使用公允价值,交易价格是公允价值的很好体现,以后用摊余成本的概念(比如预测未来现金流量、提减值)。在初始确认时就要确定一个实际利率,这个实际利率考虑了未来现金流的可收回性。

针对第三种情况所提出的问题,IASB 将会对无序交易等问题发布更多的指南。

针对第四种情况所提出的问题,IASB 代表指出,在估值过程中对流动性因素的考虑已经有比较成熟的方法。

本人在总结双方的讨论时指出,公允价值计量项目是应对金融危机的重要项目。金融危机中首当其冲的就是公允价值。中方对此项目的修改很关注而且抱有很大希望。作为新兴及转型市场国家,中国有自己的特点,尤其在这个项目上表现得很突出。这个准则是计量准则,与此准则相关的都要按这个准则来计量。中国的情况比较复杂,没有市场的情况或者关联交易,都可能造成利润操纵。不同的市场情况如何按公允价值计量在中国是较为普遍的问题。为研究公允价值计量问题,财政部组织实施了一系列相关课题,包括一级市场定价、二级市场定价、债券、基金、期权和私募股权投资等。私募股权投资不光是中国的问题,也是发达国家的问题,如何以公允价值计量,还需要继续总结和梳理,今天提出来的只是其中一部分。IASB的征求意见稿提出的概念比较多,很多问题找不到答案。比如说第三方估值,要借助于评估专业机构的工作,他们的评估与会计准则有很大关联,估值的方法要体现出来。IASB 应对危机项目的努力是值得赞赏,尤其是金融工具项目下了很大工夫。但是相比较来说,对公允价值项目投入远远不够,而且是对美国公允价值计量准则的翻版。

十一、财务报表列报项目

(一)财务报表列报项目的进展情况

财务报表列报项目是国际会计准则理事会(IASB)与美国财务会计准则委员会(FASB)签署的趋同备忘录中的重要项目。该项目的第一阶段已经结束,IASB 在 2007 年 9 月对《国际会计准则第 1 号——财务报表列报》的修改中引入了"综合收益"的概念。

在第二阶段的改革中,IASB 于 2008 年 10 月发布了《财务报表列报的初步观点》(讨论稿),计划对现有报表格式作出大幅改动,按照创造价值的活动(业务活动,包括经营和投资)和筹集资金的活动(筹资活动)对财务状况表、综合收益表和现金流量表进行分类,旨在加强报表之间的内在联系或内在一致性,同时在表内提供更详细的分解信息,便于财务报表使用者(主要是外部投资者)根据财务报表进行投资决策。

由于第二阶段的改革变化较大,争议不断,使得征求意见稿的发布日期一再推迟。为此,IASB 决定改变策略,将其中争议不大但又迫切需要解决的其他综合收益、终止经营两部分的列报拆分出来提前发布。在这种背景下,IASB 于 2010 年 5 月 27 日发布了《其他综合收益项目的列报》(征求意见稿),并将在 2010 年内发布正式准则。这份征求意见稿对其他综合收益的列示作了如下改动:1. 将综合收益表的名称修改为"损益和其他综合收益表";2. 取消了"其他综合收益"列示的"两表法";3. 将其他综合收益项目分为"将重分类计入损益"和"不能重分类计入损益"两类;4. 选择在表内以税前金额列报时,需分别列出上述两类其他综合收益的所得税影响总额。

(二)中方对列报项目的整体意见

IASB 在 2007 年 9 月发布了对 IAS1 号的修订,引入了"综合收益"的概念。中方认为这一修改体现了资产负债观的理念,是合理的,并且操作上并不复杂,对此表示赞同。中国已于 2009 年 6 月 11 日发布了《企业会计准则解释第 3 号》,在利润表中增加了"其他综合收益"和"综合收益总额"项目,实现了与 IFRS 的持续趋同。

IASB 最近发布了《其他综合收益的列报》的征求意见稿,中国一直采用一张报表列示损益和其他综合收益,中方同意相关改动。中方比较关心的是,IASB 现在将越来越多的内容放入了其他综合收益,并且将其他综合收益进一步分为两类,这样做会使报表变得更加复杂。

中方有两点建议,一是 IASB 应当从概念层次明确其他综合收益的定义,而不是将其作为一种损益的调节器。二是"不能重分类计入当期损益的其他综合收益"这一类别的描述过于规则化,不利于全面反映企业损益全貌,应当允许相关资产或负债终止确认时将其转出,计入当期损益。

对于财务报表列报项目第二阶段的修改,中方总体是反对的。主要基于以下几点原因:

第一,业务活动和筹资活动的分类本身界定不清,难以操作。IASB 的改革方案将业务活动和筹资活动区别列示。但事实上,许多企业的筹资活动往往紧密服务于业务活动,难以分解。人为地将业务活动和筹资活动分开并不符合企业一体化管理的实际,在操作上也存在困难,集中体现在对业务和筹资的概念难以清晰界定上。像"经营筹资"子类别,就是这一难题的产物。而且实务中难以区分的并不仅仅是这些项目。

第二,新的列报模式不能解决内在一致性问题,但实际并未有效解决。比如:商誉往往涉及相关的所有不同类别的资产和负债,但是目前只是把它分类在经营活动中;再比如所得税的影响,在财务状况表、现金流量表中单独列式,但是在综合收益表中却进行了分摊;还有"多类别交易"部分的单列,实际并没有解决内在一致性问题等。这里的核心问题是企业的活动是一个整体,许多情况都涉及多个类别,要将相应的资产负债、收入费用和现金流量归入某一特定类别非常困难,很难实现内在一致性。

第三,新列报模式不符合成本效益原则。一方面,现有列报模式能够满足各方需要,对其进行大幅改动似无必要。中国现有的财务报表列报准则规定了固定的报表格式,并有效解决了各行业的列报问题,重要项目的变动都有附表。这种列报格式已被广泛接受和熟悉,能够满足各方需求。另一方面,如果采用新的列报模式,企业需要耗费巨大成本。如对现有系统进行全面调整,并对会计人员进行培训,转换成本很高。同时,由于新的列报模式需要提供更多细节的分解信息,也增加了日常的运行成本。

第四,如果采用新的列报模式,将会与中国许多法律法规的相关规定相冲突。目前,中国的国资委、银监会、证监会、保监会等监管部门对企业的业绩考核制订了许多指标体系,并以法律法规的形式发布。现有的列报格式是这些指标体系的基础数据的来源,如果列报模式改变会导致相应的法律法规,这在中国是难以做到的。

第五,财务报表列报项目属于非金融危机相关项目,建议推迟最好不改。财务报表列报项目属于非 G20 要求的金融危机相关项目,我们建议,现阶段应将主要精力放在金融危机相关项目上,而对列报项目应予以推迟或不改。

根据 IASB 公布的最新的工作计划,IASB 已经对列报项目进行推迟,中方表示赞同。

(三)IASB 代表对中方观点的回应

IASB 代表指出,财务报表项目具有一些潜在的困难,很多理事会反对修改列报模式,理事们对这个准则没有达成一致。IASB 认为这个项目过大,基于以上考虑,决定推迟发布征求意见稿,接下来 IASB 的工作人员将更广泛地征求各方意见。如果项目计划一直推迟的话,这个项目很难完成。

需要强调的是,根据现行 IASB 的决议,其他综合收益分为可转回和不可转回,公司可以决定是税前还是税后,按新的列报应分为经营、投资、筹资类别。在与工作人员的讨论中,关于是否应全面列报其他综合收益项目,工作人员认为,不需要全面列报。对特定企业来说,企业不可能涉及所有项目,并不是所有的公司都包括所有的其他综合收益项目,如果真存在拥有所有其他综合收益项目的企业,那么证明企业的业务本身很复杂,并且很重要,基于重要性原则,应重点列报这些项目。

最后,我对双方讨论的情况进行了总结。报表列报项目第一阶段引入综合收益的概念,将综合收益反映在利润表里,利润表即体现净利润,又反映其他综合收益,容易操作,中方支持赞同并且实务中也是这样做的,并在附注披露具体的其他综合收益项目。关于现金流量表采用直接法,对中国来说没有问题,在实际操作也不存在大问题。对于第二阶段的修改,将三张报表的顺序打乱,中方总体反对,实际操作非常不合理,与法律矛盾,通过与企业的沟通,目前没有一家企业支持第二阶段的观点。如果需要与 IASB 有关工作人员和投赞成票的理事沟通,需要提供实际案例,中方可以提供帮助,也愿意邀请项目组成员到中国来了解企业的实际情况。

我们认为,第二阶段的修改是财务报表列报项目的倒退,强调的是其他综合收益的回转的问题很大可能是基于列报各项目的平衡。因为资产负债表反映的是存量信息,是时点信息,而利润表和现金流量表是流量信息,是时期信息,将其一起考虑是不合理的,对于那些在实际中具有操作性、可以实现的,中方都做到了趋同,但对于不可能做到的,则无法实现趋同。

中美会计合作上海会议
共同推进准则国际趋同

根据中美会计合作备忘录拟定的定期会晤机制安排,2010 年 8 月 9日,中国会计准则制定机构与美国会计准则制定机构(财务会计准则委员会 FASB)在上海举行中美会计合作会议,罗伯特·赫茨主席和本人分别率双方代表出席会议。会议深入探讨了中美会计准则建设及国际趋同的最新进展、与金融危机相关的金融工具和公允价值计量等准则项目的改革、深化中美会计合作以及推进中美会计准则等效等重大议题。在应对国际金融危机响应 G20 倡议、建立全球统一的高质量会计准则的关键时期,中美两国会计准则制定机构就上述重大问题进行磋商并达成共识,对于共同推进会计准则国际趋同和中美会计等效具有十分重要的意义。本次会议取得圆满成功,达到了预期目的。

一、美国会计准则的改进及与国际财务报告准则趋同情况

赫茨主席首先介绍了美国会计准则的改进及与国际趋同情况。赫茨指出:2002 年和 2006 年 FASB 与国际会计准则理事会(IASB)分别签署协议和谅解备忘录(该备忘录于 2008 年更新),旨在共同建立一套高质量的全球会计准则。为实现上述协议和备忘录确定的目标,FASB 和 IASB 制定了详细的工作计划和具体准则趋同项目,确定了定期召开讨论会的机制,商讨准则项目的趋同问题。2008 年 11 月,美国证券交易委员会(SEC)发布一份关于采用国际财务报告准则路线图的征求意见稿。该路线图(征求意见稿)阐述了美国上市公司采用国际财务报告准则的基础,提出了美国完成采用国际财务报告准则的时间安排。

在 2009 年 9 月的匹兹堡会议上,G20 领导人要求 FASB 和 IASB 加速

谅解备忘录工作的进程。因考虑到一些国家将会于 2011 年或 2012 年转向使用国际财务报告准则,如果 FASB 和 IASB 能在这个期间完成趋同项目,这些国家就无须对其会计准则体系做两次大的修改,G20 督促 FASB 和 IASB 在 2011 年 6 月 30 日前完成其谅解备忘录安排。但是,自金融危机爆发以来,美国许多投资者、公司、会计师事务所开始评价和衡量从美国会计准则转向国际财务报告准则的影响,希望美国的趋同进程放缓并对 FASB 和 SEC 施压。SEC 出于其自身监管存在较大漏洞,也不再将会计准则国际趋同作为首要任务。从美国的角度看,FASB 与 IASB 的合作既是趋同也是改进,双方合作的目的是能够推出一套高质量的准则,以便有共同的报告,不仅仅是为了趋同而趋同。FASB 与 IASB 所做的项目涉及重大改革,所以在此过程中必须要听取各方的意见,而且需要采用系统的方法有序推进,在发布最终准则并得以有效实施必须给公司等有关方面一定的准备时间。

鉴于上述原因,美国采用国际财务报告准则的策略受到了一定程度的影响。SEC 于 2010 年 2 月发布委员会声明称,尽管美国支持 G20 提出的建立一套全球统一的高质量会计准则,但美国还要在 2012 年才能做出是否或何时采用国际财务报告准则的决定。赫茨主席认为,美国"采用"还是"趋同",主要考虑的因素包括:(1)国际财务报告准则在趋同上取得了多大的进展,是否在全球得到一致的实施;(2)国际会计准则理事会结构和治理方面的因素;(3)对美国的税法、银行监管和其他一些法律等的影响。赫茨主席称,SEC 的工作人员会对这些议题进行专项研究,并将不定期发布相关进展报告。第一份进展报告将于 2010 年 10 月发布。此项研究工作计划于 2011 年完成,之后工作人员再向 SEC 提出建议,SEC 需要在 2012 年做出最终决定。因此,FASB 和 IASB 一方面要履行对 G20 的承诺——在 2011 年 6 月前建立一套全球统一的高质量会计准则,另一方面又必须应对来自美国国内各界的压力。2010 年 7 月,FASB 和 IASB 修订了谅解备忘录,将原计划完成趋同项目的时间由 2011 年 6 月 30 日推延至 2011 年 12 月,而且明确将主要力量集中于解决与金融危机相关的紧急重大项目。

关于"采用"还是"趋同",赫茨主席非常关注中国在会计准则建设与实施方面的成功经验,并希望能从中国会计国际趋同的实践经验中得到启示。

二、中国企业会计准则与国际财务报告准则趋同的情况及相关经验介绍

（一）中国会计准则的国际趋同采用"趋同"而不是"直接采用"

本人作为中方代表，简要介绍了中国会计准则的建设和实施、趋同与等效方面的实际情况，明确指出：自金融危机以来，从华盛顿峰会、伦敦峰会到匹兹堡峰会、再到多伦多峰会，G20 都把建立全球统一的高质量会计准则、改进 IASB 治理结构作为重要议题之一。中国作为 G20 成员国和负责任的国家，首先表明了积极响应 G20 倡议的立场和姿态，采取了一系列有效措施，结合中国新兴市场经济的实际情况，全面而深入地参与了国际财务报告准则项目的改革，力争为建立全球统一的高质量会计准则做出贡献。相对而言，中国会计准则的改进不需要另起炉灶，因为我们已建成与国际趋同的会计准则体系，并已有效实施三年，具备了一定的实践经验，响应 G20 倡议，主要是在现有基础上进行调整。

中国会计准则的有效实施和国际趋同的经验表明，我们虽然采用的是"趋同"而不是"直接采用"，但这一策略是比较实事求是的。中方认为，会计国际趋同应当是求大同存小异。中国的实际做法是，除了个别问题外，几乎在所有的会计确认、计量和报告方面与国际财务报告准则是一致的，甚至在有些方面我们做得更好些，比如同一控制下企业合并，国际准则没这方面的规定，而中国实务中的并购重组较多，有些属于同一控制下的企业合并，需要对此做出规定。如果完全照搬照抄国际会计准则不完全能解决类似的问题。到底应当怎样理解或实现趋同，中方认为，从全球而言，一国的会计准则与国际财务报告准则在确认、计量和报告的主要方面做到一致就是非常了不起的事情，世界各国能够做到这一点就是趋同，至少中国是这样，如果要求全球各国一字不差地直接采用统一的会计准则是不太符合现实的。中国的会计准则制定前是"规则导向"的会计制度，从"规则导向"的会计制度改为"原则导向"的会计准则并实现有效实施，前后至少经历了 10 年以上的渐进式改革。我们实践了这个道路，证明这一道路是可行的。

中国会计准则实现国际趋同是一个互动的过程，由 1 项基本准则和 38

项具体准则以及应用指南构成的中国会计准则体系,在实现国际趋同的过程中,绝大部分项目在确认、计量和报告方面与国际财务报告准则保持了一致,当然也存在着一些极少项目和内容与国际不一致的情况,主要包括国家控制企业关联方的认定、长期资产减值不得转回以及企业改制上市重估价作为认定成本问题。

《国际会计准则第 24 号》(IAS24)对关联方认定要求国家控制的企业统统都是关联企业。中国的国有企业相对而言比较多,而且都是独立法人,自负盈亏,照章纳税。如果这些企业之间没有投资纽带关系,其中的一个企业出现财务困难甚至倒闭,不会对其他企业产生任何关联影响,不能笼统认为国有企业都是关联企业。我们仅对国有企业中那些有投资关系的母子公司、合营和联营企业认定为关联企业。中国的关联方及其交易的披露会计准则,在这方面没有与国际准则保持一致。同时,中国积极向 IASB 反馈这一实际情况,希望 IASB 能对现有国际财务报告准则做出调整。IASB 经过长期的研究,于 2008 年对 IAS24 进行了修改,最终解决了这个问题,实现了在关联方准则上的国际趋同。

中国上市公司有一部分是国有企业改制上市的,在改制过程中资产需要进行资产评估,调整股权结构,并根据评估后的价值确认其认定成本。中国这种做法在国际准则中也找不到相应的规定。《国际会计准则第 16 号》虽有资产重估的内容,但没有涵盖此类业务。在中国的积极反馈之后,IASB 同样经历了较长时间的研究,于 2010 年 5 月发布了《年度改进2009》,解决了这一问题。

长期资产的资产减值不得转回问题。按照中国准则的相关规定,存货、应收账款等流动资产和金融资产计提减值准备后,在其价值回升时可以从减值准备中转回,这与国际准则是一致的。但固定资产、无形资产等长期资产计提减值准备之后,通常视为永久性减值,按照中国会计准则即使其价值恢复也不允许转回。因为这种长期资产的转回容易成为一些上市公司调节利润的手段。IASB 认为,这一问题可在未来的持续趋同中进一步加以研究。

中方的观点受到美方肯定和赞同。赫茨主席认为,在目前的经济环境下,如果一味强调全球各国都完全采用国际财务报告准则,不能够解决各国或地区所面临的特殊会计问题,较为现实的做法是最大程度地(例如95%以上)保证准则趋同,允许各国、各地区根据实际情况保留较少差异。

(二)中国会计准则从"规则导向"转向"原则导向"经历了艰苦的历程

赫茨主席提出,美国以"规则导向"的准则要转为"原则导向"、采用(或者说改进)国际财务报告准则,目前遇到了相当大的阻力,特别是来自实务界和注册会计师的反对。中方对此表示充分理解,同时介绍了中国是如何实现这一转换的情况。中国在五年之前,2005年刚刚建成准则还没有实施的时候,成千上万的中国企业会计人员、会计主管人员、财务总监、会计师事务所主任会计师、技术合伙人等,都对与国际趋同的会计准则非常陌生。甚至一谈到国际准则,他们有一种"谈虎色变"的感觉。

随着中国加入WTO五年过渡期结束,中国的企业不断地做大做强,GDP增长速度也相当之快,中国的企业走出去进入国际市场成为现实,对会计准则国际趋同的要求便越来越迫切。所以中国财政部下定决心,2005年要建成中国的准则体系并实现了国际趋同。同时决定在加入WTO五年过渡期结束后强制分步实施,从上市公司逐步扩大到所有大中型企业。为了实现这一目标,我们大体经历了以下艰苦的过程。

2005年是会计准则建立年。2005年建成中国会计准则并实现国际趋同。IASB对当年的工作有个形象的说法,称2005年是IASB工作的中国年。当年,戴维·泰迪主席和其他理事多次到中国来。韦恩·奥普顿先生在2005年不仅多次来中国,而且每次停留时间都很长,其中有一次连续工作达两周的时间。按韦恩的话说,他快变成"中国通"了。

2006年是会计准则宣传年。中国准则2007年实施之前,在2006年,工作的重心是宣传推广工作。中方当年做的宣传推广和培训工作,现在回顾起来真是"不堪回首"。财政部采用了多种方式、多种渠道进行宣传,包括网络媒体、电视节目,甚至是中央电视台,将复杂的会计准则通俗化、简单化,编出了一些故事和节目,让全国人民都知道会计准则。会计司的专业团队当年都是准则宣传推广和培训的老师,呕心沥血,不辞辛苦。2006年会计准则培训的规模之大、培训人数之多、培训范围之广,可能是前所未有的。财政部举办了第三届全国会计知识大赛,国务院当时的国务委员华建敏和有关部门的领导都莅临大赛现场,各省都派出了代表队。

2007 年是会计准则施行年。2007 年 1 月 1 日起在上市公司、部分金融企业和央企实施。开始实施的时候，因为要从旧制度转变到新准则，我们所做的工作非常扎实细致，财政部和证监会发出通知，要求怎样从旧账转化到新准则，如何将余额按新准则转换，还提供了首次转换的余额调节表。之后会计司的工作就转为逐日盯市，逐户监督执行，随时解决执行中出现的问题。2007 年 1 月 1 日至今，会计准则已有效实施三年有余，从上市公司逐步扩大到非上市大中型企业。

中方认为，中国从"规则导向"的会计制度转向"原则导向"的会计准则取得了成功，得到了欧盟、世行、IASB 的认可。在这个过程中，香港在 2007 年经过一年的比较，实现了两地准则的等效。截至目前有 61 家内地企业同时在内地的 A 股和香港的 H 股上市。公司按照内地的准则编制 A 股报表，按照国际准则编制 H 股报表，到 2009 年年报为止，按两个标准形成的报表的资产、利润、净资产、净利润和各种财务指标趋于完全一致。A+H 股的财务报告实际数据证明了中国从规则导向转为原则导向取得了成功，也论证了中国准则与国际准则趋同的效果。

（三）财政部管理全国会计工作对于中国会计准则建设并实现国际趋同发挥了至关重要的作用

赫茨主席提出，FASB 虽然是美国唯一的会计准则制定机构，但这一机构属于民间组织，其会计准则制定和发布来自于 SEC 的授权，因此美国会计准则的"趋同"或"采用"策略的选择以及准则的实施，在很大程度上受制于 SEC 或美国本土具有较大影响力的企业。

中方回应，我们非常理解美国会计准则制定机构的上述情况以及所面临的挑战。在这方面，中国有自身的优势，按照中国的《会计法》，财政部负责全国统一的会计标准制度的制定和发布，同时也有会计准则委员会，但中国会计准则委员会作为咨询机构只提供准则方面的咨询。在中国财政部制定、发布和实施会计准则的过程中，中国证监会、银监会、保监会、国资委、人民银行、国家审计署等相关部门给予了大力支持和配合。中国会计准则具有权威性、效率性和强制执行的特点。我们在这一过程中充分听取相关部门的意见，同时通过会计准则委员会的工作机制，广泛征求社会各界（包括理论界、实务界、会计中介机构等）的意见，确保中国会计准则的独立性和高质量。这是中国会计准则建设、趋同和有效实施非常重要的经验。

三、与金融危机相关的国际准则项目改革的讨论

双方在对各自会计准则建设与国际趋同过程中的重大问题进行讨论之后,接下来就围绕着建立全球统一的高质量会计准则,尤其是与应对金融危机相关的准则项目的重大改革进行了深入讨论。

（一）金融工具

1. 分类与计量

FASB 主张对金融资产和金融负债全面采用公允价值计量,FASB 认为,摊余成本不能及时反映金融机构的损失。赫茨主席称,美国研究结果表明,公允价值可以更好地显示信用风险和利率风险的问题所在。

中方赞同《国际财务报告准则第 9 号——金融工具的确认和计量》(IFRS9)将金融资产分成两大类,反对把公允价值计量的范围无限扩大。总体而言,IASB 出台的 IFRS9 的规定符合中国的实际情况,但其中以公允价值计量的金融工具处置后,相关的其他综合收益(OCI)不允许转入当期损益,这对中国的影响是非常大的。中国金融机构普遍反对 OCI 在处置时不能转回的做法。因为原来四分类的情况下可供出售的金融资产的公允价值变动计入权益,处置这部分金融资产时,允许将对应的其他综合收益转入当期损益,而且这部分金融资产在中国金融机构中所占比重非常大。

2. 金融资产减值

在金融资产减值方面,FASB 主张已发生损失模型。FASB 表示,采用现有的信息和历史经验来估计未来哪些现金流是无法收回的,而且要对资产的整个生命周期进行估计,这样做在实务中是很困难的。中方赞同 FASB 的观点。中方认为,金融资产的减值要强调迹象,试图通过预计信用损失解决金融危机顺周期的影响,不是会计规范问题,而是属于金融监管、审慎监管范畴。

中方主张,会计准则制定应当维护其独立性,将金融监管的原则和会计准则的原则相分离。金融监管负责审慎监管,这在中国实际上已经做到了。中国的保险准则 2009 年实施。按会计原则确认的保险负债,监管部门按监管要求确认负债,纳税时按监管要求做税前扣减,同时按照监管要求确定可

供分配的利润。这样处理,保险公司向国家缴税、向股东分红,甚至于包括对职工的分配,都体现了审慎监管的原则,减少了现金流,减少了分配,不能简单地根据会计的原则所确定的税后利润进行分配,实现了审慎监管与会计准则的分离。这其中分清了两个概念,一个是会计利润,另一个是监管利润。

我们认为,不要通过会计来去解决所有问题,更不能通过会计准则承担审慎监管的职能。会计准则不是万能的。中国银监会多次提出,为了实现审慎监管,使不良贷款的拨备率达到或超过 100%,甚至达到 150%。但基于会计,贷款一定要在有减值迹象时才确认减值损失。实务中,尤其是对中国的银行而言,有相当一部分贷款不仅能够按期收回本金,而且还能按期收回利息。这类贷款本身没有发生损失,为什么要计提减值准备呢?这在会计准则上是说不通的。就会计原则而言,属于秘密准备。所以中方认为,贷款减值损失的确认和计量应该遵循迹象法,而不应当随着监管的变化而变化。这是中方所坚持的原则。

中方强调,这次金融危机涉及到会计问题,但不单纯是一个会计技术问题。会计准则的专业人员更多侧重于技术是不行的,还必须有策略上的考虑,应当注意保护自己。全球高质量由谁来确定? 由准则制定机构达成共识的准则就是全球高质量。按照监管的要求去修改会计准则,恰恰迎合了一些投资银行家或监管者把责任转嫁到会计上的意图。因此会计准则制定机构应当维护其自身的独立性。

FASB 表示真正将会计准则和审慎监管完全区分开还是很有挑战性的,中国的经验值得借鉴。

(二)公允价值计量

中方提出:美国在金融危机爆发时需要慎重采用公允价值,甚至提出要暂停或取消金融工具公允价值计量,而在金融危机过后却又扩大公允价值应用范围,美方是出于何种考虑?

众所周知,2008 年金融危机爆发之后,围绕是否暂停或者取消公允价值计量,在《2008 紧急稳定经济法案》中,美国国会委托 SEC 用 90 天的时间完成一份研究报告,研究的目标是能否暂停或取消公允价值计量。FASB根据当时情况对《财务会计公告第 157 号》(157 号公告)也做了一些补充规定,在罕见的极少数情况以及流动性不足时,对金融工具慎重采用公允价值计量。此后不久在 2008 年 10 月 13 日,IASB 也出台了对金融工具重分类的规定。当时情况给全球的信号就是要慎重采用公允价值。IFRS9 出台后,IASB 将金融工具四分类改为两分类,美国表示反对。我们所不解的是,当时面对金融危机,美国考虑暂停或者取消公允价值,也就是缩小公允价值计量的范围,而现在却要全面采用公允价值计量。

FASB 指出,金融危机当时形势严峻,金融机构就去游说国会要求暂停或是取消公允价值。在美国的政治体制中,这些机构可以花费大量的金钱进行游说,而且还有竞选的政治献金。但是最后并没有成功暂停使用公允价值,是因为国会对于这样的重要问题要进行专门研究。比如说美国国会刚刚通过的金融监管改革法案,就是建立在 200 多个研究的基础上做出的决定。很多投资者是反对暂停使用公允价值的,但他们的声音不如这些金融机构这么大,也没花这么多钱,这么多政治献金。但是不管怎么说,SEC 的报告不认同暂停或取消公允价值的做法,而且很多其他报告也得出了类似结论,系列报告都认为公允价值并不是造成金融危机的原因,导致危机的原因是没有或是没有适当使用公允价值。直到今天美国人对这个问题仍有不同,有些人认为应该更多的使用公允价值,有的人认为应该更少地使用公允价值,有的人认为现在的做法就是正确的。

FASB 并不完全认同扩大公允价值使用的提法。FASB 认为,公允价值本来就已放在附注,最主要的是公允价值信息披露位置的改变。FASB 希望公允价值计量体现在财务报表内。因为附注里的信息含量跟表内的信息含量具有明显差异。FASB 建议设立一个单独的公允价值资产负债表,或者是一个附表,或者在表内以括号的形式加以表现,主要理由是公允价值的财务报告具有相关性。

中方认为,如果整个资产负债表都用公允价值计量,即使解决了金融工具的公允价值计量问题,但还有非金融工具的资产,比如说固定资产、无形资产和应收账款,尤其是一些长期应收账款和非金融企业的应收账款,取得公允价值相当困难。赫茨主席提到,在美国存在存贷款的交易市场,容易确定各种存贷款的市场价值。但在中国没有此类市场,存贷款的市场价值因此也就难以确定。因此即使对于银行等金融机构而言,整个资产负债表都采用公允价值计量是不现实的。

（三）保险合同等其他会计准则项目

美方获悉中国发布了保险会计规定并于 2009 年起实施,认为这又是一项很了不起的重大改革,并对其中的改革内容产生了极大兴趣,希望中方介绍有关情况。中国在 2005 年实现会计准则国际趋同时,由于保费收入分拆、保险合同负债和保单取得成本处理方法不同,导致 A 股报表和 H 股报表以及与在美国上市企业的报表差异。这个差异构成了 A+H 股在净资产、净利润差异的主要组成部分,所以财政部下决心要解决这个问题。我们坚持一个公司同一交易事项的处理原则 A 股和 H 股应当一致。对于保险合同的分拆,境外报表分拆,境内报表也应分拆。对于保单取得成本,境内报表作为当期损益,境外报表也应作为当期损益。比较复杂的是保险合同负债的计算方法,为了解决这一问题,财政部和保监会、保险公司共同进行了一年的测试和计算。保监会协助我们完成按照会计原则形成的保险负债的确认和计量。在各方达成一致后,财政部发布保险合同准则,确定从 2009 年 1 月 1 日起开始执行。从 2009 年年报看,该准则的执行效果很好,有效地解决了 A+H 股差异问题。

中美双方还针对保险合同中的风险边际进行了讨论。FASB 认为,通过风险边际和剩余边际反映关于不确定性或风险的补偿存在较大主观性,因为保险公司必须在这两个边际之间分配和重新计量。FASB 宁愿保险公司采用一个综合的边际,索赔的不确定性在整个索赔期进行重新计量,同时披露如何计量风险调整的,不论是采用置信区间法,还是有条件的尾部预期法,或者是资本成本法,都可以不加以限制,只要知道这些保险公司是如何计算即可。

中方认为,美国主张的一个边际法和 IASB 或者说中国主张的两个边际法,其目的都是一样的,都是为了反映不确定性和风险,差异主要在方法上。尽管这两种方法很难说谁优谁劣,但中方认为从概念层次的角度,把边际分为风险边际和剩余边际能够提供更加有用的信息。

除金融工具和公允价值项目外,中美双方还讨论了收入确认、租赁等准则项目。

四、中美会计等效

中美会计等效已纳入中美战略与经济对话和中美联合经济委员会议题。实现中美会计等效,一方面有助于中美双方在会计准则问题上协调立场,促进全球统一的高质量会计准则的建立;另一方面有利于中美两国资本市场实现互利双赢。

中方表示,中国上海证券交易所正在筹建国际板,允许外国企业来华上市融资。经研究,国际板建成开放后,到中国上市的外国企业在会计准则方面应当遵循一些基本原则:一是执行中国的会计准则,按照中国会计准则编制财务报告。二是执行中国会计准则有困难的,两国可以进行会计准则等效谈判;如果两国准则实现等效,那么可以执行该国准则,但前提是必须认可中国的会计准则。三是如果两国会计准则没有实行等效就必须调整,不论该国执行何种准则,也不论调整成本有多大,调整幅度有多高,都必须调整为基于中国会计准则的财务报告。

中方了解到,有很多美国企业希望到中国上市,由于现在中美会计准则之间没有实现等效,就意味着那些想到中国上市的美国公司需要调整报表。当然,在美上市的中国企业也需要调整报表,这就增加了两国企业在对方资本市场上市的融资成本。中方表示,中国资本市场国际板开放以后,美国企业将是最大的受益方,美国应当从本国资本市场和经济发展的战略角度考虑这一问题,希望赫茨主席协助做好美国财政部和 SEC 的工作,尽快推进中美会计等效。

中美会计准则等效同时也是两国审计公共监管的基础。实际上,自美国 SOX 法案实施以来,美国依法成立的公众公司会计监督委员会(PCAOB)一直想要进入中国对为在美上市的中国公司审计的会计师事务所进行监督检查。中方坚持相互依赖原则,在审计公共监管等效的前提下,由各自监管机构对本国的相关会计师事务所进行监督检查,不得进行跨境监管。中美两国会计准则等效与审计公共监管等效密切相关,或者说,会计准则等效是审计公共监管等效的基础。中国与欧盟就是这样做的,已经取得了显著成效。在中欧财经对话机制下,中欧会计已经实现了过渡期内的等效,双方正在为永久等效而努力,在此基础上,审计公共监管等效工作正在积极推进之中。这将为中欧资本市场的发展和经贸繁荣发挥重要的促进作用。

赫茨表示,美国会计准则等效的决策权主要由 SEC 掌控。SEC 目前的策略是可以接受国际财务报告准则,暂不接受其他国家的会计准则。赫茨主席认为,如果美国最终决定采取趋同而不是全面采用策略,中美会计等效实现的可能性将会更大。赫茨本人也承诺将就此事与 SEC 进行沟通。

五、未来安排

双方根据本次会议讨论的情况和会计准则国际趋同面临的挑战,尤其是在 2011 年底之前,建立全球统一的高质量会计准则将进入关键时期,应当加强两国会计准则方面的沟通与合作,就上述一些重大问题,包括"趋同"或"直接采用"的策略、与应对金融危机相关的国际准则重大项目的改革、中美两国会计准则等效,双方认为,有必要在这些重大问题上协调立场,以求达成共识,不仅有助于两国会计准则的建设,更重要的是应对金融危机响应 G20 倡议,为建立全球统一的高质量会计准则作出贡献。

(一)关于会计准则国际趋同的策略选择

中方表示,中国会计准则的国际趋同将会始终坚持"趋同"而不是"直接采用"策略,当前的工作重点是深度参与国际财务报告准则项目的改革,使其充分反映新兴市场和发展中国家的实际情况,也希望 FASB 和 IASB 在未来的合作中考虑中国新兴市场体的特殊性,这样形成的全球统一的会计准则才具有公认性和高质量,我们也同时希望美国研究会计准则国际趋同的策略,尽快就美国会计准则与国际财务报告准则趋同或采用的时间表做出决策。从目前情况看,美国会计准则的国际趋同步履艰难进展缓慢,应当承认与其目前拟选择的"直接采用"策略有关,如果美国选择趋同策略,中国的做法可供借鉴。

赫茨主席对中方的观点表示认同,本次来华访问是带着问题来的,美国作为全球最大的发达国家,在会计准则制定上具有悠久的历史,"规则导向"的会计准则深入人心,美国会计准则体系有近百个项目构成,转向"原则导向"的准则体系确实存在巨大的挑战,面对 G20 的要求和会计准则国际趋同的趋势,需要在一些重大问题上作出选择。

（二）关于国际准则重大项目的改革

与金融危机相关的会计准则重大项目改革是当前各国工作的重点，诸如金融工具、公允价值计量、财务报告列报等，中美两国的研究是比较深入的，而且对一些重大政策总体看法趋于一致，双方一致认为，在未来的工作中应当充分利用双方的工作机制，协调立场，增进共识，在国际财务报告准则重要项目修订过程中发挥应有的作用。

（三）加快中美会计准则等效的步伐

中美会计准则等效是两国经济发展的客观需求。中国会计准则国际趋同已经采用了"趋同"策略，而且实践证明是成功的；从现实和可能出发，美国会计准则国际趋同也选择"趋同"策略，不仅有助于完善和改进本国会计准则，而且有助于会计准则国际趋同，同时为中美两国的会计准则等效创造良好条件。美国和中国都是全球最具影响力的国家，从全局角度出发，做好这一领域的工作，仍存在着较大空间和潜力，中美双方应当有所作为。

此外，为增强 IASB 监督委员会的全球代表性，中国新兴市场经济国家应当加入监督委员会，并希望得到 FASB 的支持。美方赞同中方观点，支持中国加入监督委员会，并表示将尽力做好相关协调工作。